湖州交通规划设计院　组织编写

生态公路设计与建设

宋恭俭　江越胜　陆树荣　编著
郑晓光　主审

人民交通出版社股份有限公司
China Communications Press Co.,Ltd.

内 容 提 要

生态公路建设是我国生态文明建设的重要组成部分。本书以浙江省生态公路为研究对象,从设计与建设角度入手,分析了公路对路域生态环境的主要影响因素,建立了公路生态环境影响评价体系;考虑施工、运行和养护维修各个阶段影响,提出了生态公路设计与建设技术措施;重点介绍了生态型公路路面、路面材料再生利用技术、公路生态边坡技术。

本书可供公路设计、施工人员参考使用,也可作为大专院校师生的教学参考书。

图书在版编目(CIP)数据

生态公路设计与建设 / 宋恭俭, 江越胜, 陆树荣编著. — 北京 : 人民交通出版社股份有限公司, 2017.4

ISBN 978-7-114-13701-3

Ⅰ. ①生… Ⅱ. ①宋… ②江… ③陆… Ⅲ. ①道路工程 Ⅳ. ①U41

中国版本图书馆 CIP 数据核字(2017)第 044270 号

书　　名: **生态公路设计与建设**
著 作 者: 宋恭俭　江越胜　陆树荣
责任编辑: 黎小东
出版发行: 人民交通出版社股份有限公司
地　　址: (100011)北京市朝阳区安定门外外馆斜街 3 号
网　　址: http://www.ccpress.com.cn
销售电话: (010)59757973
总 经 销: 人民交通出版社股份有限公司发行部
经　　销: 各地新华书店
印　　刷: 北京鑫正大印刷有限公司
开　　本: 720×980　1/16
印　　张: 15.75
字　　数: 253 千
版　　次: 2017 年 4 月　第 1 版
印　　次: 2017 年 4 月　第 1 次印刷
书　　号: ISBN 978-7-114-13701-3
定　　价: 60.00 元

前　言

公路是国民经济和社会发展的重要基础设施，公路建设的快速发展对促进社会和经济发展、提高综合国力和人民生活水平具有重要作用。

在公路交通快速发展的同时也带来了日益严重的生态问题，公路沿线高填深挖、筑路架桥不仅破坏当地的植被，造成水土流失，而且影响到野生动物的生存和植物的生长。目前世界各地的自然生态环境均存在不同程度的退化现象，特别在我国目前自然生态环境状况不太乐观的情况下，公路建设对自然生态环境的影响更为突出，加之人们对公路生态环境影响不够重视，使公路交通环境进一步恶化。

生态公路的内涵是遵循“在设计规划阶段最大限度保护自然生态系统，施工建设阶段最小程度破坏自然生态系统，运行管理阶段最大程度恢复自然生态系统”的可持续发展原则，在公路全寿命周期内综合运用各项技术措施，以保护资源与节能减排，形成行车安全舒适、运输高效便利、景观完整和谐的绿色公路交通系统，保障公路基础设施的社会效益、经济效益和环境效益。

当前，生态公路设计与建设正处于研究阶段，很多方面还不够成熟。特别是以下问题迫切需要解决：

（1）公路对生态环境的影响因素分析

生态公路具有鲜明的多学科交叉性和综合应用性的特点，同时在分析研究具体问题时，又具有明显的区域性。不同地区生态环境影响也具有其区域性与独特性，因此需要系统分析公路对生态环境的影响因素，确定主要影响因子。

（2）公路生态环境影响评价体系建立

在环境影响评价中，交通运输业适用于“生态影响”类评价方法与要求，生态环境影响应为评价重点，但是当前《公路建设项目环境影响评价规范》（JTG B03—2006）较多地关注对大气污染和噪声污染的评价，并且建立了定量化的模型进行计算，而对生态影响评价多以定性评价为主，以单一的静态指标评价，缺乏完备的生态环境影响评价指标体系，没有对各种影响因素进行综合评价，严重制约了对公路路域生态影响评价的准确性与客观性。

(3) 生态公路设计与建设技术措施

生态公路不仅局限于边坡绿化方面，还包括土壤侵蚀、动物影响与保护、水体污染及景观视觉影响等方面，有效缓解、避免这些负面影响，不能仅在公路建成后才开展保护与修复措施，还必须从公路建设源头规划设计阶段就开始重视，同时一系列措施要贯穿于公路建设与运营的全过程，包括规划设计、施工、运行和养护维修各个阶段。

近年来，湖州交通规划设计院在生态公路规划、设计与建设技术方面进行了大量研究，以浙江省生态公路为研究对象，分析了公路对路域生态环境的主要影响因素，建立了公路生态环境影响评价体系，考虑施工、运行和养护维修各个阶段影响，提出了生态公路设计与建设技术措施，重点研究了生态型公路路面、路面材料再生利用技术、公路生态边坡技术，并在众多公路规划、设计项目中进行了应用，取得了系列性的成果，从源头上减少了对环境的影响破坏，是对我国生态公路建设的完善与补充。

为了总结和推广近年来生态公路设计和建设的成果，湖州交通规划设计院组织技术人员编写了本书，其中第 1 章、第 2 章由宋恭俭编写，第 3 章 ~ 第 5 章由江越胜编写，第 6 章由宋恭俭编写，第 7 章、第 8 章由陆树荣编写。全书主要由宋恭俭、江越胜、陆树荣编著，上海市政工程设计研究总院（集团）有限公司郑晓光教授级高工担任主审。

本书部分资料来源于所列参考文献，在此向原著（编）者表示衷心感谢！

由于编写人员水平有限，不足之处在所难免，恳请读者批评指正。

作　者

2017 年 3 月于浙江湖州

目　　录

第1章 绪 论

随着公路建设的发展和路网的形成，公路网络和各种交通工具为社会带来巨大效益，人们的出行和货物的运输更加便捷。但公路的建设不可避免地对环境产生巨大的影响，原有环境遭到分割、干扰和破坏，环境恶化，污染加重，人类活动也同时对周边的动植物产生一系列的不良影响。

公路建设中会清除阻碍路线上的植被，改变了原来地表的植被覆盖；公路对所经过区域植物生存环境的改变以及植物繁殖体的传播产生阻隔作用，改变了植物群落的组成；公路的运行会为人类的接近和外来植物的入侵带来方便，也进一步增加了对原有物种的影响。

公路是导致动物死亡的原因之一，这同样也意味着会有人因此而受伤或死亡，大量的动物死于车祸，而公路建设带来的影响并非仅仅是所看到的这些，公路运行造成的噪声污染和车流会引起敏感物种主动回避公路，而这种影响可以达到几百米。随着路网的完善，可供这些物种栖息的环境也会被不断地压缩，同时也影响了这些物种的繁殖和交流。

公路建设对于环境的影响更加明显，公路对土壤的要求与植物对土壤环境的要求相反，压实区域及其两侧的土壤失去了生物栖息的条件，一些并不环保的道路材料被用在其中并没有加以防护也会进一步污染土壤；未经合理处置的路基、边坡及取弃土坑在雨季会引起水土流失；硬化路面和密集的路网改变了区域水分渗漏、坡面漫流、地下水流以及分水岭，引起区域水文条件的改变；一些垃圾和废料也会随着径流污染水源，对其他组分造成进一步影响。

随着环境问题的突显，我们不得不开始重视公路建设带来的环境问题。不同时期公路建设的任务不同，在建设初期是为了发展，需要大量的公路来满足使用，而现在则需要更环保的技术和建设理念来使得公路建设与生态环境和谐，以谋求更健康的发展，迫切需要生态公路的建设。

公路建设项目在我国被国家环保总局规定为“生态影响”类，这一类项目在建设过程中对生态环境造成的影响是显著的，而且在较短的时间内完全依靠自然的恢复是极其困难的。针对这种情况，目前世界各国在公路建设中，多借助人工手段，采用多种方法来促使被公路建设破坏的生态环境的恢复或重建。正因如此，在国外出现了“生态公路”的提法。我国政府也日益重视生态环境建设，国务院于2000年印发了《全国生态环境保护纲要》，相关部委还提出“绿色通道”的建设计划。公路工程对生态环境的影响范围应包括公路工程的整个生命周期，公路建设是包括公路规划与经济分析、公路构筑物建设和公路附属设施建设在内的经济和建设行为，其建设过程主要经过可行性研究和公路规划阶段、工程设计阶段、工程施工阶段、运营管理阶段和工程追踪评估阶段，公路建设具有明显的生命周期特征。

因此，可将生态公路定义为：遵循“在设计规划阶段最大限度保护自然生态系统，施工建设阶段最小程度破坏自然生态系统，运行管理阶段最大程度恢复自然生态系统”的可持续发展原则，在公路全寿命周期内综合运用各项技术措施，以保护资源与节能减排，形成行车安全舒适、运输高效便利、景观完整和谐的绿色公路交通系统，保障公路基础设施的社会效益、经济效益和环境效益。

生态设计是实现资源节约和环境友好模式的手段之一。任何与生态过程相协调，尽量使其对环境的破坏影响达到最小的设计形式，都可以称为生态设计。生态设计的内容主要遵循3R原则，即Reuse、Reduce、Recycle，具体地说就是：利用可再生能源，物质可以循环利用，污染物的排放最小化，有害物质的极少使用，注重地域生物多样性和文化多样性，多学科协同等。公路生态设计与常规设计的比较见表1-1。

公路生态设计和常规设计的比较 表1-1

项　目	公路生态设计	公路常规设计
目标	环境影响控制与生物多样性保护相结合	环境影响控制和景观美化相结合
功能	环境影响控制、生物多样性保育、乡土生境和景观保留	环境影响控制、景观美化欣赏
设计手法	尊重地形地貌和乡土植被	地形改造，人工化植物群落
植物群落	乡土植被的特征和种群组成，生物多样性高	人工化的植物群落，生物多样性低
动物种群	成为野生动物的庇护地和繁育所，吸引动物进入，动物多样性高	较少考虑野生动物的生息，动物逃逸出去，动物多样性低

续上表

项　　目	公路生态设计	公路常规设计
生态稳定性	生态相对稳定，以自我维持为主	生态不稳定，以人工维持为主
养护管理	动态的目标，低养护管理	景观的目标，高养护管理
投入	较低的经济投入	较高的经济投入

生态公路与传统公路相比，从思想理念到实践行动都存在着较大差别。在建设思路上，传统公路侧重公路的功能因素（安全、快速），强调经济效益，而生态公路整体考虑区域经济、环境、社会综合系统，强调可持续发展的重要性。在建设模式上，传统公路以填挖方为主，以节约工程造价，而生态公路却是利用各种高科技、生物工艺、新型材料以减小对生态系统的影响。在评价方法上，传统公路只是单纯注重公路经济合理性、技术可行性，而生态公路采用了综合经济、线形、环境、景观等可持续发展的多目标评价。由于它的宏观性和抽象性不易理解和把握，因此需要分析生态公路的具体特征。

（1）整体协调性

生态公路最终要实现经济效益、社会效益和环境效益的统一和综合效益最大化。在公路规划、设计、施工、营运、管理各个阶段统一思想，把研究对象放在地球环境、生物、资源、污染等诸要素构成的“公路—自然—经济—社会”复合系统中进行全面考虑，把性质不同的生态环境系统与公路经济系统研究有机结合起来，把对技术、经济、环境的分析放在同等重要的地位，协调公路项目实施过程中遇到的各种关系和问题。

（2）对生态环境最小破坏和最大恢复

公路建设受到地质、地形、水文等自然条件的制约，又受到现有生产力水平、生产工艺、生产工具等技术条件限制，还受到社会经济水平的制约，不可避免地对沿线的生态环境造成一定的影响，如植被破坏、水土流失、土地分割等。生态公路要求在现有条件下综合运用各种工程措施、生物措施、农艺措施、管理措施，将公路建设的破坏限制在最小范围内，降低到最小程度。而对于已造成的破坏采取最大可能的恢复措施，重建新的生态系统，并对占用土地进行补偿。当前，我国对建设项目引起的自然资源破坏（如侵占森林、草原、湿地等）通常采用经济补偿措施，这虽可限制不合理的开发活动但却解决不了实质性问题。欧洲国家普遍实行生态补偿政策，即对占用的林地须在邻近的地方营建同样的林地。这种方法值得我国在建设生态公路中学习借鉴。

(3) 良好的景观生态效应

生态公路在景观层面上的特征是最直观、最易被人感知的特征。因此，生态公路必须通过合理选线和利用路线特点，使公路路线最佳地适应于景观；通过公路的布局和设计来展示和加强公路景观；通过科学的绿化美化来改善公路景观。一方面给行者带来美的感受，另一方面维护自然生态系统的平衡。

(4) 安全高效性

生态公路必然要求行车安全舒适、运输高效便利。生态公路基础设施为货流、客流、能源流、信息流、价值流的运动创造必要的条件，从而在加速各种流的有序运动过程中，减少经济损耗和对公路沿线生态环境的污染。因此，总结生态公路的概念可知，生态公路并非是具体的事物，而是一个抽象的概念，是一种公路建设的理念。要求公路建设项目在各个阶段都要处理好人—自然生态环境—社会生态环境的关系，做到对路域生态环境最大的保护，尽可能地削弱公路建设对路域生态环境的影响。

(5) 设计的规范性与灵活性

公路设计和建设是在多种法律制度、工程标准、技术规范、事实规则指导下的一种工程实践。公路设计灵活性并不是试图去创建一个新的标准，而是在遵循现有的规范、标准、规章制度和法律规定基础上和不降低安全性的前提下，在这些“刚性”指标的约束下，实现多目标、多重变换环境中要求的灵活性，因地制宜进行设计，从而实现公路沿线的可持续发展。

美国联邦公路管理局为此编写了《公路设计的灵活性》一书，从许多方面对设计的灵活性进行了说明。如各个州可根据实际情况，自定设计标准的取值范围；针对环境条件严格限制特殊设计；允许降低设计车速以确保安全性；维持现有公路平、纵、横断面，只做重新罩面、修复和更换标志工作，减少工程成本及对周围环境的破坏；注重评估景观公路中的设计参数和指标在安全和运行中的效果，以便进行修订。所有这些方法的目的是让设计者灵活运用他们的专业知识与判断能力进行设计，不仅能有效发挥公路的交通功能、保证运行安全，还可使公路与自然和人文环境相协调。

交通运输部要求公路设计应遵循“在保护甚至是加强建设环境、自然风景、人文历史及社会资源的同时，为公众提供安全、高效的交通运输服务”的宗旨，强调运用公路设计灵活性的思想。例如，在高速公路的建设中，为了减轻工程建设对地形、植被的破坏，减小对自然水系水质的影响，可运用灵活设计的思想，采用适宜指标，应用灵活的路线布设方法，充分顺应地形、地貌，以整体式与分离式路基相结合，使路线与环境融为一体，在设计灵活性思想应用方面进行了创新性探索。

选线要统筹与兼顾各种影响因素，在公路建设中，传统上考虑以最小投入来规划和设计公路的线位。随着经济社会的发展，不能仅从经济角度考虑公路线位，还要考虑环境和安全等问题。公路的线位直接决定公路对环境影响的大小，地形和地质条件是决定路线的主要因素。在我国山区高速公路建设初期，由于对地质灾害的严重性缺乏充分认识、研究和预测，不少工程项目在建设时即遭遇地质灾害。在接受教训后，我国公路勘测设计部门开始运用“地质选线”，在了解区域地质条件，明确地质灾害的可知性、可治性的基础上，通过综合比较论证，最终合理选择路线位置和工程方案。

（6）资源节约与可持续性

在构建资源节约型、环境友好型社会的今天，如何在公路建设中切实保护和合理利用各种资源，以尽可能少的资源实现公路交通的可持续发展，是公路交通建设面临的一个重要课题。

资源节约要着重从以下方面挖掘潜力，降低工程成本：一是在施工技术上要积极吸收和采纳国内外先进的建设经验，尤其是在桥梁建设上要构思巧妙，多采用结构简单、能耗低的桥型，强制淘汰高消耗的落后技术、工艺和产品；二是在线形选择上要尽量避免穿越城镇乡村（近村不进村），尽量少占用农田，条件允许的情况下多考虑隧道和桥梁；三是在建筑材料的选用上，推广新型建材，尽量使用可重复利用的材料，较少污染，避免浪费；四是不搞政绩工程、形象工程，高速公路原则上不搞雕塑景观，取消不必要的隧道内装饰，尽量减少高速公路不必要的附加设施；五是按照节约的原则，选择工程造价低、实用性强的生态防护和绿化方案，尽量采用本地草种和树种。

可持续发展，应通过各种生态工程措施，如构筑稳定的坡面、土壤层，设置蓄水排水措施，构建合理的植物群落，选择合理的种植方式，进行科学的养护管理，给动物建设专门通道等，实现公路生态的自我维持和良性发展，降低公路长期的生态维护成本。

总之，公路工程是一项系统工程。本书以浙江省生态公路为研究对象，分析了公路对路域生态环境的主要影响因素，建立了公路生态环境影响评价体系，考虑施工、运行和养护维修各个阶段影响，提出了生态公路设计与建设技术措施，重点研究了生态型公路路面、路面材料再生利用技术、公路生态边坡技术。

第 2 章　公路建设对路域生态系统的影响分析

2.1　概　述

经济的迅猛增长促进了公路建设快速发展。近年来，公路大规模发展导致生态负效应，如气候热岛、环境污染、能量耗散、植被破坏、景观割裂等，对生态环境产生了巨大的破坏作用。通过资料调研与现场调研，分析公路建设对浙江省尤其是湖州地区生态系统的影响；确定规划设计期的工作与施工、运营期对路域生态系统造成的影响的联系，并分析路域生态学在规划设计中如何具体体现。

公路建设引起的生态环境问题作为科学技术问题被给予正式关注较晚，开始于 20 世纪 60 年代。在 20 世纪 80 年代以前，主要关注公路对野生动物的干扰和水土水文效应的影响。欧美国家在 20 世纪 60 年代席卷全球的环境启蒙运动中就开始关注公路建设对水土流失、水文效应的影响，并逐步发展了系统规范的防控方案。20 世纪 70 年代以后，欧洲和美国开始建造一些为野生动物穿越公路的桥梁和涵洞，如法国建造了 150 多座 5 ~ 10m 宽的小桥，建造了欧洲第一个也是最大一个上跨式动物通道（又称绿桥）。美国建造了北美第一个 8m 宽的上跨式动物通道。加拿大国家高速公路（Trans-Canada Highway）穿越了阿尔伯特国家公园，该公园内大型野生动物广布，为此，在阿尔伯特国家公园公路上建造了宽度达到 52m 的上跨式通道，而且促进了加拿大路域生态学相关问题的综合研究[1]。

20 世纪 80 年代以来，公路建设中的各类环境问题得到了全面关注，尤其是景观生态学的兴起及其在公布公路建设中的应用，推动公路建设中的生态环境问题从总体角度着眼，从区域的层次着手进行系统的解决。20 世纪 80 年代中后期，荷兰交通部、公共事务和水资源管理署联合成立了专门的机构开展与公路建设有关的生态研究。目前荷兰是从事公路路域生态学研究最先进的国家之一，该国对主要公路工程项目中的生态问题提出了系统的解决方案，并取得了卓越的成果。

直到2003年，路域生态学才作为一门学科正式问世[2]。2003年，美国著名的景观生态学家，美国“景观生态学之父”哈佛大学Forman教授联合美国14位科学家（4位交通专家、1位水文专家、9位生态学家），历经27个月的时间，撰写了国际上首部系统阐述公路生态学影响的专著《路域生态学：理论与实践》[2]。书中初步提出了路域生态学的概念和学科内涵，标志着路域生态学的诞生。从此，路域生态学朝着系统化、专业化的方向纵深发展。20世纪90年代后期和21世纪初期先后，召开了5次关于路域生态学的重要国际会议（野生生物生态学和交通国际会议，ICOET），地点分别在荷兰美国佛罗里达州（2次）、美国蒙大拿州和美国科罗拉多州。在1998年的美国生态学会年会和美国地球物理学会议上，开设了路域生态学论坛。

我国的公路路域生态学发展源于交通环境保护工作，交通行业从1973年开始进行环境保护工作，是我国最早开展环境保护工作的行业之一。1987年原交通部发布了《交通建设项目环境保护管理办法（试行）》，标志着公路建设项目环境影响评价工作正式启动，公路交通环保工作开始稳步发展。初期的环保研究围绕环评中的各种污染，如水、气、声等指标的测定，而对于动植物、生态系统、景观等研究较为粗糙。从20世纪90年代开始对边坡绿化进行研究，1996年采用湿法喷播技术对云南昆明—曲靖高速公路全线进行了全面的防护和绿化，为提高我国公路绿化技术进行了有益的尝试。此后，公路环保的科研和工程研究主要集中在公路的绿化方面。1998年，原交通部科学研究院、北京大学、陕西省高速公路管理局共同开展了“黄土地区高速公路建设生态环境影响评价指标体系研究”，提出公路建设和运行中的生态环境保护的具体控制目标和相关评价指标，提出要从源头着手动态地分析建设过程中的生态环境评价指标。这项工作对公路交通行业在生态环境方面的影响评价进行了有益的探索。

进入21世纪，我国公路建设者逐步意识到公路环保的范围不仅局限于边坡绿化方面，还包括土壤侵蚀、动物影响与保护、景观视觉影响、各种污染等方面。要有效避免、缓解这些负面影响，不能仅在公路建成后才开展相关保护措施，必须从公路建设源头（即规划阶段）开始重视，并且所有保护措施要贯穿于公路建设与运行的全过程，包括规划、设计、施工、运行和维护各阶段。2002 年原交通部西部交通建设科技项目“多年冻土地区公路生态环境保护与评价技术研究”又在此方面有了进一步的发展[5,6]。

2003 年原交通部结合四川省川主寺至九寨沟公路的改造工程，提出了“在公路设计阶段最大程度地保护生态，在施工阶段最小程度地破坏生态和运行过程中最大程度地恢复生态”的建设原则。

经过多年实践，2006 年原交通部正式颁布《公路建设项目环境影响评价规范》（JTG B03—2006），形成了以社会环境、水土保持、水环境、声环境、生态环境、环境空气为主的评价体系，其中生态环境影响评价是公路环境影响评级的重要内容之一。

2008 年，毛文碧与段昌群编著了国内首部专著《公路路域生态学》，首次系统研究分析公路与生态系统的和谐与动态平衡。

路域生态学虽然是一门刚刚诞生的学科，但大量的国际会议和正在开展的科学研究表明，路域生态学已经在全球引起广泛重视，并成为生态学和公路交通科学之间的前沿学科领域。近年来，受损公路环境的生态恢复研究已引起日益广泛的重视并得到迅速的发展，公路的路域生态研究已成为恢复生态学学科的热点问题。

2.2　公路路域生态系统

生态学是研究生命系统相互联系的科学，早在 1866 年，生态学的概念第一次被法国科学家海克尔提出。但是，即使在当时的自然科学界，此问题并没有得到足够的重视，到了 1935 年，英国学者坦斯勒进而提出了生态系统的概念，开始站在更宏观的角度研究生态学。1950 年以后，随着科学技术的进步，生物学研究的范围逐渐扩大，环境科学得到长足的发展，生态学被赋予了很多新的内容。如今，生态学已不仅是一个传统的经验性描述的科学，而且发展成为一个现代理论与高科技相结合的多学科交叉的大科学，并由此产生了许多边缘学科。

生态系统简称 ECO，是 ecosystem 的缩写，指在自然界的一定的空间内，生物与环境构成的统一整体，在这个统一整体中，生物与环境之间相互影响、相互制约，并在一定时期内处于相对稳定的动态平衡状态。生态系统的范围可大可小、相互交错，最大的生态系统是生物圈；最为复杂的生态系统是热带雨林生态系统，人类主要生活在以城市和农田为主的人工生态系统中。生态系统是开放系统，为了维系自身的稳定，生态系统需要不断输入能量，否则就有崩溃的危险；许多基础物质在生态系统中不断循环，其中碳循环与全球温室效应密切相关，生态系统是生态学领域的一个主要结构和功能单位，属于生态学研究的最高层次，其组成如图 2-1 所示。

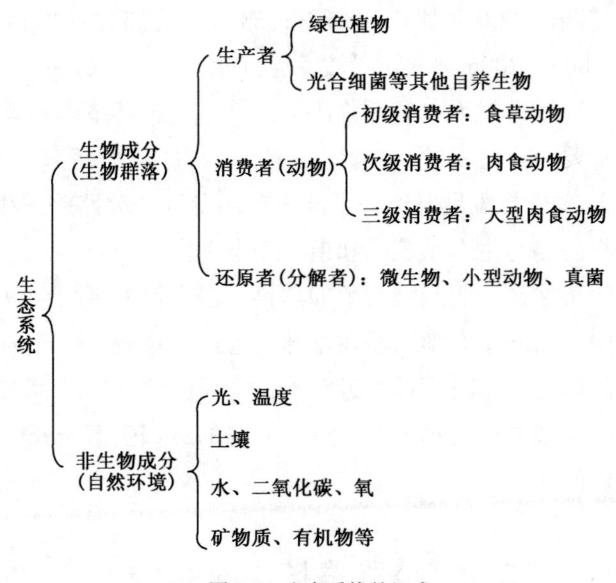

图 2-1　生态系统的组成

公路路域生态系统是一个半人工化的生态系统，因为任何公路都是人工构造物。公路穿行的自然生态系统即使采取相同的生态保护措施也不可能完全恢复到原有状态，同时由于公路运行过程中的交通扰动等因素，自然恢复往往十分缓慢，经过长期的自然演变后，公路沿线的边坡和路基上的生物和环境状况也只是部分地接近临近地生态系统，有些地方甚至没有恢复的可能。

公路路域生态系统既有高度人工化的成分，如人、车、路，也有自然的成分。不同的要素成分通过物质循环、能量流动、信息传递形成一个有机的统一体，造就了不同的路与生态系统结构，包括空间结构、营养结构和层级结构，而且由于穿越生态系统的不同，这种结构类型也有很大差异，因此公路路域生态系统是由多种生态系统组成的复合系统。

路域生态系统由路域人群、过往车辆、公路设施以及相应条件下的自然生态环境组成，这些组分通过生态与经济纽带形成具有一定结构和功能的有机整体，相对于完全自然的生态系统有更多的人为扰动，相对于完全人工化的城市生态系统又有较少的人为控制。

公路路域生态系统主要强调的是路域系统中的自然界基本属性要素，如图2-2所示。支撑公路通行的自然环境具有自然生态系统的一切特点。任何公路都是在一定的自然介质中进行设计、建设与维护的。气候、地形、地质、地貌、土壤及其中的植物、动物、微生物等自然因素都与公路之间产生相互作用和相互影响。

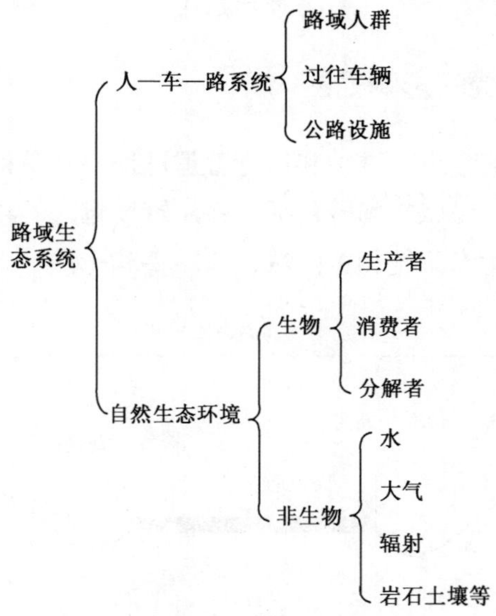

图2-2　路域生态系统组成

2.3　公路建设对路域生态系统的影响

人类开发建设活动有多种类型，如矿产资源开发、水利工程、能源开发等，而交通运输工程是其中的一个分支。公路建设项目在我国被国家环保总局规定为“非污染生态影响”类，这一类项目在建设过程中对生态环境造成的影响是显著的。

公路建设对生态系统的影响主要体现在对生物多样性的影响以及生态系统的物质循环上。公路建设对路与生态系统的生物多样性会产生较大影响，除了公路工程的直接占用对植被和土壤的影响外，公路工程的切割分化也将导致群落的萎缩和退化。交通的运行会增加外来物种的入侵或疾病传播的可能，从而对整个系统产生影响，而不同的生态系统对抗干扰的能力也不同。

在公路建设和运行的几十年内，物质循环几乎是单向的传输，C、N、P、K 等营养元素的流失使得土壤肥力下降，土地退化，土壤结构变差，不利于植物的生长，进而影响到动物的觅食与繁殖，降低整个公路与生态系统的稳定性，在整个公路的生命周期内都会对生态系统产生强烈的影响。

生态系统的组成包括动植物和微生物以及其所生活的无机环境，以下将从公路建设对动植物及环境的影响展开叙述。

2.3.1 对环境的影响范围

公路路域是公路建设、维护和运行管理过程中改变和影响了地面的一条自然带状空间，这个带状空间既包括公路建筑设施，还涵盖与公路产生相互作用和影响的自然生态系统相关区域，如图 2-3 所示。

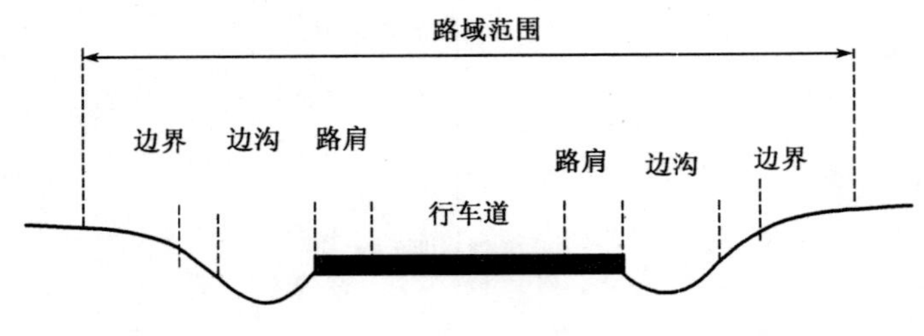

图 2-3 路域范围示意图

公路是穿越自然环境的一个人工构造物，它在建设、维护和运行管理过程中必然要和沿线或者路网所在区域中的自然生态系统产生相互的作用。因此，路域在空间尺度上涵盖路界，而路界只是路域内人工限定其使用隶属关系的空间。

公路路域主要强调公路与自然之间的相关作用，这种作用包括两个层次，一个层次是公路与其沿线的植被、动物、水体、沉积物等生态因子的相互作用，另一个层次是公路穿越大自然时与所在区域生态系统的相互作用。由于公路经过不同区域，对自然生态系统产生的影响范围、程度、持续时间也有所不同。因此，路域范围是不规则的，同时也是动态变化的。公路本身一旦建设完成，它对周围环境的影响范围往往还因交通流量、运输物品的属性及突发事故的发生地点、人工处理生态环境问题的方式不同而产生很大差异。

美国研究了公路建设对路域栖息地会产生各种影响，不同因子的影响距离也不同，见表 2-1。

公路影响范围　　表 2-1

公路影响情况	距离（m）	出　处
公路路域土壤中高浓度重金属分布	48	1987，美国弗吉尼亚州
公路路域植被中高浓度金属分布	40	英国
鸟类群落中边缘物种增加	100	1979，美国缅因州
融雪剂对植被的损害	120	1986，美国
麋鹿数量减少	125 ~ 500	1985，美国俄勒冈州
北美驯鹿行为变化	300 ~ 600	1987，美国阿拉斯加州
一些鸟类物种数量变化	400	1979，美国缅因州

公路影响各种生态过程，其影响范围形成“公路影响域”，范围可作为影响程度的测度指数。公路影响域比实际宽度多很多倍，两侧并不对称，形状也很复杂，主要受三个方面的影响：一是公路两侧的坡向，位于下坡向的区域相对于位于上坡向的区域来说，受到公路影响的幅度较大；二是下风向（顺风向）的区域相对于上风向（逆风）的区域来说，受到公路影响的幅度较大；三是生物较为适宜的栖息环境区域比生物不太适合栖息的环境区域，受到公路影响的幅度较大。在公路影响生态区内，各类生态因子受公路影响的程度随着离开公路的距离而呈现梯度变化，这种变化表现为“公路对各类生态因子影响的距离效应”。

我国现行的《公路建设项目环境影响评价规范》（JTG B03—2006）对于交通运输方面生态环境影响评价等级划分为三个等级，根据评价等级对评价范围作出了如下规定：三级评价范围为公路用地界外不小于 100m，二级评价范围对公路用地界外不小于 200m，一级评价范围为公路用地界外不小于 300m。

2.3.2　对非生物资源的影响

由于公路建设要清除、刮平、填埋和切割自然生境，这些过程严重影响区域的物理环境。建设活动会改变土壤密度、景观地貌、地表和地下径流、小气候特征以及土地利用方式、植被和生境的组分等。湿地和水生生境对公路建设的响应最为敏感，筑堤和开凿可能耗尽蓄水层的水分，进而增加土壤侵蚀和土体滑坡，最终导致沉积物污染河道。公路清除活动会改变小气候特征，增加光的强度，降低空气湿度，并明显改变空气的温度。

公路建设挖填工程及其对自然环境条件的改变，完全改变了自然地表土层的层理和质地，压实地段及部分地段公路两侧的土壤丧失了生物栖息的条件。人工构筑的路面对光照、温度、水分的物理效应完全改变，促使公路周围小气候的形成，风和大气流动形势也随之改变。

1）路域水土流失

公路工程建设对生态环境的影响非常严重，其引起的水土流失主要来源于公路建设和使用过程中因扰动地表或岩石层或因弃渣处理不当等造成的水土资源破坏及损失，包括施工放样、场地清理、征地及拆迁安置、建立施工驻地等施工前期准备工作，和施工期间由于挖图填方、借土弃土、改移河道、清理表土、开采料场等活动造成的地表植被破坏、地形改变，这些破坏会加速地表侵蚀、增大地表径流、增加水土流失，严重时还会产生崩塌或滑坡，是一种典型的人为加速侵蚀。由于其流失强度大、影响面广、危害严重，公路水土流失问题显得日益突出，对沿线生态环境造成了多方面的危害。

（1）破坏植被，加剧水土流失

公路对地标和植被的破坏主要体现在公路建设前期清理表土、土石方开挖、开采料场等活动对地表土层和植被的直接破坏，建设过程中的废弃物（弃土、弃渣、弃石等）对堆置场原有植被的埋压，以及对公路沿线植被的机械碾压、人员踩踏等。地表缺少植被保护，极易发生水土流失，尤其是公路建设形成的大量裸露边坡。

（2）降低岩石稳定性，引起地质灾害

公路建设项目对环境的破坏主要表现为开挖路基、隧道施工、拓宽路面等活动，会严重影响建设区的地质环境，降低岩石稳定性，引起地质灾害，主要表现为地面塌陷、山体滑坡、泥石流等。

（3）促进灾害性天气形成

在高速公路建设施工期，路基边坡、取石场、弃渣场、预制场等大量沙物直接暴露，为风蚀准备了充分的沙物质，促进扬尘灾害性天气的发生。

（4）侵占河道，加剧洪涝灾害

当公路沿河建设时，一般会出现路基侵占河道的问题。路基侵占河道，一方面会影响河道行洪，加大对岸洪水威胁，另一方面也会造成洪水对路基本身的危害，加大公路被洪水冲坏的可能性，产生新的水土流失。另外，公路建设项目产生的弃土、弃石、弃渣没有妥善安置，直接倾倒于沟道、河流，直接导致河流泥沙含量增加，淤泥抬高河道，影响航运，造成洪涝灾害，频繁出现“小洪水、高水位、多险情”的严峻局面。

（5）改变土壤理化性质

土壤质地与土壤侵蚀及土壤退化关系非常密切，公路建设项目会在一定程度上破坏土壤质地，造成土壤侵蚀。土壤侵蚀又会影响土壤本身的很多特性，如透水性、抗蚀性、抗冲性，以及土壤中碳化合物的含量、表层土壤厚度、营养物质的状态、土壤形态和内部组织等。公路建设项目不仅会破坏土壤中抗侵蚀颗粒的物理特性，使其易遭受侵蚀，还会降低土壤保水性能和碳化合物含量、增加土壤重度。

2）路域水资源

公路建设及运行对水资源的影响主要包括水系水文结构改变和水质变化两个方面。公路建设不仅改变地表径流的自然状态，还会改变地下水文格局。在公路建设期，排水和挖掘会使周围区域水位降低，而填方会使水位升高。地下水的改变会产生一系列潜在的影响，如植被的退化、供农业及饮用的水资源减少以及鱼类和野生动物生活环境的改变。公路施工还对地下水资源产生了一系列负面影响，主要表现为不合理的排水、开挖、爆破等活动会引起地下水位的变化，改变地下水资源埋藏和运动的条件，甚至可能改变原有的地表径流，导致土壤侵蚀加剧，引起下游河道的淤塞，严重的可能引发洪水。

3）路域土地资源

公路建设需要占用一定土地，这部分土地被永久性地改变了使用方式，我国人均耕地较少，在建设中要少占耕地、保护良田。

公路对土壤的影响主要是对土壤结构和质地的改变。公路建设对土壤的要求与种植植物要求相反，后者要求土壤疏松、有团粒结构、有机质含量高，同时保水性好、有利于根系发育，但是这样的土壤结构会对路基稳定产生不利影响，因此路基上采用的土壤主要为生土，它结构紧密、几乎不含有机质，植物所需的营养成分更是缺乏。另一方面，路域土壤主要用于路基施工，路基挖、填和压实等过程会进一步影响和改变土壤结构，还有许多施工遗留的废弃物，如水泥和石灰等也会对土壤质地产生不利影响。此外，在公路运营过程中，由于汽车尾气、泄露等因素的影响，土壤会受到铅、多环芳香烃物质、一氧化碳等物质的污染。

公路建设会导致沿线土壤性质发生物理性、营养性和生物性退化。物理性退化表现为土壤紧实化、粗骨化或黏重化；营养性退化表现为有机质和氮素明显下降，土壤养分贫化；生物性退化表现为土壤微生物和酶活性、微生物量碳氮不同程度减少，且与土壤肥力指标的有机质、全氮等呈现正相关，这些都加大了植被恢复的难度。运行期间汽车排放的化学物质会渗入土层改变土壤理化性质，一定程度上降低了动植物生存的环境质量。施工期间机械的碾压等将对土壤构型、理化性质、肥力水平等产生很大影响，恢复需要一段时间。

4）路域地形地貌及地质灾害

公路建设产生的最显著的视觉影响是改变地形地貌，由此引发一系列环境问题，路基工程及结构物工程的施工需要开挖大量的土石方，因此造成植被破坏、水土流失加剧等问题，严重的可引发地质灾害。

地质灾害主要受地质条件、地形、地貌影响，由特殊气候条件、人类活动及地震等因素诱发。建设山区公路不可避免地进行边坡开挖、路堤填筑、隧道开凿等活动，由于地质条件复杂，设计与施工不当易导致各种地质灾害的产生。如在发生泥石流的区域内修筑公路，如施工不当，或没有相应的防灾工程，会造成边坡不稳；而若将废弃的土石块弃入沟道，这些大量松散的固体物质便成为泥石流形成的物源，遇到合适的水源条件就会形成泥石流。

5）路域小气候

公路路面的组成材料往往与周围地表不同。公路多用砂石、沥青或水泥铺成，铁路由石子、木材和钢材等组成。下垫面性质不同，太阳辐射的吸收和反射作用也不同。裸露的沥青、水泥路面的热容量小，反射率大，下垫面温度高。据有关研究，白天尤其是在盛夏，水泥、沥青路面的温度能很快增至50℃以上，加上公路上方空气粉尘和 CO_2 含量增高以及车辆的散热，使得公路成为一个“热浪带”。因此，公路周围多呈现出干热的小气候特征。

公路对地温同样产生一定影响。公路路面的修筑改变了地气热交换界面，打破了原有地表的热平衡。如在多年冻土区，冻土区路面下的年平均地温均明显高于相应天然地表下的地温，地温变幅远大于相应天然地表，其结果是通过路基进入多年冻土的热收支呈正平衡发展趋势，极大地改变了冻土环境，使得多年冻土退化，上限下降，诱发一系列冻胀、融沉、热融滑塌等冻融灾害，使得生态环境原本就很脆弱的寒区环境更加恶化。

公路建设会导致路域小气候的改变。时间上看，白天和夜间，夏季和冬季，路域小气候显著不同；空间上看，森林、湿地、草原、沿海和内陆，小气候也显著不同；从小尺度看，边坡朝向不同，植被茂密程度不同，也会造成小气候不同；从公路组成来看，沥青路面、水泥路面或土路面，也会导致小气候的差异。在狭窄的公路廊道，小气候特征体现集中，也有助于创造多样的植物和动物的栖息地。

2.3.3　对植物的影响

公路建设对植物的影响主要表现为直接干扰植物生存环境：一是公路工程永久占地造成路域内植物消失，二是临时性用地破坏了土层，使得表土资源受损，区域地表裸露增加，对风力、水力作用敏感性增强，生态环境恶化，稳定性下降。路界范围内对其穿越地表的森林、农田、草地植被进行清除，改变了原来地表的植被覆盖情况。公路施工过程中的山体切削和公路在林中穿越，将砍伐部分森林，大量人流和车流的进入，对乔木层、灌木层和草本层的破坏尤为明显，使局部群落的生物多样性降低、层次缺失和群落垂直结构发生较大改变。乔木层由于缺乏下木及灌木的保护，对环境的抵抗能力下降，易感染病害和遭受风折，植物群落对环境的适应、调节能力降低，稳定性下降，并可能导致群落演替的停止甚至逆行演替。公路对所经过区域植物生存环境的改变，以及对植物繁殖体传播的阻隔作用，改变了路域植物群落的物种组成。

公路建设及公路交通运行会影响植物的生理生态特征，如公路扬尘覆盖在叶片表面影响光合作用、呼吸作用和蒸腾作用，车辆运输中排出的大量尾气，也会导致叶片失绿，抑制其生长发育，重金属会吸附在灰尘表面，随水进入土壤内部，被植物吸收。

公路同时可能成为外来物种入侵的通道，由于公路建设占用土地，会造成大量本土生物丧失生存环境而消失，而外来生物可能因此顺势侵入。公路两侧的植物长期被草本和灌木植物所代替，路域附近植被的连续性受到阻断。借助公路两侧的生境和交通工具的携带作用，为杂草和外来植物的生态入侵提供了机会。公路通达性的提高，增加了公路附近植被受到人为干扰的可能性。

公路建设一方面改变了地方物种与外来物种的空间分布格局，另一方面形成了边缘生境，使得植被空间形态发生变化。

2.3.4 对动物的影响

公路交通会威胁到野生动物的生存安全，公路致死现象越来越严重。Forman 等的结论显示，美国在 30 年前，公路致死的动物数量超过了人为捕杀陆地动物的数量。欧洲每年大约有 50 万只蹄状动物死亡和 300 人因公路致死，30000 人受伤，共造成约 10 亿欧元的物质损失。公路也会干扰野生动物的迁徙路线，公路作为景观中的廊道对于动物具有屏障或过滤作用，从而改变动物的移动格局，公路障碍造成种群隔离，阻碍了基因的交流。

公路交通产生很多生态干扰因子，其中以交通噪声影响最显著，它可能损伤动物的听觉、诱导荷尔蒙产生、干扰喂食过程的交流等。噪声在短期内不会对动植物的生理产生较大的影响，但是如果动植物长时间生活在噪声环境中，就容易引起生理胁迫，最终导致生理紊乱。鸟类对交通噪声反应较为敏感，噪声直接影响到它们的交流、生活习性和交配。对荷兰鸣鸟的研究显示，公路附近的鸟类具有低生殖、低生存和高迁移率的特征。对公路噪声干扰反应较为敏感的物种主要有大型物种、长寿物种、低繁殖率物种、闭塞生境中的物种、稀有物种、依赖原生生境的物种和生存集中的物种。公路交通影响还包括视觉干扰，如人工照明或者车辆移动，但是这些影响没有交通噪声和毒素影响那样倍受关注。人工照明对不同动物有不同的影响，如人工照明可以为鹿的移动提供屏障，为蝙蝠捕获昆虫提供方便，也可以干扰植物的生长规律，影响鸟类、蝙蝠和青蛙的繁殖和移动格局以及蛀虫种群的变化。公路光线对荷兰黑尾豫种群影响的研究表明，在灯光附近 200 ~ 250m 的区域内，荷兰黑尾豫的繁殖密度明显减少。

公路交通会导致动物栖息地丧失、割裂和破碎化，增加了斑块的隔绝程度，使得栖息地斑块面积减小，增加了斑块与外界的接触范围，会出现新的干扰要素。公路引起的边缘效应可能导致生境退化，而非生物成分又会进一步影响群落动态和生态系统的水平过程。

公路对动物移动格局的影响主要表现为：一方面公路作为动物运动

的通道，对运动起到促进作用；另一方面，公路改变移动格局表现为动物移动时对公路的回避。由于易被捕食和其他危险，除一些小型动物外，公路对大多数动物是比较危险的。与自然廊道相比，公路的移动通道作用相对较小。动物直接沿公路移动的概率与车辆密度以及公路两侧的生态系统类型有关。

公路廊道也可能成为一些野生动物的栖息地，路域可增加鸟类栖息场所，因为可使用许多路域结构物筑巢。一项研究显示，猛禽更喜欢使用路域而不是附近栖息地，因为不仅有更多捕食食物，而且有更多停留的地方和更宽阔的活动范围。公路两侧的石头墙和公路下面的排水管道经常是蜥蜴和壁虎的居所，但这些设备也存在一些潜在危害，排水管道就是爬行动物致死的一个重要因素。公路边缘是公路周围生境中的稀有生境，许多动植物物种可以从其中获益。但是公路边缘的人工生境生态价值无法和自然生境的生态价值相比，在公路边缘出现的物种多数是可以承受较大生态干扰的物种。公路边缘为动植物移动提供通道公路边缘不仅为动植物提供了生存的场所，还为物种的移动提供了通道。

2.3.5　对微生物的影响

公路两侧的大型真菌丧失生存条件，种类和数量显著减少。伴随土地条件的改变，土壤细菌、真菌、放线菌的物种和群落结构完全改变，行驶的交通工具可能携带外来微生物并扩散到公路沿线，影响本地微生物的区系组成。

2.3.6　交通污染

公路交通污染主要有水污染、大气污染、噪声污染和固体废弃物污染。在公路施工过程中，建筑材料中的石灰、水泥、粉煤灰等含有大量粉尘，如果不采取适当措施，会产生大量的扬尘，对周围空气造成污染。施工中所使用的便道，特别是在干燥大风季节，经施工车辆多次碾压后，路面泥土变成粉末状，遇大风天气即会造成扬尘。此外，沥青在熬拌过程中会产生苯并芘、酚类、吡啶类和蒽萘类等对大气环境有害的沥青烟，造成空气污染。

公路水污染可以划分为施工期水污染和运营期水污染。

其中，施工期水污染又可以划分为建筑材料堆放及施工废料倾倒影响、隧道及跨越河流的桥梁施工影响、临近河流的施工营地施工人员生活污水及垃圾排放影响三类。

1）公路施工期水污染

公路施工中，直接在河道挖泥或建筑材料冲洗等引起的水质浑浊，而施工材料如水泥、砂石、油料、沥青等保管不善被暴雨冲刷进入水体引起水体浑浊，而施工废渣废料随意倾倒进入河道，施工机械施工过程中的油料或含油废水的泄露进入水体后引起油污染。

在中小型桥梁及涵洞施工时，桥墩施工在河底挖泥或建筑材料冲洗等环节可能会引起水质浑浊；隧道和大桥施工中，钻爆施工、冷却钻头、水幕除尘以及开挖隧道深处的夹带泥浆的地下水等，是水污染的主要来源。

项目施工期，沿线施工营地是施工人员的主要聚居点，为了取水及清洁卫生等生活方便，如果有条件，这些施工营地大都临近河流，那么人员聚集所产生的可降解垃圾、不可降解垃圾以及生活污水的随意排放很有可能会污染河流。

施工期水体污染全部发生在公路工程施工期，大都具有持续时间短、污染强度小、分散性、临时性等特点，其污染的控制主要在于采取加强管理的措施。例如，对于施工营地的污染，可以采取将施工营地设置在避开水环境敏感河流河岸100m范围内，对于施工营地的生活垃圾，设置垃圾箱全部收集、定期清运等措施；桥体及隧道工程量较大的工程，选择枯水季节施工，或者采用围堰钻孔施工，可大大减少底泥悬浮，不会明显影响河流水质；对于施工材料和施工废渣，则应严格管理，避免有意或无意的情况下，污染河流水质。

2）公路运营期水污染

（1）公路附属区污水

为了对高速公路进行管理，几乎每一条高速公路都建有管理区、服务区、养护区、收费站等附属小区。高速公路附属区的水污染由此成为公路交通行业最重要的水污染来源。

根据多条公路调查结果，公路附属设施污水，主要包括汽车维修站污水、加油站污水、生活污水及洗车污水4种污水，其污水主要污染因子见表2-2。

公路运营期水污染源及主要污染因子　　表2-2

产污场所	污水产生来源	污水类别	主要污染因子
服务区、收费站、养护区、管理所、停车区、加油站等	常驻及流动人员生活污水	生活污水	SS、COD、BOD、氮氧、动植物油
服务区、养护区、停车区	洗车废水、机修废水等	生产废水	SS、COD、石油类

（2）路面及桥面径流污水

降落到公路路面和桥面的雨水，在接触路面之前，含有的杂质主要是空气中的尘埃和大气中的微量杂质。雨水径流经过对公路的路面冲洗，将带走路面由于机动车辆的磨损而形成的大量金属、碳氢化合物、橡胶和燃油等对环境危害大的污染物质。同时，公路交通事故，污染物，公路运输有毒有害化学品时的洒、冒、滴、漏，以及汽车排放废气中的大部分污染物，最终也都将在自然沉降或雨水淋洗作用下迁移至周边水环境中形成污染。

（3）危险品运输事故污染

公路水污染的另外一个隐患，是危险品运输，在其运输中发生较为严重的泄露或者发生交通事故，都会污染水体。尽管危险品运输交通事故的概率较小，但其一旦发生，可能对事发点附近的水体造成严重影响。危险品运输事故发生的原因，主要是因为车辆相撞、倾覆而引起爆炸，或部分有毒气体污染环境空气，或有毒有害物质泄漏污染河流水质。

公路的不同路段对危险品运输环境风险危害的敏感性不同，一般而言，跨敏感水体或者紧邻敏感水体，如居民水源地、水源保护区等的桥梁、路段上，危险品运输发生事故所造成的后果最为严重，所以某些跨敏感水体的桥梁或盘山公路上，公路路面狭窄，在环境影响评价中有必要对其后果进行相关的环境风险评价。

公路运行中汽车与路面摩擦产生的粉尘、施工阶段扬尘都随径流进入河流湖泊，造成水质浑浊，对人畜产生危害，附属设施也会产生大量污水。大气污染主要来源于车辆，需要控制汽车排放，施工机械排放的废气以及碎石加工和沥青混合也会形成短时间的大气污染。

2.3.7　景观破碎化

自然因素和人为因素都可以导致景观破碎化。随着科技的发展和人类的进步，人类对自然的干预和改造能力越来越强，人为因素导致景观的破碎化程度也逐步加深。景观破碎化是一种现象，即景观中各生态系统之间的功能联系断裂或连接性减少的现象。

公路建设导致的景观破碎化会影响种群的大小和灭绝速率、种群遗传和变异、种群的扩散和迁入以及种群存活力等，景观破碎化对生存于其中的物种带来了一系列的影响，甚至成为了导致生物多样性丧失的一个重要原因，需要加强对此方面的关注。

2.4 公路规划设计对路域生态影响的决定作用

2.4.1 公路生态环境影响分析时段

公路生态环境影响分析应涉及规划设计期、施工期和运营期，按照生态资源、声环境、水环境、空气、固体废弃物等要素识别影响源和影响方式。

规划设计期工程分析的重点是选址选线和移民安置，考虑公路工程与各类保护区、区域路网规划、各类建设规划和环境敏感区的相对位置关系及可能存在的影响。

施工期时间跨度少则几个月，多则几年，在实际工程中，施工期生态影响在注重直接影响的同时，也不应忽略可能造成的间接影响。重点公路工程产生生态破坏和水土流失的主要环节，应考虑工程用地、桥隧工程和辅助工程（施工期临时工程）所带来的环境影响和生态破坏。

运营期比施工期长得多，由于时间跨度长，该时期的生态环境影响可能会造成区域性的环境问题，主要考虑交通噪声、汽车尾气排放、管理服务区排放、线形工程阻隔和景观方面的影响。

公路建设项目在建设的不同时期都会对路域生态系统造成不同程度的负面影响。从根本上讲，其最重要的理念就是对路域生态系统做到最大的保护和最小的破坏，而要做到这一点，就应该在公路开始施工前规划和设计好公路的各项细节，以不破坏即是最大的保护为指导思想，设计出对路域生态系统产生尽量小影响的新型生态公路。因此，需要用一种动态的、相互联系的思路，从设计规划期中找出生态公路建设项目对路域生态系统的影响因素。

公路在施工期以及运营期之所以会对路域生态系统造成超负荷的影响，一个很重要的原因就是公路设计规划期的一些不合理的设计或一些没有考虑到的细节造成的。所以，需要分析规划设计期的工作与施工期、运营期对路域生态系统造成的影响的联系。

公路建设的首要任务就是规划设计，在完成规划设计的工作后，建设项目对路域生态环境的影响程度也就基本确定了。

2. 4. 2　规划设计期工作与施工期对路域生态环境影响的联系

通过对公路建设过程的各个阶段对路域生态系统产生影响的原因进行总结，进一步分析规划设计期与施工期对路域生态环境的影响之间的联系。主要体现在以下几个方面：

（1）按照生态公路的设计理念，路线方案选择和具体位置确定应考虑尽可能减少占地拆迁、空气污染和噪声对环境造成的影响，否则在施工期会因为较大的拆迁工作对该区域内生态系统产生较大的影响，如拆迁过程中，对周围的居民造成较大的振动和噪声污染，同时在拆迁工作中机械产生的有毒气体会对当地的空气造成污染，影响了人类及动物的健康。

（2）尽可能地考虑避免对山体切削，减少植被破坏对景观的影响，否则在施工过程中大面积的山体挖除，以及对植被的破坏必然会产生大量的弃土需要运到弃土场，同时还要毁坏大量的植被。一方面，在处理弃土的时候会产生对路域生态系统的不利因素，如运输过程中产生的机械尾气和扬尘对大气的污染；另一方面，毁坏的植被不仅破坏了动植物的生境，更严重的是造成局部范围内生态系统的失衡。

（3）确定路线要尽可能地避让生态脆弱区、文物古迹、自然保护区及其他环境敏感目标，否则在施工过程中，会对这些生态敏感目标造成不可逆的危害，如造成生态脆弱区生态系统的崩溃，破坏文物古迹造成了文物的流失，自然保护区里可能有大量受保护的珍稀动植物，不合理的避让有可能造成物种的流失甚至灭绝。

（4）在确定取弃土场、废弃物堆置场和拌和站位置时，应该考虑到粉尘和其他问题对环境敏感点（如居民区）的影响，如果设置不合理，在施工期会造成对生态敏感点的破坏。

（5）对于山体或沟壑，采用设置隧道、高架桥、涵洞等构造物可以有效地减少施工期的大填大挖对土地资源的使用，也可以减少施工期对植被的破坏，同时还可以保持原有的自然风貌。

（6）填挖平衡率的控制，理想状态下，填方和挖方量是相等的，但是在实际的设计过程中因为一些客观原因，往往很难实现两者数量上的平衡，如果填方或挖方过多，在施工的过程中，会造成大量的弃土或借方。这些被废弃的土方会造成景观的破坏，如果不合理堆置弃土并对表面进行绿化还会导致水土流失等地质灾害。大量的借方同时也会影响到原有的地貌和原有的生态系统，对安全和景观方面都有造成极大的隐患。

（7）合理的设计施工后期对边坡、公路沿线、临时用地以及取弃土场的绿化方案，否则在施工过程结束以后会造成土壤的进一步侵蚀，同时也会损失生物资源。

2.4.3 规划设计期工作与运营期对路域生态环境影响的联系

通过对公路运营过程的各个阶段对路域生态系统产生影响的原因进行总结，进一步分析规划设计期与运营期对路域生态环境的影响之间的联系。主要体现在以下几个方面：

（1）对于噪声超标的环境敏感点，如果不采取合理的措施（如再安置、建隔声墙、绿化带、双层窗等），则会在运营期的近期和中期无法控制交通噪声，会对该区域的环境敏感点造成噪声污染。

（2）对于服务区和收费站应该设计好污水处理方式，否则在运营期会产生大量的污水和垃圾，对路域沿线的生态环境和景观产生危害。

（3）因为公路建设造成了土壤的侵蚀，对这种侵蚀的恢复是一个漫长的过程。因此，在规划设计期就应该设计好对表面植被遭到破坏土地的植被恢复方案，该方案需要延伸到运营期的初期，直到路域范围内的水土流失及其他土地侵蚀作用逐渐减少，直到达到新的稳定状态。否则，在公路的运营期会进一步加剧对土壤的侵蚀作用，造成路域范围内生态系统的持续恶化。

通过分析可知，公路建设项目的三个建设阶段对路域生态环境的影响模式是不同的。规划设计期的影响是最根本的，施工期的影响是最直接的，运营期的影响是最持久的。因此，有必要对规划设计期路域生态环境的影响进行分析，从影响路域生态环境的根本因素展开研究工作。

2.5　生态公路规划设计理念

2.5.1　基于可持续发展理念的公路规划设计

公路路域生态系统是公路可持续发展的基础，而公路的可持续发展又受到路域生态环境系统的制约。主要表现在：一是路域生态环境系统为公路的可持续发展提供了载体和必需的环境；二是路域生态环境系统为公路运行和周边地区经济系统提供了最基本的资源，使高速公路系统路域沿线地区经济系统的发展具备必要的物质和能量；三是路域生态环境系统为路域沿线经济系统的物质循环和能量转换提供了必需条件。

公路路域自然环境包括水资源、土壤资源、大气环境、地质资源等，公路的建设和运行必然会对自然资源产生破坏，在规划设计阶段就要考虑尽量减少对自然资源的破坏，并在建设中采取必要的保护措施，尽可能地对自然资源进行恢复，在运行中利用路域情况的监测数据和信息，对公路路域自然资源进行保护。

2.5.2　基于污染生态学的公路规划设计

污染生态学是环境科学的一个重要分支学科。它是研究生物与污染环境之间相互关系基本规律的科学，目前正在进行生态系统本底值的普查和污染情况的监测，并从宏观和微观两方面深入研究污染物在生态系统各个层次上的迁移、转化、积累规律，探索生态系统的净化能力，确定各项有关参数。通过数学模式的建立和电子计算机的运算，将能更好地评价环境质量，预测和控制污染的发展趋势，为全面规划、合理布局、化害为利、保护环境提供最佳方案。

生态恢复是指一切旨在改良被损害的土地并恢复其生物学潜力的措施。生态污染以后就要进行恢复，生态恢复采用人工生态恢复的方法和技术，即根据生态学原理，利用生态工程措施或生物工程措施等方法，人为地对被破坏的土地进行生态恢复或重建，使被破坏土地在短期内恢复植被和土壤，并达到一定的植被覆盖率和土壤肥力，恢复生产力。

公路的路域污染主要有水污染、大气污染、噪声污染和固态废弃物污染。高速公路的运行中汽车与路面摩擦产生的粉尘、施工阶段的扬尘都随径流进入到江河湖泊之中，造成水质的浑浊，对人畜产生危害。此外，路域附属建筑物（如服务区、收费站、加油站等）等处也会产生大量生活污水。大气污染主要来源于运输车辆，机动车废气中的一氧化碳（CO）、二氧化氮（NO_2）、可吸入颗粒物（IP）、铅（Pb）等重金属等对人体健康和路域周围生物都有危害作用。通过对我国高速公路路域不同路段的空气污染检测，发现空气中65%~80%的一氧化碳、50%~60%的二氧化氮、80%~90%的铅等重金属是由汽车排放的，随着我国汽车保有量的增加和公路运行进入稳定期，上述各项污染物的排放量将呈现上升的趋势。

公路施工期和运营期的噪声可能会对路域生物和人类生活产生一定程度的影响，施工期的噪声影响是暂时的，运营期的噪声则是长期存在的。高速公路路域生态恢复同时，以植被恢复为前提，以绿为主，恢复形成与自然协调的植被；利用绿色植被，预防和治理水土流失、吸附和代谢汽车尾气中的有毒有害气体、改良路域土壤、加强路基边坡的稳定性，并恢复和改善公路沿线的生态环境与景观环境。

2.5.3 基于景观生态学的公路规划设计

1939年由德国地植物学家C. Troll在利用航片研究东非土地问题时，首次提出了景观生态学（Landscape Ecology）一词，20世纪60年代末至70年代初期，景观生态学形成了一门独立的生态学的分支学科，研究与景观结构、功能以及变化有关的生态学原理及其应用，即这些原理在解决人类面临的问题时的应用。

Forman和Godron（1986）给出了“景观”定义的确切含义，认为：“景观生态学是研究景观结构（structure）、功能（function）和变迁（change）的一门学科；”Xiao Dunning等（1992）认为：“景观生态学研究应当以所关心的生态过程和目的为中心，否则，任何对景观结构的描述都是人为的，没有太大的科学意义；”我国景观生态学工作者普遍倾向于Forman和Godron对景观生态学的理解，认为：“景观生态学是研究在一个相当大的区域内，由许多不同生态系统所组成的整体（即景观）的空间结构、相互作用、协调功能以及动态变化的生态学新分支。”

景观生态学的研究对象和内容可概括为三个基本方面：

（1）景观结构，即景观组成单元的类型、多样性及其空间关系。

（2）景观功能，即景观结构与生态过程的相互作用，或景观结构单元之间的相互作用。

（3）景观动态，即景观在结构和功能方面随时间推移发生的变化。一般说来，景观生态学的基本理论至少包含以下几个方面：①时空尺度；②等级理论；③耗散结构与自组织理论；④空间异质性与景观格局；⑤缀块—廊道—模地模式；⑥岛屿生物地理学理论；⑦边缘效应与生态交错带；⑧复合种群理论；⑨景观连接度与渗透理论。

公路路域景观的破碎化和斑化，公路的线形结构特点造成了沿线各类景观生态系统的破碎化和斑块化，也可理解为景观结构在空间上的非连续性。公路穿越山岭平原、森林灌丛，跨越河流，使原本连成一片的生境支离破碎。部分地段施工需要开凿隧道、架桥、削坡，完全破坏了原有植被景观的完整性，增加了自然景观的破碎度和异质性。桥梁和隧道等工程构筑物虽然起到了减少植被破坏、提供生物廊道的作用，但完全打破了和谐的自然景观格局；“面广、线长、点多”的公路和河道之间形成多个“生态孤岛”，加大了自然景观的破碎程度。

根据人类活动对景观的影响程度，可以把景观分为自然景观、经营景观、人工景观三大类。不同的景观有不同的空间格局，如自然景观具有原始性和多样性的特点；经营景观常与公路、防护网、边坡、中央隔离带、自然的或人工的河道、水体、残存的森林等构成景观格局；人工景观表现为人工建筑物取代原有的地表形态和自然景观，人类系统大型桥梁、绿化带、服务区等成为景观的主要生态组合。景观格局可以用景观优化度、景观多样性、均匀性、景观破碎化程度、连通性等一系列指标衡量，它们从不同的方面反映了景观结构特点及人类活动的影响。

第3章　生态公路评价指标体系的建立

3.1 概　　述

根据确定的路域生态系统主要影响因素，进行生态环境的评价，目前随着我国公路的快速发展，生态环境影响评价已经成为建设项目环境影响评价的重要内容。

公路路域生态环境影响评价的目的，是科学把握公路建设过程中引起的路域生态环境变化，并根据工程特点，提出建设过程中缓解生态环境质量变化的措施和对策，为公路建设管理者提供科学依据，达到公路建设与生态环境保护之间的和谐。

尽管我国环境保护行业标准《环境影响评价技术导则　生态影响》（HJ 19—2011）对交通运输建设项目的生态影响评价明确了评价范围和评价重点，但是具体到公路交通项目的生态环境影响评价，目前还没有对应的评价指标体系，开展此方面的研究对指导公路建设过程的生态环境保护工作，把握公路建设全过程对生态环境的影响程度，具有重要的意义。

1969年美国国会通过了《国家环境政策法》，并于1970年开始正式实施，该法案中的第102条款规定："任何对人类环境产生重要影响的立法建设政策及联邦机构所要确定的重要联邦行动都要进行环境影响评价。"该法案的颁布对美国具有重要的意义，它标志着战略环境影响评价（SEA）在美国以制度的形式被确定下来，成为联邦政府在环境管理中必须遵守的一项制度。随后，越来越多的国家认识到环境评价的重要性，瑞典（1970年）、新西兰（1973年）、加拿大（1973年）、澳大利亚（1974年）、马来西亚（1974年）、德国（1976年）等国家都相继建立了环境评价的相关制度[9-12]。

英国十分重视交通规划的环境影响评价工作。英格兰的许多地区都对其交通网络规划进行了环境影响评价。2004年12月，苏格兰交通部（Department for Transport）公布了《交通规划与计划战略环境影响评价指南》（Environmental Assessment Transport Plansand Programmes），作为指导各级政府部门开展交通规划或交通计划的指导性文件[13]。

1997 年日本制定了统一的《环境影响评价法》。虽然日本建立了比较统一、完善的环境影响评价体系，但是日本的战略环境评价目前仅在东京和埼玉县有所实施，并没有在全国全面展开[14]。

1996 年 Therive 和 Partid 合作了《战略环境影响评价实践》一书，进行了 Tooton Rush 区域交通规划的实例研究，对生态环境问题识别、评价目标及限制因素等进行了论述。Goran Finnveden 等论述了规划对环境影响的数量和类型、环境影响的定量化程度、评价结果的集中程度和评价者对信息类别的选择等方面的问题。Thomas B. Fiseher 对交通规划对生态环境和有关社会经济的影响评价方法进行了研究[13]。

在生态环境影响评价方法方面，加拿大和英国的诺维奇地区使用了专家判断法进行影响的识别和评价；在德国柏林、芬兰和荷兰则广泛地使用了核查表法进行影响的识别、重大影响的筛选、评价范围的确定；有的使用了网络分析和系统流程图识别和预测环境影响的相关信息；南威尔士区域则采用了幕景分析进行交通规划的环境影响评价工作；英国的柴郡采用了多指标分析法进行环境影响的评价；匈牙利则运用了以地理信息系统（GIS）为代表的空间分析技术进行环境影响评价[1]。

在生态环境影响评价的指标体系方面，国外许多专家学者对其进行了研究。Riki 等人对不同地区、不同评价层次的 SEA 案例进行了研究[13]。1997 年，欧洲交通运输总理事会与欧洲环境署合作，通过对跨欧洲交通网络（TEN）的典型环境进行评价，建立了相应的指标集和数据收集规范，为全欧洲的环境规划和决策提供了技术方面的支持。

经过半个多世纪的发展，现在已经有 100 多个国家建立了路域生态环境影响评价制度，路域生态环境影响评价的内涵不断扩大和深化，人们不再仅仅关注污染问题，还增强了对自然生态影响的关注。

自从 1972 年联合国“斯德哥尔摩人类环境会议”以后，我国正式引入“环境影响评价”的概念，并进行了一系列的研究和探索。1979 年 9 月颁布了《中华人民共和国环境影响评价法（试行）》，标志着我国建设项目环境影响评价开始制度化；1986 年颁布的《基本建设项目环境保护管理办法》，对环境影响评价适用的范围、评价内容、工作程序等做了非常明确的规定，促进了我国环境评价制度的规范化发展。1986 年原西安公路学院（现更名为长安大学）研究并承担编写了《西安—临潼高速公路环境影响评价报告书》，这是我国第一本公路环境影响评价方面的报告书，也是中国第一个进行环境影响评价的高速公路项目。1987 年原交通部颁布了《交通建设项目的环境保护管理办法（试行）》，标志着我国公路建设项目环境影响评价工作的开始。1996 年原交通部颁布了《公路建设项目环境影响评价规范（试行）》，该规范规定了公路设计文件中必须包含环保设计篇章，在设计阶段落实了“环评”文件中提出的各项环保措施，这成为我国公路环境影响评价的里程碑。2006 年原交通部在原来规范的基础上继续发展，发布了修订后的《公路建设项目环境影响评价规范》（JTG B03—2006）。我国的公路建设项目环境影响评价研究工作已走过了三十余年的历程，已经对几百项高等级公路建设项目都进行了环境影响评价工作，对公路建设与环境协调持续发展起到了非常重要的积极促进作用。

3.2 生态公路评价原则

为了保证生态公路在建设过程中（设计规划期、施工建设期、运营期），能够对原有的生态系统造成尽量小的破坏，以及进行最大程度的保护，使路域生态系统和社会生态系统能够和谐统一、健康稳定地发展，确定生态公路评价原则。

（1）公路建设过程中，规划、设计工作将对后期施工建设乃至运营过程的生态环境影响程度起着决定性作用。设计方案对生态环境的保护程度，决定了公路建成以后路域范围内自然生态系统被影响的程度；规划设计期对生态系统补偿措施的考虑，也决定了之后对路域生态环境的修复程度。因此，将从公路的规划设计期角度，评价公路建设项目对路域生态环境的影响。

（2）公路建设的本质是土地利用模式的改变，使得原来的森林、荒野或者农田等永久性用地变成公路。因此，公路建设过程中评价关注如何把对路域土壤的影响降到最小，如何解决与其相关的植被问题，如何防治水土流失等问题，同时要保证路域景观，突出公路建设的评价重点，更符合公路本身与环境相互作用的特点。兼顾公路运营期的噪声、大气等污染问题，而更好地处理公路建设、运营与生态环境之间互相作用的关系，为公路建设、运营过程中生态环境保护工作做出有效指导。

(3) 公路建设项目本身对生态环境的影响呈现着多样性、涉及面广的特点，比如可能影响诱发地质灾害、导致土壤和植被状况的恶化等。同时由于公路会穿越不同的生态区域，可能也会面临不同的生态问题。因此，需要分散的、众多的指标汇总进行综合评价。

(4) 公路建设过程中，路域环境随着工程的推进而不断发生变化，是动态的过程，在进行路域生态环境影响评价的过程中，应该以一种联系与动态的方式来反映公路建设对环境的改造和补偿工作。

因此，公路生态环境影响评价将以公路项目的规划设计期为基点，综合考虑规划设计期的工作对施工、运营期造成生态影响的作用，站在动态和发展的立场，对公路建设项目对路域生态环境造成的影响作出全面客观的评价，并建立评价指标体系。

3.3 评价指标体系的建立

公路路域生态环境状况评价指标体系的建立是进行预测和评价研究的前提和基础，它是将抽象的研究对象或者评价对象按照其本质属性的特征的某一方面的标志分解成为具有行为化和可操作化的结构，并对每个构成元素（指标）赋予相应权重的过程，目的是为了描述某事物的状态或者发展趋势，加深对客观事物的认识。

公路路域生态环境状况评价内容多、涉及面广，指标体系的筛选是一项复杂的系统工程，要求评价者对评价系统有充分和全面的知识。在筛选公路路域生态环境状况评价指标时，综合路域生态环境分析及路域生态环境调查情况，同时借鉴国内外生态环境评价研究、实际工作中的指标设置以及建设项目环评的指标体系，首先从原始数据中筛选出评价信息，然后通过初步筛选、理论分析初步确立路域生态环境状况评价指标。最后，对初步确定的公路生态环境评价指标体系确定其中各指标的权重，舍弃权重较小的指标，优化指标体系，形成最终的公路路域生态环境状况评价指标体系。

3.3.1 公路路域生态环境状况综合评价指标的内涵

在实际问题中，单个指标很难反映复杂事物的主要本质特征。因此，需要建立一个具有相互联系的指标集合才能系统全面地反映复杂事物，这个指标集合叫作指标体系。指标体系是以评价目的为核心而建立的，并且各个指标之间具有相互关联性，并非简单的相互叠加。

在公路路域生态环境状况的综合评价中，指标是用来揭示和反映公路生态系统变化趋势的工具，具体内容包括标定和形容生态环境、社会经济的现状，可预测的环境效应，生态系统的社会、经济效应以及检测执行情况与预测目标的偏差等。公路生态系统涉及的领域和范围较广、影响因子较多，因此导致了评价指标体系比较复杂，但是为了全面、科学、客观地描述和评价公路路域生态系统，研究评价指标并建立评价是十分必要的。

综合来说，公路路域生态环境状况综合评价指标体系的功能主要有三方面：①描述和反映任何时期（时间）公路生态系统健康的水平或状况；②评价和监测一定时期内公路生态系统健康可持续发展的状况及趋势；③综合衡量公路生态系统发展的平衡性。通过对公路路域生态环境状况的评价，决策者可以充分了解并认识项目实施后可能带来的社会经济与生态环境的变化，更易于确定路网的管理养护方案中的优先顺序，以及为今后公路生态环境设计提供真实可靠依据。

3.3.2 评价指标的分类

对应于不同的研究角度，评价指标的分类方法也不同。下面进行简单归纳和介绍：

（1）依据指标的功能分类，可以分为描述性指标和评价性指标。评价指标通常对每个指标进行无量纲化处理，最后实现评价指标的汇总目的。由于各初级指标在子体系中以及各个子体系在总体系中的作用、地位并不相同，故需要赋予权重来调整。

（2）依据指标浓缩信息的程度，可将指标分为单个指标、专题指标和系统化指标。

（3）依据指标的定量化程度，可以分为定性指标和定量指标。

（4）依据指标所代表的内涵，可以分为行动指标、压力指标和状态指标。

除以上分类依据之外，从不同角度、不同目标出发还可以进行其他多种分类方式。而公路路域生态环境状况评价指标体系是由不同内容、不同属性、不同范围、不同定量化程度的众多指标构成的一个多级评价指标体系。

3.3.3　指标体系的特点

指标体系是以评价目标为核心并通过对评价目标的分析，筛选出多个指标，并对每个指标经过无量纲化处理之后，最终得到一个集合体，用于评价目标。评价体系中的指标通常都具有以下特征：

（1）都是通过统一的目标及原则而筛选出来的；

（2）要涵盖所要表达的最大信息量，并且要求指标表达形式简单易懂；

（3）各指标之间存在着联系性，这种联系性可以使各指标统一起来，形成一个综合的指标框架。

根据用途和所表达含义的不同，指标体系也有不同的分类方式，常见有：描述性指标体系、评价性指标体系、单一指标类指标体系、综合核算体系类、菜单式多种指标类型。

3.3.4　指标体系的确定原则

指标体系中不仅涵盖了研究内容，而且反映了指标之间的相互关系。评价指标之间以及评价指标群之间具有因果关系及层次结构。公路路域生态环境状况综合评价指标体系的建立以公路路域生态环境状况作为目标，从公路本身影响到生态资源、环境质量及绿化景观的各个方面出发，逐级细化到代表性强的具体指标。既要体现生态资源这一层面上一系列的评价指标的意义，又要结合美学和景观的要求，还要兼顾环境质量方面的适当要求来确定评价指标；并且评价指标要具有可比性、可测定性及可操作性，并符合综合、简单、实用的原则。

在确定评价指标时需要避免两个问题：一是因追求指标体系的完备性而不断增加新指标，致使指标体系层次复杂，指标种类繁多，数量过多，以至于实施起来困难重重；二是指标体系中需要的信息涵盖不全，而指标之间相互重叠，致使无法达到大众较为一致的认可。因此，公路路域生态环境状况评价指标体系的确立应遵循以下原则：

（1）适应性

不同路域生态恢复区域所需要的生态工程技术不同，特定的区域要选择有针对性的生态工程技术，所选择的评价指标能够体现技术的适应性。

（2）动态性

公路建设过程中的生态系统处于动态变化过程中，其结构和功能都将不断变化，公路生态环境状况评价指标体系要能够正确反映公路建设前、建设中、建设后生态环境状况的发展变化趋势，并在一定程度上能起到指导公路建设行为的作用。

（3）数据可获取性

植被恢复效果的评价是一项经常性和反复进行的常规评价，因此在制定评价指标时，必须考虑到评价指标的易获得和可操作性，尽可能地选用可直接测得或者易于量化的统计数据以及现有的资料，只有这样才能使得评价工作得到顺利实施。

（4）代表性

路域生态工程技术与当地的生态环境基本特征息息相关，因此选择评价指标必须能够代表该类型和区域生态环境特征的表征指标，即选择的指标是区域的表征指标。

（5）系统性

路域生态工程技术的评价是一项多因子、多指标的综合考虑。因此，选取的生态特征指标必须要有系统性，既要考虑直观反映生态特征的表征性指标，同时也必须选取那些通过系统运行而影响生态的特征指标，才能系统地反映整个路域生态工程技术真正的应用效果及其适应性。评价指标设置要全面，体现一个系统的整体结构和功能。

（6）科学性

科学性是指公路路域生态环境状况评价指标的选择和设计必须依据科学原理和当地的实际情况。指标体系应以公路建设实际为依托，并不是某单一的科学原理，而是涉及相关的多学科，包括生态学、环境学、社会学、经济学、工程学等。要求指标必须能客观反映公路建设的特点，同时明确清晰。必须以科学理论为依据，进行具体指标及数据的选择，以及权重系数的确定。同时，指标选取要从区域发展的整体和长远利益考虑。

3.4 评价指标的选择

进行综合评价的基础就是评价指标体系的构建，评价指标选取是否合适会直接影响综合评价的结果。从规划设计角度出发，依据可持续发展、污染生态学和景观生态学理念，选取评价指标，从可持续发展角度，是针对生态资源的可持续，生态资源包括土地资源、水资源与动植物资源；从污染生态学角度，要减少污染，保证环境质量，环境质量包括污水处理、大气污染状况、噪声状况和固体废弃物；从景观生态学角度，主要针对公路景观功能与绿化功能。公路路域生态环境状况综合评价的指标选取主要体现在三方面：生态资源、环境质量和绿化景观。

本书所选取的指标是综合考虑了公路建设及运营的各个时期与公路相关的生态资源、环境质量和绿化景观的影响，以及分析这些影响反映到公路建设与运营过程中的具体表现，目的是为在工程设计中最大限度地减缓工程造成的负面影响提供一定的指导作用。

3.4.1　生态资源状况

生态资源状况的评价指标主要考虑土地资源、水资源和生物资源，这些也是整个公路路域生态环境状况评价体系中的重中之重。

1）土地资源

土地资源包括土壤有机质、土壤 pH 值和土壤流失量。

（1）土壤有机质（定量指标）

土壤有机质含量是衡量路域土壤肥力高低的重要指标，应对其有机质含量进行测定。土壤肥力是指土壤为植物生长提供水分和养分的能力以及良好生态环境条件的能力。研究表明，随着恢复年限的增加，公路路域土壤中有机物质和全氮的含量与恢复年限呈正比。土壤肥力的标志性物质之一就是有机质，内含植物所需要的各种养分，具有调节土壤理化性质的作用，是土壤养分衡量的重要指标之一。采用土壤有机质含量变化作为土壤肥力恢复的指标：

$$\text{土壤有机质变化率} = \frac{\text{公路建设后土壤有机质含量}}{\text{公路建设前土壤有机质含量}} \times 100\%$$

（2）土壤污染情况（定量指标）

pH 值是溶液中氢离子（H^+）活度的负对数。在公路运营期间，汽车排放的各种化学物质（重金属、盐、有机物等）渗入土层后会改变土壤的理化性质。污染的土壤，会在一定程度上对动植物生存的环境质量产生影响，降低其生存环境质量。公路路域土壤污染主要是来自重金属的危害。对沿线路域 300m 范围内土壤表层 6 种重金属（Cd、Cr、Cu、Ni、Pb、Zn）进行分析评价，采用潜在生态综合指数 E_i 来评价土壤污染等级，该指标计算方法如下：

$$E_i = 100 - R_1 \tag{3-1}$$

$$R_1 = \sum_{i=1}^{n} E_r^i \tag{3-2}$$

$$E_r^i = T_r^i \times P_i \tag{3-3}$$

$$P_i = \frac{C_i}{S_i} \tag{3-4}$$

式中：R_1——潜在生态危害综合指数；

E_r^i——潜在生态危害单项指数；

T_r^i——污染物 i 的毒性响应系数；

P_i——土壤中污染物 i 的污染系数；

C_i——污染物 i 的实测质量分数；

S_i——污染物 i 在当地土壤的背景值。

（3）土壤流失情况（定量指标）

土壤流失情况可采用土壤保持率表示。

土壤流失量可按下式计算：

$$W = \sum_{i=1}^{n}\sum_{k=1}^{3} F_i \times M_{ik} \times T_{ik} \tag{3-5}$$

新增土壤流失量可按下式计算：

$$\Delta W = \sum_{i=1}^{n}\sum_{k=1}^{3} F_i \times \Delta M_{ik} \times T_{ik} \tag{3-6}$$

$$\Delta M_{ik} = \frac{M_{ik} - M_{i0} + |M_{ik} - M_{i0}|}{2} \tag{3-7}$$

式中：W——扰动地表土壤流失量，t；

ΔW——扰动地表新增土壤流失量，t；

i——预测单元，$i=1，2，\cdots，n$；

k——预测时段，$k=1，2，3$，指施工准备期、施工期和自然恢复期；

F_i——第 i 个预测单元的面积，km^2；

M_{ik}——扰动后不同预测单元不同时段的土壤侵蚀模数，$t/(km^2 \cdot a)$；

ΔM_{ik}——不同单元各时段新增土壤侵蚀模数，$t/(km^2 \cdot a)$；

M_{i0}——扰动前不同预测单元土壤侵蚀模数，$t/(km^2 \cdot a)$；

T_{ik}——扰动时段（扰动时段），a。

（4）临时用地生态恢复率（定量指标）

临时用地面积复垦率是反映工程竣工后土地综合治理情况，反映在设计阶段，设计人员考虑对包括取弃土场、施工便道、施工项目部等临时用地进行复垦以补偿自然生态资源的一项指标。该指标的获取方法如下式：

$$\text{设计临时用地复垦率} = \frac{\text{复垦设计面积}}{\text{临时用地设计总面积}} \times 100\%$$

2）水资源

（1）水污染指数（定量指标）

交通运输生产的垃圾和废弃物会随着降水形成的地面径流流入到周边的水环境中去。有害化学物质会造成水的使用价值降低或丧失，进而污染环境。在各种行业标准和规范中，大多是用综合指标来评定水环境的等级，包括水温、pH 值、溶解氧、氨氮、总磷等。由于考虑到公路周围水体的社会价值和生态价值，本书采用水体的营养状态来表征水环境的状态。进行水质监测，监测项目分别为：pH、高锰酸盐指数、SS、氨氮、石油类。水资源安全指数计算如下：

$$S = 100 - P \tag{3-8}$$

采用水资源综合污染指数法进行评价：

$$P = \frac{1}{n}\sum_{i=1}^{n} P_i \tag{3-9}$$

$$P_i = \frac{C_i}{S_i} \tag{3-10}$$

式中：P_i——单项污染指数；

C_i——污染物实测浓度；

S_i——污染物的标准值。

（2）地表水径流变化（定量指标）

径流的形成是指流域内的降水沿地表径流汇集到各级河网，最后由流域出口断面流出的过程。公路是人工的线性构造物，必然会改变部分流域的地貌特征，桥梁、涵洞和排水沟渠都会对径流的形成产生影响。一些地形比较复杂的区域，因为公路的建设改变了地表径流的结构，从而引发泥石流等地质灾害，造成难以估量的损失。

地表径流保护率 R_t 计算如下：

$$R_t = \frac{S_t}{S_{t\Sigma}} \times 100\% \tag{3-11}$$

式中：S_t——已经保护的径流数；

$S_{t\Sigma}$——总径流数。

3）生物资源

（1）生物多样性指数（定量指标）

多样性指数是用简单的数值表示群落内种类多样性的程度，用来判断群落或生态系统的稳定性指标。其同样适用于公路路域植被调查，可以说明一定空间和时间内公路生物演替的效果。

生物多样性评价是指通过实地调查，分析生态系统和生物种的历史变迁、现状和存在主要问题的方法，评价目的是有效保护生物多样性。

生物多样性通常用香农-威纳指数（Shannon-Wienerindex）表征：

$$H = -\sum_{i=1}^{s} P_i \ln P_i \tag{3-12}$$

式中：H——样品的信息含量（彼得/个体），即群落的多样性指数；

s——种数；

P_i——样品属于第 i 种的个体比例，如样品总个体数为 N，第 i 种个体数为 n_i，则 $P_i = n_i/N$。

（2）均匀度指数（定量指标）

Pielou 均匀度指数反映了路域植被群落的均匀性和稳定性，是群落生态特征的重要指标。

$$E = \frac{H}{H_{max}} \tag{3-13}$$

式中：H——实际观察的物种多样性指数；

H_{max}——最大的物种多样性指数，$H_{max} = \ln S$（S 为群落中的总物种数）。

（3）生物生长情况（定性指标）

生物生长情况是指植被或动物的生长势，影响群落演替进展的速率。

（4）外来种入侵情况（定性指标）

外来物种入侵是指生物物种由原产地通过自然或人为的途径迁移到新的生态环境的过程，入侵的外来物种可能会破坏景观的自然性和完整性，摧毁生态系统，危害动植物多样性，影响遗传多样性。

外来种侵入情况是反映路域生态系统安全的一项重要指标，主要有以下几个方面的危害：一个是造成农林产品、产值和品质的下降，增加了成本；二是对生物多样性造成影响，特别是侵占了本地物种的生存空间，造成本地物种死亡和濒危；三是对人畜健康和贸易造成影响。

3.4.2　环境质量状况

公路环境质量状况是根据公路建设项目对环境的作用和导致的环境变化所进行的评估，涉及因素多而复杂，主要包括污水处理、大气污染状况、噪声状况和固体废弃物等方面，常用的指标如下。

（1）污水有效处理率（定量指标）

指经过处理的生活污水、工业废水量占污水排放总量的比重，计算公式为：

$$污水有效处理率 = \frac{污水有效处理量}{污水排放总量} \times 100\%$$

（2）大气污染状况（定量指标）

汽车尾气、路面扬尘、灰土拌和、沥青烟都对公路路域生态环境造成影响，汽车在公路上行驶，发动机工作会排出大量尾气，对于路域范围内空气和水资源来说，这是一种流动的不可忽视的重要污染源。汽车尾气中 CO_2、NO_2、SO_2、TSP、碳氢化合物、醛和含铅物质等，对人体健康危害极大，同时会使树木枯死，农作物大量减产；降低大气的能见度，妨碍交通等。由于公路路线很长，影响的区域也较大，有时要比工业污染影响还要大。选取有代表性的监测项目为总悬浮颗粒物（TSP）和二氧化氮（NO_2），评价指数采取达标率（%）进行评价。

（3）噪声状况（定量指标）

噪声等效声级（简称 LEQ）是指在规定的时间内，某一连续稳态声的 A（计权）声压，具有与时变的噪声相同的均方 A（计权）声压，则这一连续稳态声的声级，就是此时变噪声的等效声级。噪声等效声级（分贝）数值越小越好。

公路交通噪声分为建设期噪声和运营期噪声，施工期的噪声是暂时的，而运营期的噪声影响是长期存在的。运营期的噪声主要是交通工具本身产生的噪声，如车轮滚动与地面接触、摩擦产生的噪声，后者随着公路使用年限的增加、路况变差而增长。指标获取方法依据《声环境质量标准》（GB 3096—2008）。采用噪声达标率进行控制。

城市公路、公路、铁路、城市轨道交通地上线路和水运线路等建设项目：满足一级评价的要求，一般以公路中心线外两侧200m以内为评价范围；二级、三级评价范围可根据建设项目所在区域和相邻区域的声环境功能区类别及敏感目标等实际情况适当缩小。如依据建设项目声源计算得到的贡献值到200m处，仍不能满足相应功能区标准值时，应将评价范围扩大到满足标准值的距离。

（4）固体废弃物有效处理率（定量指标）

主要是施工垃圾，以及在公路运行期产生的生活垃圾处理情况。

固体废物呆滞性大、扩散性小，它对环境的影响主要是通过水、气和土壤进行的。固体废物对环境的污染危害主要表现在侵占土地、污染土壤、污染水体、减少水面、污染大气、影响环境卫生等方面。

3.4.3 绿化景观状况

1）绿化功能

（1）绿化种类、形式（定性指标）

绿化种类和形式是前期景观绿化规划设计的最终体现，其可以呈现多种不同植被的栽植形式和配置方式，还能够以此来寓意本地环境特点和文化特色，是景观特色体现的重要因子。

（2）本地绿化植物比例（定量指标）

本地绿化植物比例强调了使用不同生态区划绿化植物在公路景观绿化中的重要性，是绿化物种选择的趋势，不仅能体现植被地域景观特色，还对本地物种多样性保护、构建生态功能区安全具有举足轻重的作用。

（3）边坡植被防护状况（定量指标）

边坡植被防护效果是指绿化植被固土护坡、防止水土流失的效果，是绿化植被建植成败的重要生态指标。

$$\text{边坡植被绿化率} = \frac{\text{边坡植被绿化设计面积}}{\text{边坡植被设计面积}} \times 100\%$$

（4）绿化覆盖率（定量指标）

绿化植被覆盖率是验证绿化效果最常用且最直观的生态指标，反映路侧裸露情况。

自然生态系统中植被作为生产者，为消费者积累了物质和能量基础，维持食物链中物质和能量的正常流通。从环境的角度，丰富的路域植被可以极大改善土壤状况，使土壤蓬松、比重变轻，增加土壤孔隙度和入渗量，更好地涵养水源。植被的存在可以涵养水分防治水土流失，同时也可以净化空气防止粉尘污染，对生态系统的自我调节起着不可替代的作用。公路建设会造成植被的破坏，主体工程的永久用地会造成路域范围内植被的不可逆破坏，降低了生态系统的服务功能。因此，植被覆盖率可以用来表征公路建设项目对生态环境的影响程度。该指标的获取方法如下式：

$$D = \frac{\sum_{i=1}^{n} d_i \cdot S_i}{\sum_{i=1}^{n} S_i} \times 100\% \tag{3-14}$$

式中：D——路域总覆盖率,%；

d_i——某种类型样地的平均覆盖率,%；

S_i——此种类型样地的面积，m^2；

n——公路中需要覆盖的类型总数。

(5) 绿化生长情况（定性指标）

绿化生长情况是指人工种植的绿化植物的生长势。

(6) 绿化诱导与防眩效果（定性指标）

绿化植物的诱导和防眩效果，是指在公路不同部位利用植被通过视觉提醒来吸引驾驶人员的注意，以达到特定的目的，最终维护行车安全。

2) 景观功能

(1) 景观破碎度（定性指标）

公路的线形结构特点造成了沿线各类景观生态系统的破碎化和斑块化，也可理解为景观结构在空间上的非连续性。公路穿越山岭平原、森林灌丛，跨越河流，使原本连成一片的生境支离破碎。部分地段施工需要开凿隧道、架桥、削坡，完全破坏了原有植被景观的完整性，增加了自然景观的破碎度和异质性。桥梁和隧道等工程构筑物虽然起到了减少植被破坏、提供生物廊道的作用，但完全打破了和谐的自然景观格局；“面广、线长、点多”的高速公路和河道之间形成多个“生态孤岛”，加大了自然景观的破碎程度。

(2) 景观多样性（定量指标）

景观多样性，是指不同类型的景观在空间结构、功能机制和时间动态方面的多样化和变异性。

景观多样性指数（H），其大小反映景观要素的多少和各景观要素所占比例的变化。当景观是由单一要素构成时，景观是均质的，其多样性指数为0；由两个以上的要素构成的景观，当各景观类型所占比例相等时，其景观的多样性为最高；各景观类型所占比例差异增大，则景观的多样性下降。景观多样性的计算公式如下：

$$H = -\sum_{k=1}^{m} P_k \log_2 P_k \tag{3-15}$$

式中：P_k——k 种景观类型占总面积的比；

m——研究区中景观类型的总数，该指数取值与分类系统的精细程度密切相关。

（3）与周围环境融合程度（定性指标）

植物与周边环境的融合程度是指绿化植被与周围环境植被的过渡和融合情况，是景观适宜性的重要指标。

通过一系列对比分析，公路路域生态环境状况分为三大类：生态资源状况、环境质量状况与绿化景观状况，其中生态资源状况包括土地资源、水资源、生物资源；环境质量状况包括污水处理状况、大气污染状况、噪声状况和固体废弃物处理状况；绿化景观状况包括绿化状况和景观状况。针对每种状况，都有相应的定量或定性评价指标，见图3-1。

3.5 评价指标权重确定

各指标权重值的计算是生态环境评价过程中的一个重要的步骤，考虑到公路路域生态环境状况评价是一个定量和定性、主观和客观相结合的过程，而且在操作上要简便且切实可行。因此，结合公路的实际情况来确定指标体系中各指标的权重，根据权重的分布情况，合理地舍弃权重较小的指标，优化评价指标体系，使指标体系不至于过于庞大，但又不因为舍弃某些小权重指标而使评价结果失真，本节采用适用于多层次、多因素复杂系统决策的层次分析法（Analytic Hierarchy Process，简称AHP）来确定指标权重，流程如图3-2所示。

层次分析法是将与决策总是有关的元素分解成目标、准则、方案等层次，在此基础之上进行定性和定量分析的决策方法。该方法是美国运筹学家

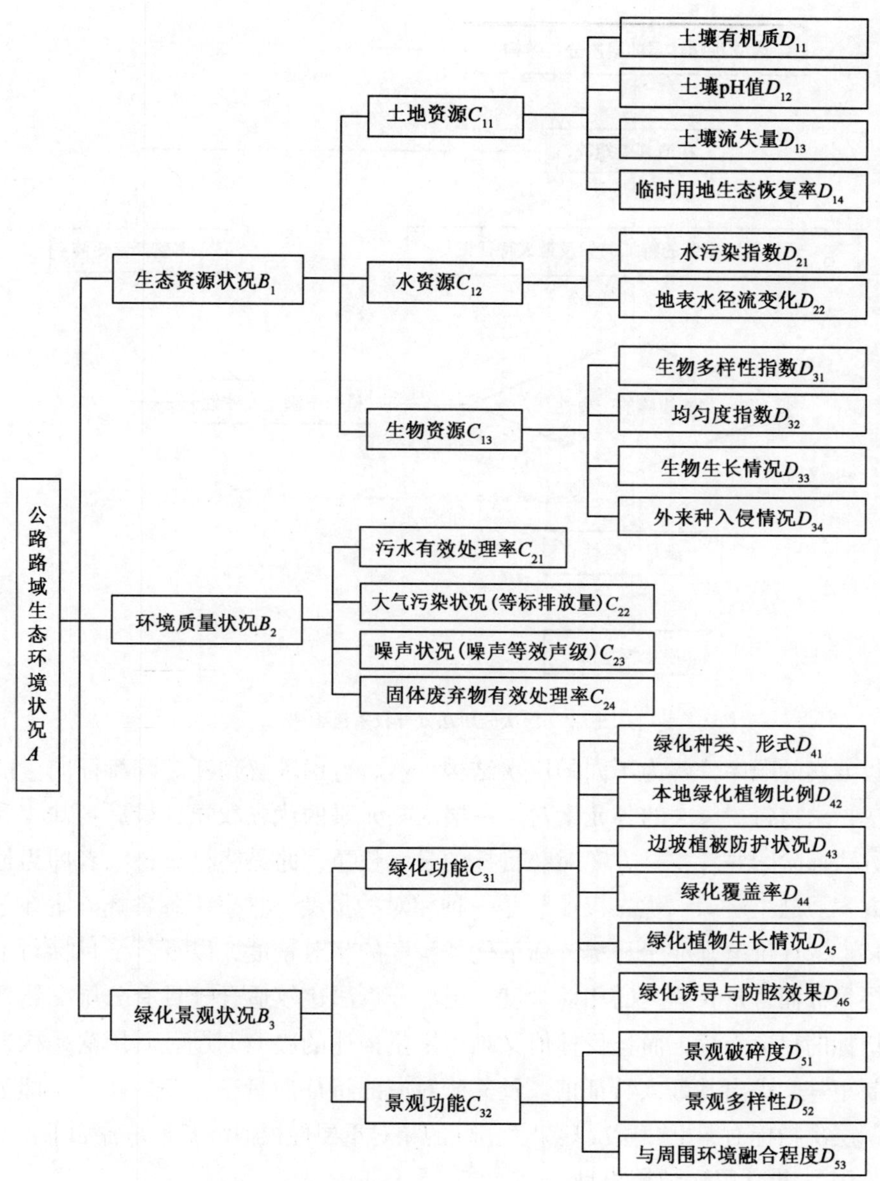

图 3-1　公路路域生态环境状况综合评价指标体系

匹茨堡大学教授萨蒂于 20 世纪 70 年代初，在为美国国防部研究“根据各个工业部门对国家福利的贡献大小而进行电力分配”课题时，应用网络系统理论和多目标综合评价方法，提出的一种层次权重决策分析方法。

层次分析法是将决策问题按总目标、各层子目标、评价准则直至具体的

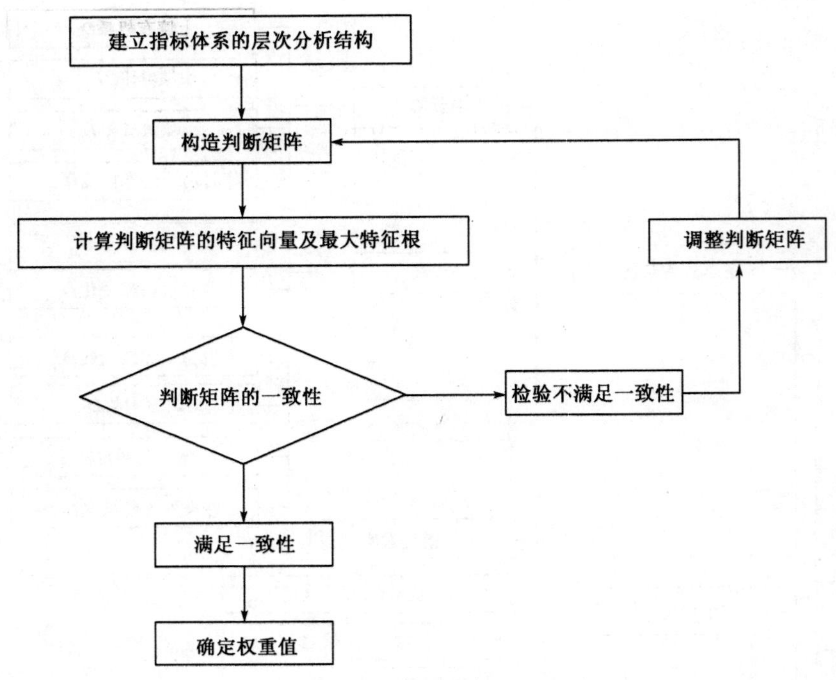

图 3-2 层次分析法计算权重流程图

备投方案的顺序分解为不同的层次结构，然后得用求解判断矩阵特征向量的办法，求得每一层次的各元素对上一层次某元素的优先权重，最后再加权和的方法递阶归并各备择方案对总目标的最终权重，此最终权重最大者即为最优方案。这里所谓“优先权重”是一种相对的量度，它表明各备择方案在某一特点的评价准则或子目标，标下优越程度的相对量度，以及各子目标对上一层目标而言重要程度的相对量度。层次分析法比较适合于具有分层交错评价指标的目标系统，而且目标值又难于定量描述的决策问题。其用法是构造判断矩阵，求出其最大特征值。及其所对应的特征向量 W，归一化后，即为某一层次指标对于上一层次某相关指标的相对重要性权值。基本步骤如下：

（1）建立层次结构模型

在深入分析实际问题的基础上，将有关的各个因素按照不同属性自上而下地分解成若干层次，同一层的诸因素从属于上一层的因素或对上层因素有影响，同时又支配下一层的因素或受到下层因素的作用。最上层为目标层，通常只有 1 个因素，最下层通常为方案或对象层，中间可以有一个或几个层次，通常为准则或指标层。当准则过多时（譬如多于 9 个），应进一步分解出子准则层。

（2）构造成对比较阵

从层次结构模型的第 2 层开始，对于从属于（或影响）上一层每个因素的同一层诸因素，用成对比较法和 1 ~9 比较尺度构造成对比较阵，直到最下层。

（3）计算权向量并做一致性检验

对于每一个成对比较阵，计算最大特征根及对应特征向量，利用一致性指标、随机一致性指标和一致性比率做一致性检验。若检验通过，特征向量（归一化后）即为权向量；若不通过，需重新构造成对比较阵。

（4）计算组合权向量并做组合一致性检验

计算最下层对目标的组合权向量，并根据公式做组合一致性检验，若检验通过，则可按照组合权向量表示的结果进行决策，否则需要重新考虑模型或重新构造那些一致性比率较大的成对比较阵。

层次分析法具有以下优点：

（1）系统性的分析方法

层次分析法把研究对象作为一个系统，按照分解、比较判断、综合的思维方式进行决策，成为继机理分析、统计分析之后发展起来的系统分析的重要工具。系统的思想在于不割断各个因素对结果的影响，而层次分析法中每一层的权重设置最后都会直接或间接影响到结果，而且在每个层次中的每个因素对结果的影响程度都是量化的，非常清晰、明确。这种方法尤其可用于对无结构特性的系统评价以及多目标、多准则、多时期等的系统评价。

（2）简洁实用的决策方法

这种方法既不单纯追求高深数学，又不片面地注重行为、逻辑、推理，而是把定性方法与定量方法有机地结合起来，使复杂的系统分解，能将人们的思维过程数学化、系统化，便于人们接受，且能把多目标、多准则又难以全部量化处理的决策问题化为多层次单目标问题，通过两两比较确定同一层次元素相对上一层次元素的数量关系后，最后进行简单的数学运算。即使是具有中等文化程度的人也可了解层次分析的基本原理和掌握它的基本步骤，计算也非常简便，并且所得结果简单明确，容易为决策者了解和掌握。

（3）所需定量数据信息较少

层次分析法主要是从评价者对评价问题的本质、要素的理解出发，比一般的定量方法更讲求定性的分析和判断。由于层次分析法是一种模拟人们决策过程的思维方式的一种方法，它把判断各要素的相对重要性的步骤留给了大脑，只保留人脑对要素的印象，化为简单的权重进行计算。这种思想能处理许多用传统的最优化技术无法着手的实际问题。

3.5.1 建立指标体系层次分析结构

将指标体系按照目标层、准则层、子准则层，方案层等，按照范围的大小、高低分成若干个层。按照该方法分解形成从上到下的指标体系的层次结构如表 3-1 所示。

公路路域生态环境状况综合评价层次结构 表 3-1

<table>
<tr><th>目 标 层</th><th>一 级 指 标</th><th>二 级 指 标</th><th>三 级 指 标</th></tr>
<tr><td rowspan="23">公路路域生态环境状况 A</td><td rowspan="10">生态资源状况 B_1</td><td rowspan="4">土地资源 C_{11}</td><td>土壤有机质 D_{11}</td></tr>
<tr><td>土壤 pH 值 D_{12}</td></tr>
<tr><td>土壤流失量 D_{13}</td></tr>
<tr><td>临时用地生态恢复率 D_{14}</td></tr>
<tr><td rowspan="2">水资源 C_{12}</td><td>水污染指数 D_{21}</td></tr>
<tr><td>地表水径流变化 D_{22}</td></tr>
<tr><td rowspan="4">生物资源 C_{13}</td><td>生物多样性指数 D_{31}</td></tr>
<tr><td>均匀度指数 D_{32}</td></tr>
<tr><td>植被生长情况 D_{33}</td></tr>
<tr><td>外来种入侵情况 D_{34}</td></tr>
<tr><td rowspan="4">环境质量状况 B_2</td><td colspan="2">污水有效处理率 C_{21}</td></tr>
<tr><td colspan="2">大气污染状况（等标排放量）C_{22}</td></tr>
<tr><td colspan="2">噪声状况（等效噪声等级）C_{23}</td></tr>
<tr><td colspan="2">固体废弃物有效处理率 C_{24}</td></tr>
<tr><td rowspan="9">绿化景观状况 B_3</td><td rowspan="6">绿化功能 C_{31}</td><td>绿化种类、形式 D_{41}</td></tr>
<tr><td>本地绿化植物比例 D_{42}</td></tr>
<tr><td>边坡植被防护状况 D_{43}</td></tr>
<tr><td>绿化覆盖率 D_{44}</td></tr>
<tr><td>绿化植物生长情况 D_{45}</td></tr>
<tr><td>绿化诱导与防眩效果 D_{46}</td></tr>
<tr><td rowspan="3">景观功能 G_{32}</td><td>景观破碎度 D_{51}</td></tr>
<tr><td>景观多样性 D_{52}</td></tr>
<tr><td>与周围环境融合程度 D_{53}</td></tr>
</table>

3.5.2　构造判断矩阵

对各层指标间相对于其上级层的重要性进行两两比较，假设建立判断矩阵的下层要素 B_1、B_2，…，B_n 与上层准则 A_k 关联，建立这些要素在准则层 A_k 下的判断矩阵，如表 3-2 所示。

判 断 矩 阵　　表 3-2

A_k	B_1	B_2	…	B_n
B_1	b_{11}	b_{12}	…	b_{1n}
B_2	b_{21}	b_{22}	…	b_{2n}
…	…	…	b_{ij}	…
B_n	b_{n1}	b_{n2}	…	b_{nn}

为了使决策判断定量化，形成上述数值判断矩阵，常根据一定的比率标度将判断定量化。其中，代表重要性程度的 b_{ij} 可以根据九级标度法来反映，即将各指标间的相对重要程度用数值来表示，数值越大，代表相对重要程度越高，反之则越低。对于具体选择哪个标度，可以由有关专家来评判。九级标度法如表 3-3 所示。

判断矩阵标度及其含义　　表 3-3

序　号	重要性等级	b_{ij} 赋　值
1	i、j 两元素同等重要	1
2	i 元素比 j 两元素稍重要	3
3	i 元素比 j 两元素明显重要	5
4	i 元素比 j 两元素强烈重要	7
5	i 元素比 j 两元素极端重要	9
6	i 元素比 j 两元素稍不重要	1/3
7	i 元素比 j 两元素明显不重要	1/5
8	i 元素比 j 两元素强烈不重要	1/7
9	i 元素比 j 两元素极端不重要	1/9

根据上述标度法得知，判断矩阵的特征有：

$$b_{ii} = 1;\quad b_{ji} = 1/b_{ij}$$

3.5.3 权重向量的计算

1）计算判断矩阵的特征向量及最大特征根

计算判断矩阵的特征向量及最大特征根的方法一般有和积法和方根法。这里将采用方根法来对其进行计算。

（1）计算判断矩阵每一行元素的乘积 M_i：

$$M_i = \prod_{j=1}^{n} b_{ij} \quad (i = 1,2,\cdots,n) \tag{3-16}$$

（2）计算 M_i 的 n 次方根 $\overline{W_i}$：

$$\overline{W_i} = \sqrt[n]{M_i} \tag{3-17}$$

（3）对向量 $\overline{W} = [\overline{W_1}, \overline{W_2}, \cdots, \overline{W_n}]^T$ 正规化（归一化处理）：

$$W_i = \frac{\overline{W_i}}{\sum_{j=1}^{n} \overline{W_j}} \tag{3-18}$$

则 $W = [W_1, W_2, \cdots, W_n]^T$ 即为所求的特征向量。

（4）计算判断矩阵的最大特征根 λ_{max}：

$$\lambda_{max} = \frac{1}{n}\sum_{i=1}^{n} \frac{(Aw)_i}{w_i} \tag{3-19}$$

2）一致性检验

由于判断矩阵中的元素是由专家评判的标度值所得，带有一定的主观性，其值是否合理、是否满足矩阵成立的条件，还需要对构造的判断矩阵进行一致性检验。一致性检验首先引入判断矩阵的一致性指标 CI：

$$CI = \frac{\lambda_{max} - n}{n - 1} \tag{3-20}$$

引入平均随机一致性指标 RI，由于判断矩阵的阶数不同，对于 RI 的取值也有所差别，如表 3-4 所示。

平均随机一致性指标　　表 3-4

n	1	2	3	4	5	6	7	8	9
RI	0	0	0.58	0.9	1.12	1.24	1.32	1.41	1.45

对于 1、2 阶判断矩阵，RI 只是形式上的，因为 1、2 阶判断矩阵总是具有完全一致性。当阶数大于 2 时，则需计算随机一致性比率 CR。当 $CR = CI/RI < 0.10$ 时，即认为判断矩阵的一致性是满足要求的，即计算出的各指

标权重是合理的；否则就需要不断地调整判断矩阵，使之满足一致性。

以浙江省为例，针对浙江地区特点，选择长期从事公路设计工作人员、公路建设工作人员、公路运营管理工作人员、环境评价工作人员，以及研究公路生态环境的老师共计 20 位专家，以浙江专家为主，用发放调查问卷的方式，分别对准则层相对于目标层、方案层相对于准则层中的各指标的重要性进行两两对比，建立判断矩阵并将比较结果进行综合平均处理。

计算各指标的权重以及一致性检验如下：

（1）Ⅰ级评价指标的权重

对Ⅰ级评价指标进行赋值，得出Ⅰ级评价指标的判断矩阵，见表 3-5。

B_i　矩　阵　　　　表 3-5

A	B_1	B_2	B_3	权重向量
B_1	1	3/2	4/3	0.4142
B_2	2/3	1	1	0.2872
B_3	3/4	1	1	0.2986

$$\lambda_{\max} = \frac{1}{n}\sum_{i=1}^{n}\frac{(Aw)_i}{w_i} = 3.0015$$

$$CI = \frac{\lambda_{\max} - n}{n-1} = \frac{3.0015-3}{3-1} = 0.00075$$

3 阶矩阵的随机一致性指标 RI 为 0.58，则：

$$CR = \frac{CI}{RI} = \frac{0.00075}{0.58} = 0.0013 < 0.10$$

因而认为该矩阵具有满意的一致性。$B_1 \sim B_3$ 所占的权重分别为（0.4142，0.2872，0.2986）。

（2）Ⅱ级评价指标的权重

①生态资源状况评价指标的权重。对评价指标进行赋值，得出评价指标的判断矩阵，见表 3-6。

C_{1i}　矩　阵　　　　表 3-6

B_1	C_{11}	C_{12}	C_{13}	权重向量
C_{11}	1	19/10	1	0.3917
C_{12}	10/19	1	9/20	0.1957
C_{13}	1	20/9	1	0.4126

$$\lambda_{max} = \frac{1}{n}\sum_{i=1}^{n}\frac{(Aw)_i}{w_i} = 3.0027$$

$$CI = \frac{\lambda_{max} - n}{n - 1} = \frac{3.0027 - 3}{3 - 1} = 0.00135$$

3 阶矩阵的随机一致性指标 RI 为 0.58，则：

$$CR = \frac{CI}{RI} = \frac{0.00135}{0.58} = 0.0023 < 0.10$$

因而认为该矩阵具有满意的一致性。$C_{11} \sim C_{13}$ 所占的权重分别为（0.3917，0.1957，0.4126）。

②环境质量状况评价指标的权重。对评价指标进行赋值，得出评价指标的判断矩阵，见表 3-7。

C_{2i} 矩 阵 表 3-7

B_2	C_{21}	C_{22}	C_{23}	C_{24}	权重向量
C_{21}	1	1/3	1/4	1	0.1109
C_{22}	3	1	1	4	0.3841
C_{23}	4	1	1	7/2	0.3985
C_{24}	1	1/4	2/7	1	0.1065

$$\lambda_{max} = \frac{1}{n}\sum_{i=1}^{n}\frac{(Aw)_i}{w_i} = 4.0126$$

$$CI = \frac{\lambda_{max} - n}{n - 1} = \frac{4.0126 - 4}{4 - 1} = 0.0042$$

4 阶矩阵的随机一致性指标 RI 为 0.90，则：

$$CR = \frac{CI}{RI} = \frac{0.0042}{0.90} = 0.0047 < 0.10$$

因而认为该矩阵具有满意的一致性。$C_{21} \sim C_{24}$ 所占的权重分别为（0.1109，0.3841，0.3985，0.1065）。

③绿化景观状况评价指标的权重。对评价指标进行赋值，得出评价指标的判断矩阵，见表 3-8。

C_{3i} 矩　阵　　表 3-8

B_3	C_{31}	C_{32}	权重向量
C_{31}	1	40/41	0.4938
C_{32}	41/40	1	0.5062

经过计算该矩阵具有满意的一致性。$C_{31} \sim C_{32}$ 所占的权重分别为（0.4938，0.5062）。

（3）Ⅲ级评价指标的权重

①土地资源评价指标的权重。对评价指标进行赋值，得出评价指标的判断矩阵见表 3-9。

D_{1i} 矩　阵　　表 3-9

C_{11}	D_{11}	D_{12}	D_{13}	D_{14}	权重向量
D_{11}	1	4/5	3/8	1/2	0.1419
D_{12}	5/4	1	3/8	1/2	0.1588
D_{13}	8/3	8/3	1	4/3	0.3996
D_{14}	2	2	3/4	1	0.2997

$$\lambda_{\max} = \frac{1}{n}\sum_{i=1}^{n}\frac{(Aw)_i}{w_i} = 4.0062$$

$$CI = \frac{\lambda_{\max} - n}{n - 1} = \frac{4.0062 - 4}{4 - 1} = 0.0021$$

4 阶矩阵的随机一致性指标 RI 为 0.9，则：

$$CR = \frac{CI}{RI} = \frac{0.0021}{0.9} = 0.0023 < 0.10$$

因而认为该矩阵具有满意的一致性。$D_{11} \sim D_{14}$ 所占的权重分别为（0.1419，0.1588，0.3996，0.2997）。

②水资源评价指标的权重。对评价指标进行赋值，得出评价指标的判断矩阵，见表 3-10。

D_{2i} 矩　阵　　表 3-10

C_{12}	D_{21}	D_{22}	权重向量
D_{21}	1	11/17	0.3929
D_{22}	17/11	1	0.6071

经过计算该矩阵具有满意的一致性。D_{21} ~ D_{22} 所占的权重分别为(0.3929，0.6071)。

③生物资源评价指标的权重。对评价指标进行赋值，得出评价指标的判断矩阵，见表3-11。

D_{3i} 矩 阵 表3-11

C_{13}	D_{31}	D_{32}	D_{33}	D_{34}	权重向量
D_{31}	1	3/2	4/3	4	0.3879
D_{32}	2/3	1	2/3	2	0.2175
D_{33}	3/4	3/2	1	3	0.2940
D_{34}	1/4	1/2	1/3	1	0.1006

$$\lambda_{\max} = \frac{1}{n}\sum_{i=1}^{n}\frac{(Aw)_i}{w_i} = 4.0164$$

$$CI = \frac{\lambda_{\max} - n}{n - 1} = \frac{4.0164 - 4}{4 - 1} = 0.0055$$

4阶矩阵的随机一致性指标 RI 为0.9，则：

$$CR = \frac{CI}{RI} = \frac{0.0055}{0.9} = 0.0061 < 0.10$$

因而认为该矩阵具有满意的一致性。D_{31} ~ D_{34} 所占的权重分别为(0.3879，0.2175，0.2940，0.1006)。

④绿化功能评价指标的权重。对评价指标进行赋值，得出评价指标的判断矩阵，见表3-12。

D_{4i} 矩 阵 表3-12

C_{31}	D_{41}	D_{42}	D_{43}	D_{44}	D_{45}	D_{46}	权重向量
D_{41}	1	9/5	1	1	1	9/5	0.1950
D_{42}	5/9	1	1/2	1/2	1/2	1	0.1029
D_{43}	1	2	1	1	1	8/5	0.1947
D_{44}	1	2	1	1	1	3/2	0.1929
D_{45}	1	2	1	1	1	2	0.2022
D_{46}	5/9	1	5/8	2/3	1/2	1	0.1123

$$\lambda_{\max} = \frac{1}{n}\sum_{i=1}^{n}\frac{(Aw)_i}{w_i} = 6.0100$$

$$CI = \frac{\lambda_{\max} - n}{n - 1} = \frac{6.0100 - 6}{6 - 1} = 0.0020$$

6 阶矩阵的随机一致性指标 RI 为 1.24，则：

$$CR = \frac{CI}{RI} = \frac{0.0020}{1.24} = 0.0016 < 0.10$$

因而认为该矩阵具有满意的一致性。$D_{41} \sim D_{46}$ 所占的权重分别为（0.1950，0.1029，0.1947，0.1929，0.2022，0.1123）。

⑤景观功能评价指标的权重。对评价指标进行赋值，得出评价指标的判断矩阵，见表 3-13。

D_{5i} 矩　阵　　表 3-13

C_{32}	D_{51}	D_{52}	D_{53}	权重向量
D_{51}	1	1	19/10	0.3958
D_{52}	1	1	19/10	0.3958
D_{53}	10/19	10/19	1	0.2084

经过计算，该矩阵具有满意的一致性。$D_{51} \sim D_{53}$ 所占的权重分别为（0.3958，0.3958，0.2084）。

上述的公路路域生态环境状况评价指标体系中的指标是在一般情况下取得的，如果在不同阶段的特殊情况可以调整其权重，使其符合公路的实际情况。

以浙江地区为例，通过层次分析法的一系列计算和检验最终确定了指标体系中各层指标的权重，为构建模糊综合评价模型提供了指标的权重基础，各指标权重的设置如表 3-14 所示。

公路路域生态环境状况评价指标体系　　表 3-14

<table>
<tr><th></th><th>一级指标</th><th>二级指标</th><th>三级指标</th></tr>
<tr><td rowspan="10">公路路域生态环境状况（ECQI）</td><td rowspan="10">生态资源状况（ERQI）0.4142</td><td rowspan="4">土地资源　0.3917</td><td>土壤有机质　0.1419</td></tr>
<tr><td>土壤 pH 值　0.1588</td></tr>
<tr><td>土壤流失量　0.3996</td></tr>
<tr><td>临时用地生态恢复率　0.2997</td></tr>
<tr><td rowspan="2">水资源　0.1957</td><td>水污染指数　0.3929</td></tr>
<tr><td>地表水径流变化　0.6071</td></tr>
<tr><td rowspan="4">生物资源　0.4126</td><td>生物多样性指数　0.3879</td></tr>
<tr><td>均匀度指数　0.2175</td></tr>
<tr><td>生物生长情况　0.2940</td></tr>
<tr><td>外来种入侵情况　0.1006</td></tr>
</table>

续上表

<table>
<tr><td rowspan="14">公路路域生态环境状况（ECQI）</td><th>一 级 指 标</th><th>二 级 指 标</th><th>三 级 指 标</th></tr>
<tr><td rowspan="4">环境质量状况（CQI） 0.2872</td><td colspan="2">污水有效处理率 0.1109</td></tr>
<tr><td colspan="2">大气污染状况（等标排放量） 0.3841</td></tr>
<tr><td colspan="2">噪声状况（等效噪声等级） 0.3985</td></tr>
<tr><td colspan="2">固体废弃物有效处理率 0.1065</td></tr>
<tr><td rowspan="9">绿化景观状况（GLQI） 0.2986</td><td rowspan="6">绿化功能 0.4938</td><td>绿化种类、形式 0.1950</td></tr>
<tr><td>本地绿化植物比例 0.1029</td></tr>
<tr><td>边坡植被防护状况 0.1947</td></tr>
<tr><td>绿化覆盖率 0.1929</td></tr>
<tr><td>绿化植物生长情况 0.2022</td></tr>
<tr><td>绿化诱导与防眩效果 0.1123</td></tr>
<tr><td rowspan="3">景观功能 0.5062</td><td>景观破碎度 0.3958</td></tr>
<tr><td>景观多样性 0.3958</td></tr>
<tr><td>与周围环境融合程度 0.2084</td></tr>
</table>

第 4 章　生态公路评价方法的研究

生态环境影响评价的方法依据评价对象、内容和特点、主要评价目的和评价要求进行选择。因此，研究生态公路路域生态环境影响评价过程中，应根据公路建设项目的特点以及评价指标间的关系和特点，选择适当的评价方法对构建的指标体系进行评价。

4.1　生态公路评价方法选择

评价方法的确定主要是依据评价指标体系的复杂程度。因此，在进行指标体系的评价时，应当通过分解协调原则，在定性分析下结合定量分析，将自然学、社会科学、软科学、硬技术以及现代方法和传统理论相结合。常见的评价方法如下。

4.1.1　列表清单法

列表清单法是 Little 等人于 1971 年提出的一种定性分析方法。该方法的特点是简单明了，针对性强。

（1）方法

列表清单法的基本做法是，将拟实施的开发建设活动的影响因素与可能受影响的环境因子分别列在同一张表格的行与列内。逐点进行分析，并逐条阐明影响的性质、强度等，由此分析开发建设活动的生态影响。

（2）应用

①进行开发建设活动对生态因子的影响分析；

②进行生态保护措施的筛选；

③进行物种或栖息地重要性或优先度比选。

4.1.2　图形叠置法

图形叠置法，是把两个以上的生态信息叠合到一张图上，构成复合图，用以表示生态变化的方向和程度。本方法的特点是直观、形象、简单明了。图形叠置法有指标法和3S叠图法两种基本制作手段。

（1）指标法

①确定评价区域范围；

②进行生态调查，收集评价工作范围与周边地区自然环境、动植物等的信息，同时收集社会经济和环境污染及环境质量信息；

③进行影响识别并筛选拟评价因子，其中包括识别和分析主要生态问题；

④研究拟评价生态系统或生态因子的地域分异特点与规律，对拟评价的生态系统、生态因子或生态问题建立表征其特性的指标体系，并通过定性分析或定量方法对指标赋值或分级，再依据指标值进行区域划分；

⑤将上述区划信息绘制在生态图上。

（2）3S叠图法

①选用地形图，或正式出版的地理地图，或经过精校正的遥感影像作为工作底图，底图范围应略大于评价工作范围；

②在底图上描绘主要生态因子信息，如植被覆盖、动物分布、河流水系、土地利用和特别保护目标等；

③进行影响识别与筛选评价因子；

④运用3S技术，分析评价因子的不同影响性质、类型和程度；

⑤将影响因子图和底图叠加，得到生态影响评价图。

（3）图形叠置法应用

①主要用于区域生态质量评价和影响评价；

②用于具有区域性影响的特大型建设项目评价中，如大型水利枢纽工程、新能源基地建设、矿业开发项目等；

③用于土地利用开发和农业开发中。

4.1.3 生态机理分析法

生态机理分析法是根据建设项目的特点和受其影响的动、植物的生物学特征，依照生态学原理分析、预测工程生态影响的方法。生态机理分析法的工作步骤如下：

（1）调查植物和动物分布，动物栖息地和迁徙路线；

（2）根据调查结果分别对植物或动物种群、群落和生态系统进行分析，描述其分布特点、结构特征和演化等级；

（3）识别有无珍稀濒危物种及重要经济、历史、景观和科研价值的物种；

（4）项目建成后监测该地区动物、植物生长环境的变化；

（5）根据项目建成后的环境（水、气、土和生命组分）变化，对照无开发项目条件下动物、植物或生态系统演替趋势，预测项目对动物和植物个体、种群和群落的影响，并预测生态系统演替方向。

评价过程中有时要根据实际情况进行相应的生物模拟试验，如环境条件、生物习性模拟试验、生物毒理学试验、实地种植或放养试验等；或进行数学模拟，如种群增长模型的应用。该方法需与生物学、地理学、水文学、数学及其他多学科合作评价，才能得出较为客观的结果。

4.1.4　景观生态学法

景观生态学法是通过研究某一区域、一定时段内的生态系统类群的格局、特点、综合资源状况等自然规律，以及人为干预下的演替趋势，揭示人类活动在改变生物与环境方面的作用的方法。景观生态学对生态质量状况的评判是通过两个方面进行的，一是空间结构分析，二是功能与稳定性分析。景观生态学认为，景观的结构与功能是相当匹配的，且增加景观异质性和共生性也是生态学和社会学整体论的基本原则。

空间结构分析基于景观是高于生态系统的自然系统，是一个清晰的和可度量的单位。景观由斑块、基质和廊道组成，其中基质是景观的背景地块，是景观中一种可以控制环境质量的组分。因此，基质的判定是空间结构分析的重要内容。判定基质有三个标准，即相对面积大、连通程度高、有动态控制功能。基质的判定多借用传统生态学中计算植被重要值的方法。

决定某一斑块类型在景观中的优势，也称优势度值（Do）。优势度值由密度（Rd）、频率（Rf）和景观比例（Lp）三个参数计算得出。其数学表达式如下：

$$\mathrm{Rd}=(\text{斑块 } i \text{ 的数目/斑块总数})\times 100\%$$

$$\mathrm{Rf}=(\text{斑块 } i \text{ 出现的样方数/总样方数})\times 100\%$$

$$\mathrm{Lp}=(\text{斑块 } i \text{ 的面积/样地总面积})\times 100\%$$

$$Do = 0.5 \times [0.5 \times (Rd + Rf) + Lp] \times 100\%$$

上述分析同时反映自然组分在区域生态系统中的数量和分布，因此能较准确地表示生态系统的整体性。

景观的功能和稳定性分析包括如下 4 方面内容。

（1）生物恢复力分析：分析景观基本元素的再生能力或高亚稳定性元素能否占主导地位。

（2）异质性分析：基质为绿地时，由于异质化程度高的基质很容易维护它的基质地位，从而达到增强景观稳定性的作用。

（3）种群源的持久性和可达性分析：分析动、植物物种能否持久保持能量流、养分流，分析物种流可否顺利地从一种景观元素迁移到另一种元素，从而增强共生性。

（4）景观组织的开放性分析：分析景观组织与周边生境的交流渠道是否畅通。开放性强的景观组织可以增强抵抗力和恢复力。景观生态学方法既可以用于生态现状评价，也可以用于生境变化预测，目前是国内外生态影响评价学术领域中较先进的方法。

4.1.5 指数法与综合指数法

指数法是利用同度量因素的相对值来表明因素变化状况的方法，是建设项目环境影响评价中规定的评价方法，同样可将其拓展而用于生态影响评价中。指数法简明扼要，且符合人们所熟悉的环境污染影响评价思路，但困难之处在于需明确建立表征生态质量的标准体系，且难以赋权和准确定量。综合指数法是从确定同度量因素出发，把不能直接对比的事物变成能够同度量的方法。

（1）单因子指数法

选定合适的评价标准，采集拟评价项目区的现状资料。可进行生态因子现状评价，例如以同类型立地条件的森林植被覆盖率为标准，可评价项目建设区的植被覆盖现状情况；亦可进行生态因子的预测评价，如以评价区现状植被盖度为评价标准，可评价建设项目建成后植被盖度的变化率。

（2）综合指数法

①分析研究评价的生态因子的性质及变化规律；

②建立表征各生态因子特性的指标体系；

③确定评价标准；

④建立评价函数曲线，将评价的环境因子的现状值（开发建设活动前）与预测值（开发建设活动后）转换为统一的无量纲的环境质量指标；用1～0表示优劣（“1”表示最佳的、顶极的、原始或人类干预甚少的生态状况，“0”表示最差的、极度破坏的、几乎无生物性的生态状况），由此计算出开发建设活动前后环境因子质量的变化值；

⑤根据各评价因子的相对重要性赋予权重；

⑥将各因子的变化值综合，提出综合影响评价值。

$$\Delta E = \sum (E_{\mathrm{h}_i} - E_{\mathrm{q}_i}) \times W_i \tag{4-1}$$

式中：ΔE——开发建设活动日前后生态质量变化值；

E_{h_i}——开发建设活动后 i 因子的质量指标；

E_{q_i}——开发建设活动前 i 因子的质量指标；

W_i——i 因子的权值。

（3）指数法应用

①可用于生态因子单因子质量评价；

②可用于生态多因子综合质量评价；

③可用于生态系统功能评价。

4.1.6　类比分析法

类比分析法是一种比较常用的定性和半定量评价方法，一般有生态整体类比、生态因子类比和生态问题类比等。

（1）方法

根据已有的开发建设活动（项目、工程）对生态系统产生的影响来分析或预测拟进行的开发建设活动（项目、工程）可能产生的影响。选择好类比对象（类比项目）是进行类比分析或预测评价的基础，也是该法成败的关键。

类比对象的选择条件是：工程性质、工艺和规模与拟建项目基本相当，生态因子（地理、地质、气候、生物因素等）相似，项目建成已有一定时间，所产生的影响已基本全部显现。

类比对象确定后，则需选择和确定类比因子及指标，并对类比对象开展调查与评价，再分析拟建项目与类比对象的差异。根据类比对象与拟建项目的比较，做出类比分析结论。

（2）应用

①进行生态影响识别和评价因子筛选；

②以原始生态系统作为参照，可评价目标生态系统的质量；

③进行生态影响的定性分析与评价；

④进行某一个或几个生态因子的影响评价；

⑤预测生态问题的发生与发展趋势及其危害；

⑥确定环保目标和寻求最有效、可行的生态保护措施。

4.1.7 系统分析法

系统分析法是指把要解决的问题作为一个系统，对系统要素进行综合分析，找出解决问题的可行方案的咨询方法。具体步骤包括：限定问题、确定目标、调查研究、收集数据、提出备选方案和评价标准、备选方案评估和提出最可行方案。系统分析法因其能妥善地解决一些多目标动态性问题，目前已广泛应用于各行各业，尤其在进行区域开发或解决优化方案选择问题时，系统分析法显示出其他方法所不能达到的效果。

在生态系统质量评价中使用系统分析的具体方法有聚类分析法、层次分析法、模糊综合评判法、灰色关联、人工神经网络评价法等方法。

（1）聚类分析法

作为一种数学方法，将同一类问题归纳起来是聚类分析研究事物分类问题的指导思想。对于分类而言，在早期，人们是通过逻辑、专业知识甚至是经验来进行分类。随着科学技术的不断发展，分类的方法也发展出了很多新的理论，克服了仅仅凭借经验和专业知识进行分类造成的很多不确定性，例如借助计算机工具以及延伸出来的多元统计分析、模糊数学理论以及图论等方法，通过这些方法从中分离出了聚类分析这个理论分值。聚类分析的概念是在没有或不用样品所属类别信息的情况下，根据样品集数据的内在结构，在样品间相似性度量的基础上，对样品进行分析的方法。

（2）层次分析法

层次分析法作为一种决策方法，其基本思想是根据问题的要求建立一个描述系统功能或特征的内部独立的阶梯形的层次结构，通过对各层因素间进行两两比较得出相对重要性，构造上层某要素对下层相关元素的权重判断矩阵，从而得出相关元素对某要素的相对重要序列。该方法权重的分布具有较大的刚性，不能保证对评价目标的实际情况描述的精准性。虽然随着该理论的发展之后，又出现了基于层次分析法的“变权评价方法”，但是并未从根本上解决层次分析法的弊端。

（3）灰色关联分析法

灰色关联分析法是以系统内各因子间的关联系数和关联度作为依据，用比较关联度的大小来确定主要因素和次要因素。通过计算关联因素变量的数据序列（即评价数列）和系统特征变量数据序列（即比较数列）的灰色关联度，进行优势分析，得出评价结果。该方法在解决权值问题时，首先要选取决定研究地区生态环境变化的主导因子，再确定其他指标同主层因子决定的指标之间的关联度排序，然后以此关联度为基础，决定权重的分析。该方法的实施需要以人为的主观经验为基础，需要通过大量烦琐的计算，因此伴随着准确性不足和关联度不明显的缺点。

（4）模糊评价法

模糊评价法是对受多个因素影响的事物做出全面有效的一种综合评价方法。该方法不再是以精确数学的逻辑和语言为基础，而是强调了各因素中的一种模糊性的影响，在对模糊评价方法进行运用时，首先要考虑影响评价对象各因素中的模糊性，以此来描述其客观属性。该方法对于评价目标的评价结果并非是精确的是或否，而是用一个模糊集合来描述。该方法的缺点在于无法解决好指标体系和权重分配的问题，因此对评价结果的描述形式也缺乏较好的处理能力。

（5）人工神经网络评价法

人脑有较强的解决某些模糊性和不确定性问题的能力，人工神经网络评价方法的理念正是对人脑处理这类问题的一种模拟。在对某一事物进行评价的过程中，首先提取生物神经网络的基本特征，模拟人脑解决这类问题的能力，对已获得的环境样本信息进行学习，然后对新的问题利用学习到的信息进行识别和评价。

以上 5 种方法均属于单一评价法，虽然在处理不同问题的时候有着各自的特点和优势，但是都存在着难以弥补的缺陷。对于公路路域生态环境状况评价，单一的评价方法不能够满足评价的要求。

因此，将采用综合评价法对指标体系进行评价，综合评价法是根据评价主体特点的需要，将若干个单一评价法有机地结合起来，取长补短，以满足评价的需要，研究指标体系的评价方法时，考虑到该指标体系多层次、多因素复杂的特点，采用层次分析法和模糊评价法相结合复合评价方法。该方法一方面形成两种评价方法的优势互补，避免了两种单一评价方法的弊端；另一方面也使评价结果更加准确可靠。

4.2 基于模糊综合评价法的生态公路评价模型

4.2.1 模糊综合评价法

1965 年，美国加州大学的控制论专家 L. A. Zadeh 教授根据科技发展的需要，经过多年的潜心研究，发表了一篇题为《模糊集合》的重要论文，第一次成功地运用精确的数学方法描述了模糊概念，从而宣告了模糊数学的诞生。

模糊综合评价法（Fuzzy Comprehensive Evaluation，简称 FCE）是一种基于模糊数学的综合评价方法。该方法就是在模糊环境下，考虑多种因素的影响，为了某种目的对一事物作出综合决策的方法。

该综合评价法根据模糊数学的隶属度理论把定性评价转化为定量评价，即用模糊数学对受到多种因素制约的事物或对象作出一个总体的评价。它具有结果清晰、系统性强的特点，能较好地解决模糊的、难以量化的问题，适合各种非确定性问题的解决。

模糊综合评价就是应用模糊变换原理和最大隶属度原则，考虑与被评价事物相关的各个因素，从而对其所作的综合评价，如图 4-1 所示。

模糊综合评价法的步骤如下：

（1）建立评价指标集（因素集）：$U=\{u_1, u_2, \cdots, u_m\}$，其中，$m$ 为评价因素的个数，由具体指标体系决定；u_i 为 U 内的一个指标，$U_{ij}=\{u_{ij1}, u_{ij2}, \cdots, u_{ijm}\}$ 为 u_i 中第 j 个指标集，u_{ijk} 为 u_i 中第 j 个指标集中的一个指标。

（2）建立评价等级：$V=\{v_1, v_2, \cdots, v_n\}$，表示由高到低的评语。

（3）构建单因素的评判矩阵：$K=(k_{ij})_{m\times n}$，其中，k_{ij} 为指标 u_i 被评为 v_j 的隶属度，并注意保持归一化。如果指标的模糊分布函数不好确定，可以利用专家评判法，设 n 为有效咨询次数，y_{ij} 为指标 u_i 被评为 v_j 的次数，则有 $k_{ij}=y_{ij}/n$。

（4）计算指标权重：$W=(w_1, w_2, \cdots w_m)$。

（5）模糊矩阵的合成使用最大隶属度法和加权平均法，模糊矩阵合成公式为：$P_i=W_i\times K_i$。

（6）计算评判指标：$Z=(z_1, z_2, \cdots, z_n)^{\mathrm{T}}$ 为一分数集。其中，z_j 是第 j 级评语的分数，通过计算得到最终评价结果：$F=PZ$，再根据算出的最终得分确定最终评价结果。

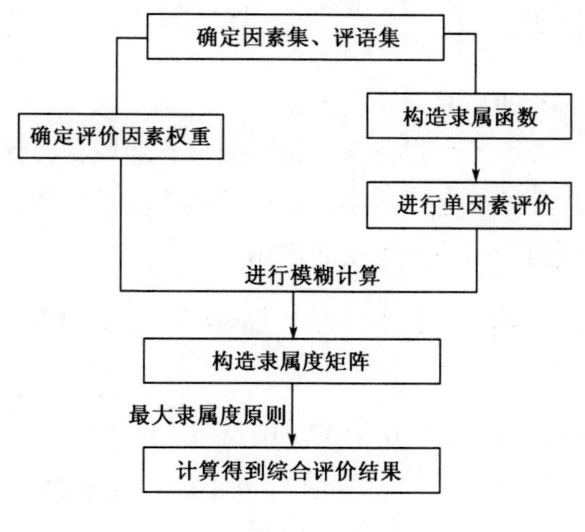

图 4-1　模糊综合评价法

4.2.2　公路路域生态环境状况评价模型建立

在对公路路域生态环境状况进行评价时，往往要考虑诸多因素，这些因素，首先是它们各自的属性、重要度和可比性不相同；其次是对各因素属性指标进行评估和度量时，具有很大的不确定性和主观经验性。一般地，可以把不确定性因素分为两类：一类具有随机性；另一类具有模糊性。前者要由概率统计学加以研究，后者则要用模糊数学的理论去解决。公路路域生态环境状况评价是一类模糊环境下复杂系统的多层次、多属性的决策问题，它是一个具有模糊性的问题，使用模糊数学理论去进行综合评价是比较理想的。鉴于这种情况，选用模糊性综合评价的方法，使模糊因素数量化，建立模糊评价模型，对公路路域生态环境状况影响作出符合客观实际的综合评价。

根据模糊综合评价法建立公路路域生态环境状况评价模型的步骤如下：

（1）建立评价指标集

根据第3章建立的评价指标体系是一个三层次的指标体系结构，公路路域生态环境状况评价指标集 $U=\{u_1, u_2, u_3\}$，其中，u_i 是 U 中的一个指标，这就是Ⅰ级指标。

Ⅱ级指标：$U_1=\{u_{11}, u_{12}, u_{13}\}$，$U_2=\{u_{21}, u_{22}, u_{23}, u_{24}\}$，$U_3=\{u_{31}, u_{32}\}$。

Ⅲ级指标：$U_{11}=\{u_{111}, u_{112}, u_{113}, u_{114}\}$，$U_{12}=\{u_{121}, u_{122}\}$，$U_{13}=\{u_{131}, u_{132}, u_{133}, u_{134}\}$，$U_{31}=\{u_{311}, u_{312}, u_{313}, u_{314}, u_{315}, u_{316}\}$，$U_{32}=\{u_{321}, u_{322}, u_{323}\}$。

（2）计算指标权重：$W=(w_1, w_2, \cdots w_m)$

权重集是一个表示各个指标在公路路域生态环境状况评价指标体系中重要程度的集合。在模糊综合评价中，权重是体现其重要性程度的数值，具有权衡比较不同评价因子间差异程度的作用。

权重 $W=(w_1, w_2, \cdots w_m)$，式中 $\sum_{i=1}^{n} w_i = 1$，在第3章已经计算了权重，其中，

$$W=\{w_1, w_2, w_3\}=\{0.4142, 0.2872, 0.2986\}$$

$$W_1=\{w_{11}, w_{12}, w_{13}\}=\{0.3917, 0.1957, 0.4126\}$$

$$W_2=\{w_{21}, w_{22}, w_{23}, w_{24}\}=\{0.1109, 0.3841, 0.3985, 0.1065\}$$

$$W_3=\{w_{31}, w_{32}\}=\{0.4938, 0.5062\}$$

$$W_{11}=\{w_{111}, w_{112}, w_{113}, w_{114}\}=\{0.1419, 0.1588, 0.3996, 0.2997\}$$

$$W_{12}=\{w_{121}, w_{122}\}=\{0.3929, 0.6071\}$$

$$W_{13}=\{w_{131}, w_{132}, w_{133}, w_{134}\}=\{0.3879, 0.2175, 0.2940, 0.1006\}$$

$$W_{31}=\{w_{311}, w_{312}, w_{313}, w_{314}, w_{315}, w_{316}\}$$

$$=\{0.1950, 0.1029, 0.1947, 0.1929, 0.2022, 0.1123\}$$

$$W_{32}=\{w_{321}, w_{322}, w_{323}\}=\{0.3958, 0.3958, 0.2084\}$$

（3）各指标隶属度的计算

所谓隶属度，一般来说是这样界定的，即任意一个处于研究范围内的元素 x，都有一个在0～1之间的数 $K(x)$ 与之对应，$K(x)$ 就被认为是 x 对 K 的隶属度。$K(x)$ 的值是根据 x 的变化而变化的。因此，基于这种关系，

$K(x)$ 也称为隶属函数，当 $K(x)$ 的值越趋于 1，则 x 对 K 的隶属程度就越高，当 $K(x)$ 的值越趋于 0，则说明 x 对 K 的隶属程度越低。

对于各指标隶属度计算，首先要划分各指标所属评语等级的界限范围。本书的评价主体为公路路域生态环境状况。因此，各指标上下限的确定主要来源于国家发布的交通运输行业的生态环境影响评价技术导则，行业发布的环境规范、规定、设计要求等。根据对各指标上下限值的分析，将阈值范围内的数域按照对公路路域生态环境状况的有利程度由大到小划分成“优、良、中、次、差”5 个等级，各指标的分级形式如表 4-1 所示。

各指标的分级形式　　表 4-1

等级 / 指标	优	良	中	次	差
指标 1	b_{11}	b_{12}	b_{13}	b_{14}	b_{15}
指标 2	b_{21}	b_{22}	b_{23}	b_{24}	b_{25}
…	…	…	…	…	…
指标 3	b_{i1}	b_{i2}	b_{i3}	b_{i4}	b_{i5}

各等级的界限划分完后，即可计算各定量指标的隶属度。由于公路路域生态环境状况评价的指标体系是由定量指标和定性指标共同构成的，所以在计算各指标的隶属度时，应该根据元素集中的各末级指标的性质（定性指标和定量指标）的不同分别计算。

对定量指标隶属度的计算：

数值越大表明对生态环境维持和保护程度越大，破坏程度越小（影响程度越小）的正相关指标，对第 j 级评语的隶属度计算式为：

$$K(x) = \frac{x - x_{j+1}}{x_j - x_{j+1}} \quad x_{j+1} < x < x_j \tag{4-2}$$

故第 $j+1$ 级的隶属度为 $1-K(x)$。

而那些数值越大对生态环境保护程度越小，破坏程度越大（影响程度越大）的负相关指标，对第 j 级评语的隶属度计算式为：

$$K(x) = \frac{x_{j+1} - x}{x_{j+1} - x_j} \quad x_j < x < x_{j+1} \tag{4-3}$$

同样，对第 $j+1$ 级评语的隶属度为 $1-K(x)$。

对于上式中的各值，x 为该指标的实际数值，x_j 与 x_{j+1} 为与指标实际数值相邻的两个标准值，由于评价等级划分为五级，在按照上述计算式算出指标对第 j 级和第 $j+1$ 级评价的隶属度后，指标对其余 8 个评价等级的隶属度则都为 0。

关于定性指标的定量化：

本书采用的是统计频率的方法，该方法主要是请专家或从事与该领域有关的经验人士，根据各定性指标的表现情况对其进行“优～差”标准下的选择，以统计频率作为 k_{ij}。

假设参与统计的总人数为 N，认为第 i 个指标属于第 j 个评价等级的专家人数为 M，则：

$$k_{ij}=\frac{\text{认为第 } i \text{ 个指标属于第 } j \text{ 个评价等级的参评人数}}{\text{参评人数总数}}=\frac{M}{N}$$

计算出各末级指标的隶属度后，接下来根据各隶属度构造模糊关系矩阵。关于计算各末级指标的隶属度所需要的上下限阈值由于具体工程的情况不同，部分阈值需要针对具体的工程来进行确定。因此，这部分工作可参考本书第 3 章的工程实例分析。

（4）模糊关系矩阵的建立

确定各个指标相对于评语集的隶属度后，需要建立模糊评判矩阵，为计算综合指标值提供依据。本书研究的因素集中的每个元素都可以计算出一个模糊评价向量 K_i，即 $K_i=(k_{i1},\ k_{i2},\ \cdots k_{i5})$，各层次的模糊评价向量构成相应的模糊评价矩阵 K，即

$$K=\begin{pmatrix}K_1\\K_2\\\vdots\\K_3\end{pmatrix}=\begin{pmatrix}k_{11},k_{12},\cdots,k_{15}\\k_{21},k_{22},\cdots,k_{25}\\\vdots\\k_{i1},k_{i2},\cdots,k_{i5}\end{pmatrix}$$

（5）计算综合评价向量及综合评价值

对综合评价向量的计算，需要根据对指标体系划分的层数，从最低层的方案层到最高层的目标层逐层进行计算，本书构建的公路路域生态环境状况评价指标体系将筛选出的指标分为三层，因此，需要分两步来计算综合评价向量，即方案层向准则层的一级模糊综合评价、准则层到目标层的二级模糊

综合评价。

具体的计算方法如下：

$$P = WK = (W_1, W_2, \cdots, W_n)\begin{pmatrix} k_{11}, k_{12}, \cdots, k_{15} \\ k_{21}, k_{22}, \cdots, k_{25} \\ \vdots \\ k_{n1}, k_{n2}, \cdots, k_{n5} \end{pmatrix} = (P_1, P_2, \cdots, P_5)$$

W 为各低层指标相对于其高层指标的权重，K 则是各低层指标所组成的模糊评价矩阵。

计算完三级模糊综合评价向量后，需要计算出综合指标值，以便直观地对公路路域生态环境的保护程度和破坏程度进行评价。由于各指标隶属度的确定采用了5个等级的标准。因此，本书将采用分数集合的方法计算综合指标值。该分数集合将100分到60分这个数域按照“优~差”这10个等级平均分为5个小数段，用计算出的综合评价值划分等级。

分数集合用 Z 来表示：

$$Z = (z_1, z_2, \cdots, z_5)^{\mathrm{T}} = (100, 90, 80, 70, 60)^{\mathrm{T}}$$

将计算所得的评价向量和分数集合相乘获得最终的综合评价值 F：

$$F = PZ = (p_1, p_2, p_3, p_4, p_5) \times (100, 90, 80, 70, 60)^{\mathrm{T}}$$

$$= 100p_1 + 90p_2 + 80p_3 + 70p_4 + 60p_5$$

（6）构建评价标准并计算综合评价指标值

本书参考了相关资料，结合了专家意见并根据评价的方法建立5个等级的评价标准来评价综合指标值所表征的公路建设项目对生态环境的影响程度。

首先划分各评价等级对应的分数区间段，如表4-2所示。

评价等级分数区间段　　表4-2

等级	优	良	中	次	差
分数区间	100~90（含90）	90~80（含80）	80~70（含70）	70~60（含60）	60以下

将计算出来的综合评价值 F 根据分数段来进行对比，并据此来对公路路域生态环境状况影响程度进行评价。

各分数段所表示的生态环境影响程度的具体含义如表 4-3 所示。

评价分数段的生态影响程度具体标准 表 4-3

评价等级	影响状况	各分级含义
优	保护程度极好，破坏程度极小	路域生态环境得到了极好的维持和最低程度的破坏，生态服务功能优秀，路域生态系统能够在短期内达到新的平衡，反映了设计工作能够切实做到对路域生态环境因素的综合考虑，贯彻了最大保护和最小破坏的设计理念
良	保护程度优良，影响程度很小	路域生态环境得到了很好的维持和较低程度的破坏，生态服务功能优良，路域生态系统能够在比较短的时间内达到新的平衡，反映了设计工作能够综合考虑生态环境的各因素
中	保护程度较好，影响程度较小	路域生态环境得到了较好的维持和较低程度的破坏，生态服务功能良好，自我调节能力较强，反映出设计工作对生态环境因素做了较多的考虑
次	保护程度一般，影响程度小	路域生态环境造成了中度破坏，降低了生态系统的服务功能和自我平衡的能力，反映出设计工作对生态环境因素考虑得不够充分，使得路域生态环境没有得到较好的保护和补偿
差	保护程度较差，影响程度较大	对路域生态环境造成了很大的影响，使其自我条件能力严重下降，生态服务功能严重下降，造成生态环境大程度的退化

第 5 章　生态道路建设技术

5.1　概　述

公路整个寿命周期包括前期准备（规划与设计）、施工组织工作（施工）与运营三个阶段，在不同阶段有不同的重点，提出了各个阶段的应对措施。本章分别对于生态环境不同的影响因素，提出了解决措施，同时根据新材料、新技术的应用，提出了路域生态系统提升技术。

在公路生态恢复的实践方面，日本、韩国等国家在 20 世纪 60 ~ 70 年代就开始了北方阔叶林、混交林等生态系统的恢复试验研究，探讨采伐破坏及干扰后系统生态学过程的动态变化及其机制研究，取得了重要发现。美国和英国对高速公路的生态恢复也有较好的研究。国外许多国家都对高速公路的植物护坡技术、杂草清除和化学方法控制技术及中央分隔带的植物防眩技术十分重视。欧美以及日本、韩国尤为突出，其共同的特点是选择的材料能较好地适应当地自然条件，配置合理，符合人体生理规律，因而达到了护坡、吸尘、美化环境等多重效果。如日本公路的绿化工程经常结合公路边坡坡面的综合治理工作同时进行。对于坡面高、坡度陡的坡面，通常采用工程防护与植物防护相结合的方法，在工程实施之前先根据公路边坡的岩土性能等多项指标进行设计，必须进行工程防护时，在设计时即考虑挂网（金属），设置钢筋骨架混凝土方框，在此方框内进行喷附绿化工艺。由于所喷附的材料内含有植物生长所必需的水、肥、土等条件，喷附后的 1 ~ 2 个月内坡面上即可生长出草和灌木的幼苗。在不长的时间内，坡面就会被绿色的植被所覆盖，达到了坡面治理、保护公路、绿地再生、减少水土流失和美化环境、改造景观等综合目的。

欧美等发达国家比较注重公路景观规划设计，将其作为开发和保护自然资源中的审美主题，将公路融合在周围环境中，并充分利用自然环境中的地形地貌、山水草木等因素，使公路与特定地区的生态环境相协调。在公路设计中，宁愿把技术指标降低，或把工程造价提高也决不轻易大填大挖。如在奥地利境内的阿尔卑斯山区内，高速公路的纵坡最大采用到7%，平曲线半径的采用也十分灵活，宜大则大，宜小则小；法国的A14号公路，是一条典型的环保型公路，该公路地处缓丘区，森林遍布丘陵，因此所有的挖方路段均采用了明洞或浅埋隧道，工程造价十分昂贵，但自然景观和人文景观取得了十分和谐的效果，在法国被誉为环保型公路的典范；意大利南部山区E70号高速公路，基本穿梭于崇山峻岭之中，全路段基本以分离式路基为主，或上下分离或左右分离，或远分或近分，就如两条二级公路自如地穿梭于阿尔卑斯山一般，景观效果十分明显。

美国在公路设计中尽量避免高填深挖，减少对原地形、地貌的影响，公路的排水设计非常注重环境保护。同时，美国公路在重点路段两边设有监测系统，对空气质量实时监测，对噪声超标地段设置减噪设施。在公路施工过程中，美国政府对承包商在环境保护方面的要求非常严格，施工时尽量减少对原有土壤的扰动，施工前根据原有地表径流，并结合设计的永久排水设施的设置做好临时排水系统，对周围环境有较大影响的路段进行重点防范。

瑞典政府规定新建的交通运输设施必须与周围环境相适应，它们的设计也必须为各地的生态、文化与价值观所认同，并且在规划和设计阶段实施避免措施、代替措施和减缓措施等环保措施；在施工过程中实施防治性措施、恢复性措施和补偿性措施等环保措施；在运营和养护阶段实施噪声防治措施、空气污染防治措施以及水资源环保措施等，来加强对环境的保护。

加拿大的公路部门在公路建设中采取了很多简单或高成本的环保措施，如在野生动物经常经过的路段建设野生动物通道绿桥，对于给生态环境已造成不可避免影响的地段，尽量进行生态补偿建设，将损害等降低到最低限度。在施工过程中，主要采取环境紧急情况警报、防止水土侵蚀、防噪声、动物保护等环保措施。

德国在公路设计过程中，需要对工程项目中如路基路面、路堑、桥梁、涵洞、防护墙、排水设施、噪声防护设施等采取相应的措施，尽最大可能减少或者避免对环境的不利影响，对于一些无法避免的侵害必须采取补偿措施。

我国公路建设的生态环境保护工作具有自己的特色。与发达国家相比，我国在公路建设路域植被恢复设计、绿化设计、景观设计、生态工程技术等方面研究较为深入，公路建设对大气污染的影响及防治对策的研究也比较集中，在公路生态修复方面发展也十分迅速。如交通部科学研究院于 1999 年引进并使用客土喷播技术，开始探索我国公路路域生态恢复的实用技术。另外，我国路域生态学研究更加注重实际应用，现有的生态工程技术研究已经广泛应用于全国各区域公路工程生态建设的实践中，为提高全国绿色通道生态环境质量做出了积极贡献。我国的公路路域生态各项研究具有紧迫性、实效性与社会性等特点，对该领域深入的研究必将会带来巨大的社会、经济与环境效益。

浙江省把保护沿线自然环境、维护生态平衡、防止水土流失作为重要控制因素。“生态投资”已经成为浙江省交通建设中一个重要的组成部分。“十一五”期间，浙江省生态交通建设总投入约 275 亿，其中约 250 亿用于公路工程生态建设，占公路建设投资总额的约 12%。一是重视路基防护及排水设计，尽可能采用植物防护或工程与植物防护相结合的设计方案；边沟等排水设施尺寸、位置、防护应结合农田水利灌溉，合理设计满足排水功能要求，尽可能采用小、暗、绿的形式，减少高填深挖，少占林地或耕地，减少对植被的破坏。二是在施工过程中减少对原地面的扰动、对地面草木的破坏，完善临时排水系统，严禁乱挖乱弃。建设后期要以生物措施为主，通过复绿、还耕等措施，积极实施恢复性保护，防止水土流失，改善生态环境。三是综合考虑地形、地质、水文、生态等因素，处理好与自然保护区、风景名胜区、饮用水源保护地等环境敏感地区的关系。四是可能利用原有机耕路、废弃地或低产田，或利用取（弃）土场设置，减少土地占用，节约有限资源，保护生态环境。在沿线绿化类型的选择上，以当地常见的绿色经济作物为主，美化路容路貌。

5.2　面向公路建设不同阶段的应对措施

公路建设的基本程序一般包括前期准备（规划与设计）、施工组织工作（施工）与运营三个阶段。为了使得公路建设的生态保护能更贴近公路建设的实际情况，生态保护应当围绕着项目的建设过程展开，并在不同阶段有不同的重点。

5.2.1 规划阶段

公路建设的用地应当遵循优化土地资源、提高土地利用效率的原则，应经过统一规划，对功能进行合理布局，各种功能设置得当，来增加各功能的紧密联系，最大程度地优化土地资源的利用。同时应避免建设行为造成水土流失或其他灾害。注重采用符合生态保护、污染控制、地形维护等公路选线技术，降低公路工程对生态、环境以及资源的影响程度。

在公路网络规划之时，考虑到生态系统综合保护的路网规划十分重要，不仅考虑动植物保护，更要考虑动植物栖息地的保护，不同路网规划对生态系统的影响不同，可通过深入分析研究选择一套基于生态系统保护的最佳路网规划方案。

在选择路线的时候需要关注不同生态系统的保护，对野生动物栖息地、自然保护区等生态敏感区应当合理避让。在珍稀濒危物种栖息地方面，原则上是避免公路项目建设，如果无法避让，也应当采取影响最小的方案。

我国土地资源紧张，人均耕地较少，在路线布设时尽量少占用耕地，最大限度地避免农田条块隔离。

对公路沿线景观进行调查，按照调查得到的自然和人文特征点合理布线，使得路线尽量能展示路域景观的美。

5.2.2 设计阶段

（1）技术标准与路线设计

在公路选线阶段，综合考虑公路和周边生态环境的协调，尽量减少公路对现有环境的破坏、分割。合理地确定公路容量和技术标准，避免标准过低导致短时间内再次扩建或标准过高导致浪费资金和破坏环境，应符合绿色交通要求，合理地进行公路交通组织，确定公路通行容量，并尽量避免交通拥堵现象的发生和减少有害气体的排放量等。

在满足交通要求的前提下，增加公路绿化面积，尽量使用原生物种。公路线位应尽量避免穿越生态敏感区。在不得不穿越时，应进行综合评估，选择对环境影响最小的穿越方法。并且考虑在建设后给予一定生态补偿与恢复，在有野生动物栖息和迁徙的地方为动物的迁移设置通道。

（2）路基设计与工程材料选择

在山岭重丘区的设计中，降低造价并不是最重要的，首先考虑的是最大限度地减小地质灾害的发生和最大限度地保护路域生态环境。在路基设计时，尽量避免高填深挖，降低土方工程量，可以使用桥隧代替高填深挖，也可以考虑路线的分幅设计，避免对边坡过多开挖。理想状态下，填方和挖方量是相等的，但是在实际的设计过程中因为一些客观原因，往往很难实现两者数量上的平衡，如果填方或挖方过多，在施工的过程中，会造成大量的弃土或借方。这些被废弃的土方会造成景观的破坏，如果不合理堆置弃土并对表面进行绿化还会导致水土流失等地质灾害。大量的借方同时也会影响到原有的地貌和原有的生态系统，对安全和景观方面都造成极大的隐患。

需要改进公路绿化带的排水设计方式，目前公路绿化带的排水设计侧重于保护公路强度的要求，而忽略了生态设计，有些设计对绿化带下部全幅铺设了土布，这既限制了绿化带中绿化品种的选择，也限制了对地下水的补给。

路基的排水设计不仅要考虑自身排水的需要，还要少占用农田，与当地灌溉系统相协调，防止水土流失和水源污染。水沟设计必须充分考虑与沿线地形地貌、自然环境相协调，在考虑排水功能和安全的同时考虑绿化与景观效果，使公路与自然融为一体。设计植草排水路线，不仅能有效防护路侧和水道的土壤侵蚀，还能净化路面径流。在溪流的改道设计中，应当考虑为鱼类提供适宜的栖息地和洄游通道，涵洞在考虑泄洪能力的同时也需要考虑鱼类逆流通过的能力。可设置雨水滞留系统对雨水进行控制以降低雨水从公路流出的径流速度。

不合理的取弃土场将破坏公路的生态与景观，应尽量选择在公路看不到的地方，或通过彻底的植被恢复措施尽量与周围环境协调。取土坑的横纵坡和地面需保持平顺，以利于排水。在确定取弃土场、废弃物堆置场和拌和站位置时，应该考虑到粉尘和其他问题对环境敏感点（如居民区）的影响，如果设置不合理，在施工期会造成对生态敏感点的破坏。

在边坡设计前，应当通过线路调整来回避高大边坡。边坡的地质稳定是前提，生物防护是一种坡面防护措施，它只能防止坡面侵蚀，避免水土流失，改善边坡土壤的水分状况，从而增加边坡的稳定性，防止坡面冲蚀和滑塌，但不可能完全解决边坡的稳定性问题。在公路边坡生物防护设计中，主要考虑通过设置合理的边坡坡度、挡墙、骨架护坡、截水沟、排水沟等工程措施来实现公路边坡的稳定，并通过植被工程达到长期固定表层和绿化效果，但在工程设计中可以综合考虑两者的结合问题。一般地，在边坡地质稳定和坡比到位的前提下进行生物防护或工程防护。除特殊情况（如高、大、陡岩石边坡和地质复杂不稳定等地段）外，应尽量采取以生物防护或工程防护与生物防护相结合的形式。在边坡稳定的前提下，采用多层防护与植被防护相结合的防护形式，尽量避免采用喷浆、锚杆挂网喷浆等破坏环境和景观的防护工艺。

边坡应当与环境相宜，坡面设计应当与自然地形顺畅连接，有条件的地方尽量放缓，采用植草砖边坡，不仅有利于维护设备的接近和开展维护活动，也有利于植物的恢复。以植物生态学和植物群落学为理论指导，针对新建公路路域生态环境的特殊性，重视草木、灌木、藤本和矮生树种的立体配置。首先选择符合当地气候和路域条件的植物，它们必须满足多年生、根深、水源涵养能力强、抗旱、耐贫瘠和耐粗放管理的要求。进而要考虑速生种与优势种的组合，既要满足固定土壤、防止水土流失，又要顾及美化景观的绿化效果。

设计时尽量使用对现有环境影响小的材料，改进现有硬质路面应增强路面透水性、减少路面噪声、改善公路聚热性等。在增强路面透水性方面，可选择增加绿化面积和人行道的透水性等方法来保证降雨时的行人安全、补给地下水分、保护人行道面和行车路面不遭受水分的侵蚀等。在减少路面噪声方面，可考虑采用橡胶粉改性沥青等降噪类型的面层。在改善公路聚热性方面，可考虑在车行道上采用空心混凝土路面、混凝土砌块、天然卵石、砾石、普通砖等路面铺装材料，在低速流量且无过重车辆通过的公路上使用，不仅可以改善公路的聚热性能，还能起到丰富色彩、调节径流的作用，而且易于开挖维修，这种方法也适用于住宅区内的公路以及广场、停车场等。

使用有利于生态的材料，尽量避免使用混凝土等单调的人造材料，使工程结构外观及功能均符合生态、景观需求。若为安全考虑需要应用混凝土构造物时，可配合造型模板、堆砌石等，以柔化工程硬质感并利于植物的生存。使用会对环境造成污染的材料时，应采取必要的防范措施，例如，粉煤灰大量用于公路基层时，由于路面结构中的流水会冲刷该材料，使其流失到公路工程以外而污染周边环境，并会降低路面的结构强度。可考虑采用透水性土工布包裹粉煤灰三渣层，在保证结构透水性的同时，防止了粉煤灰的流失。

（3）桥梁设计

桥梁的设计需要考虑自身的美学效果，在行驶的选择中需要重视功能和构造要求，同时考虑如何恢复下部空间的植被。桥梁的基础部位可进行植物栽植以减小桥梁的压迫感。

5.2.3　施工阶段

施工过程是对环境具体改变的开始，如果不合理组织，即使公路设计是生态型的，也会不可避免地对环境造成不可弥补的伤害。施工阶段是一个最活跃也是最多变的时期，它给自然资源和生态环境的保护既造成了巨大的压力，也带来了改善的机会。公路建设过程中不应以牺牲它方的生态来达到自身生态的目的，而应遵循全过程生态的原则。

施工阶段的保护目标是对环境最小程度的破坏，不破坏环境是几乎做不到的，但可以通过各种工程措施将破坏降到最低水平，主要包括以下几个方面。

（1）防止路域水土流失

开挖前，需要明确清理范围和对象，仔细测量放样，不扩大清理范围和破坏两侧植被。清理出的废土、弃土应当运至弃土场堆放并采取防护措施避免流入水土中，零星弃土应在封闭前处理完毕。

土石方开挖回填时应当避开雨季，若不能回避应设置临时沉淀池拦截泥沙，待路基建成后及时推平。雨季施工应当及时掌握气象资料，在雨前碾压成型以减少水土流失。路基施工中及时设置排水设施并保持通畅，高边坡每隔一定距离设置临时急流槽集中排水，不允许坡面散流。

开挖土方及钻渣应堆放在附近空地并围护，结束时及时回填泥浆池、沉淀池。施工中的运输公路都需要进行养护维修和清扫，保证公路畅通和排水通畅。

（2）保护路域土壤资源

施工时，应当注意保存原表层土壤（熟土），可用于后期植被恢复，禁止施工作业废水散排和施工垃圾随意堆放，防止土壤污染。

（3）保护路域水环境

污水排放方面：施工现场搅拌站的废水，必须经过沉淀池沉淀合格后再排放；临时食堂的污水需要设置隔油池，并定期清理；工地临时厕所、化粪池需要采取防漏措施，防止水体污染和疾病传播。

工程施工方面：钻孔桩基础施工中形成的泥浆要集中处理，并在完工时及时清理干净以免堵塞河道和妨碍交通；施工期间应当始终保持工地良好排水状态，必要时设置临时排水渠道与永久排水设施连接，一定间距设置沉沙池，并定期清理。雨季填筑路基应当随挖随填随压实，每层表面应当形成一定横坡使其不积水，边坡应当及时采取防护措施将路基表面雨水集中引入排水渠道；挖方段路槽两边设置临时排水沟，坡顶截水沟应当尽早施工或设置临时截水沟以防止雨水对坡面的冲刷而影响排水系统的功能，同时减少对附近水域的污染。

（4）保护自然和人文景观

施工过程中，不应仅考虑一时的方便而破坏有意义的泉水、溪流、山岩、土丘等地物、地貌以及有重要存在价值的人文景观。

（5）保护路域动植物

施工过程中，应积极采取措施保护生物多样性，尽可能消除和减少对生物多样性的不利影响。如在选址驻地、预制场、拌和站等人员活动较多的场所避开动物栖息地，在野生动物常出现的路段施工时设置路障，严格划定施工作业范围，禁止乱砍滥伐。

（6）降低施工噪声

施工噪声对人类和野生动物均产生一定程度的影响。大量研究表明，多种鸟类回避公路形成公路回避带，噪声给沿线居民的正常生活带来不便。

施工应采用低噪声机械，经常对设备维修保养，避免由于设备性能差而增强噪声。合理安排施工作业时间，避免夜间进行打桩等高噪声施工作业。

（7）防止施工对大气产生污染

工程施工中会产生一定的废气和粉尘，对路域大气环境造成一定影响，可以通过合理的施工组织和工程措施减小影响。

加强施工管理，在物料堆场四周设置挡风墙，合理安排堆垛位置并采取遮挡措施；物料搅拌站应当远离有密集村庄居住的路段，将拌和站设置在敏感点以外较远的区域；砂石料厂及时洒水，装卸装置尽量降低落差；及时对场地清扫，施工人员应当配有防尘用具以保护健康；沿线施工便道、进出堆场公路、无铺装的路基段以及成型施工路段应当及时洒水处理减轻扬尘的污染。

下面分别归纳总结了路基、路面与桥梁三个主要工程施工阶段生态保护措施，见表 5-1 ~ 表 5-3。

路基施工阶段环境保护措施要点　　表 5-1

施 工 活 动	相应的保护措施
准备	1. 边坡开挖时应顺应地形连贯平顺，与地形的连接应利用弧线过渡，不得生搬硬套设计，避免出现边坡“一刀切”的人工痕迹，让边坡与原地貌融为一体，形成流线型效果； 2. 尽量保留植物，禁止跨越红线工作
场地清理	1. 公路永久和临时用地内的所有非适用材料，应清除并移运到适宜地方妥善处理；工程区内的原始表土层，往往是表层有肥力的熟土，应在工程施工前预先对其进行剥离，并运送到渣场或料场表层土集中堆放，立交范围剥离的表土需就地存放，以备后续覆土之用，并做好排水设施，达到设计堆放高度后采取覆盖或临时植被恢复措施； 2. 在拆除旧通行及排水结构物前做好新的通道和排水设施，确保正常交通和排水； 3. 结构物拆除点周围 30m 范围内有居民点时，采取整体大部分吊装拆除框架混凝土结构的措施，并在拆除前对被拆体充分洒水，保持湿润，以减少粉尘排放
路基开挖	1. 在路基开挖施工中发现的文物古迹，应立即报当地文物部门处置； 2. 弃土严禁运入自然保护区核心区和缓冲区； 3. 山区公路易滑坡、崩塌和泥石流路段施工时，应严格按设计要求施工，施工过程尽量采用机械开挖，避免放大炮作业，防止爆破引起地质灾害； 4. 路堑开挖过程中，应尽量缩小作业面，将对植物的破坏减小到最小； 5. 粉煤灰路堤施工中，粉煤灰的运输和堆放应呈潮湿状态，运输车辆周边密闭，顶面加盖以防粉煤灰沿路撒落飞扬而污染环境；在施工路堤两侧设置排水设施和防雨冲刷的措施，以防粉煤类污染附近水源和农田； 6. 敏感点场地采取减噪措施，禁止高噪声机械设备夜间施工； 7. 在雨水地面径流处开挖路基时，及时设置临时土沉淀池； 8. 对于土壤松散的边坡坡面，可采用露肩挡水土埂防止汇流直接下泻冲毁路基； 9. 路堤填土后立即对顶面、坡面平整并压密实； 10. 路面应设置路拱横坡； 11. 边沟排水沟在坡脚处设横向截水沟或缓冲带，边坡排水沟和截水沟的末端每 100m 左右视需要可修建沉淀池，以阻留从坡面侵蚀的土壤，沉淀池要有足够的容量以沉淀土（石）渣； 12. 临时排水沟和截水沟可以与永久性排水沟结合修建；

续上表

施工活动	相应的保护措施
路基开挖	13. 雨季来临之前，将开挖或回填土方的边坡的排水设施处理好，并防止路基施工中发生泥水污染农田，雨季时用沙袋或草席压住坡面进行暂时防护； 14. 边坡开挖时由于爆破引起的危石，必须清除，但对于边坡上稳定的整块孤石可不予清除
路基填筑	1. 边坡防护原则上最大限度地减少上挡护面墙、浆砌护坡等圬工砌体，尽量以植物生态防护为主，当工程需要设置挡防结构时，断面形式及尺寸应根据实际地质、地形条件灵活设置，采用多层防护与生态防护相结合的方法进行边坡防护； 2. 挡土结构外观设计应避免千篇一律，尽量减少人工痕迹； 3. 按指定地点取土，做好路基边坡防护工程； 4. 控制路基取土的面积和深度； 5. 雨季施工时及时掌握气象预报资料，按降雨时间和特点实施雨前填铺的松土压实等防护措施；填筑完成后，及时按设计要求开展防护工程施工； 6. 填方高度较小的填方地段可采用较缓的坡比，使其平纵面线形与原地貌圆顺过渡，避免出现起伏和折点； 7. 防护工程施工完成后，应及时开展植物防护工程施工，并对植物防护工程的质量进行检验评定； 8. 路基施工结束后，如不能及时进行防护工程施工，遇汛期可采用塑料薄膜或草栅对路基边坡进行覆盖，以防降雨、径流对路基边坡产生的溅蚀、面蚀和冲蚀

路面工程施工阶段环境保护措施要点 表 5-2

施工活动	相应的保护措施
灰土和沥青搅拌	1. 要按照批准的场拌、路拌要求施工，重点控制扬尘和沥青烟的污染，并控制污水排放； 2. 细粉料堆应进行遮盖或洒水措施处理； 3. 拌和设备应配装有集尘等环保措施； 4. 路拌时要及时洒水； 5. 细粉料拌和作业，设置喷水嘴装置； 6. 运输易引起粉尘的材料时，车辆应备有盖布及类似物进行遮盖； 7. 配备临时污水汇集设施，对拌和场清洗石料的污水应汇集处理回用，不得直接排出施工现场以外的地方
路面基层施工	1. 在敏感点场地采取降噪措施，禁止高噪声机械设备夜间施工； 2. 在旱季施工时，对施工场地和施工便道每天定时洒水； 3. 禁止施工污水及路面径流直接流入河流中；

续上表

施工活动	相应的保护措施
沥青路面施工	1. 在敏感点场地采取降噪措施，禁止高噪声机械设备夜间施工； 2. 在旱季施工时对施工场地和施工便道每天定时洒水； 3. 禁止施工污水及路面径流直接流入河流中； 4. 禁止沥青材料废渣进入水体； 5. 注意减少对周围土壤植被产生的破坏

桥涵工程施工阶段环境保护措施要点　　表 5-3

施工活动	相应的保护措施
施工前准备	1. 检查桥梁附近的施工营地或施工现场应远离水体； 2. 若不得不布设在水体附近，产生的污水、粪便严禁排入水体，生活污水、粪便必须经化粪池处理后给当地农民还田
桥涵施工	1. 架桥时应设防护网，不让杂物掉进河中。桥面养护时也不能让泥沙、废水流入河流； 2. 对桥梁施工机械严格进行检查，防止油料泄漏，严禁将废油、施工垃圾等随意抛入水体； 3. 桥梁施工中的工程用水经沉淀池沉淀后方可排放； 4. 涵洞出口流速较大时，必须在进出口进行加固，防止冲刷； 5. 对于不可避免的河道及海岸开挖工程，应严格控制开挖界限，不得任意扩大开挖范围； 6. 钻孔灌注桩施工中产生的泥浆和孔中污水不得直接排入水体中； 7. 混凝土的灌注施工，溢出的泥浆应引流至适当地点处理； 8. 旱桥施工中，除墩、台永久施工部分以外，应最大限度减少砍伐桥跨范围内的植被； 9. 原始森林内桩基施工建议采用挖孔方法进行，确需采用钻孔桩施工时，也不得随意排放泥浆污染周围环境，而应排放至专设的泥浆池内循环使用，待钻孔桩施工完成后，回填泥浆池，恢复植被； 10. 基础基坑开挖及挖孔桩施工时，挖出的土石方不允许横向弃土压盖原始森林的丛林、灌木，而应运至指定的弃土场废弃； 11. 基础施工完成后应回填基坑并将建筑垃圾清除到弃土场。基础开挖产生的废方及泥浆应运至指定地点堆放，全部堆放完毕后应采取绿化或复垦措施； 12. 在敏感点场地采取降噪措施，禁止高噪声机械设备夜间施工，夜间禁止打桩作业

5.2.4 运营阶段

进行路段路域生态环境的监测，及时掌握环境质量的情况，必要时可以及时采取治理措施。比如运输油气的车辆发生的泄漏事故，会造成污染的要紧急启动应急预案。

加强养护，保证公路设施的质量与服务功能，倡导预防性养护，减少公路养护次数，降低对生态环境影响。

5.3 面向不同生态系统组分的应对措施

5.3.1 自然资源的保护

1）水土资源的保护

山区、丘陵区公路建设应尽可能与原有地形地貌相配合，减少开挖面和开挖量，注意填挖平衡，做好桥梁与填方、隧道与挖方的比选，尽量不压缩河道，保证行洪畅通，防止水土流失，在挤占河道处需考虑是否改河及加固设计。

做好取土场综合防治技术，根据取土方式的不同，取土场可分为开槽取土和缓坡开挖取土两种类型。因两类取土场取土方式不同，产生水土流失的形式与特点不同，其防治措施亦不相同。

尽量减少取弃土场数量，并进行专项设计。可利用荒沟、洼地设置弃土场并设计防护和绿化，取土场靠山边设置，选择荒地取土，减少耕地和林地占用，取土后整平还耕。弃土（渣）场采用拦渣工程、截排水工程、渣面整治、弃土（渣）场坡面植被恢复工程等措施，对其进行综合防护及生态恢复。同时应加强弃土（渣）利用，弃土（渣）是指利用挖方填筑路基所剩余的土或者不适宜筑路而废弃的土石方。目前，对于废弃土石方的一般处理方法，一是将其运至指定的弃土堆放场或沿公路堆放，二是对其进行资源化利用。公路弃土堆放不仅大大增加工程造价，对于弃土场地周围的自然环境也可能产生一定的破坏，而且还会影响路线的整体美观。因此，如何因地制宜地采用多种形式对弃土进行整形改造利用及将废弃土（渣）资源化，对公路沿线的绿化美化、减少土地占用、环境保护起到重要的作用。废弃土

(渣)在堆放前，先进行分类处理，将弃渣中的大型石块分拣出来砌挡墙或做建材，中小型石块用来铺路基或砌路堤，剩余的沙石或土块则进行堆放、整形、利用。

做好公路综合排水设计，充分利用地形和天然水系将路界范围内地表径流引入自然沟中。各种排水沟渠的水流不应直接排放到水源、农田与林地，应构建综合排水体系。

边坡防护是水土保持的重要内容之一，公路边坡土壤侵蚀的控制技术也称为公路边坡护坡技术，主要有工程措施、生物措施及生态工程措施三种主要技术。工程护坡技术是指利用物理工程，如平整坡面、修筑梯田、边坡加固等来防止公路边坡水土流失问题的技术。生物护坡技术包括植树造林、种草护坡、覆盖地表、等高种植等植被防护技术，减少雨滴对地面的直接打击，提高地表的渗水能力，从而减少地表径流量，避免土壤侵蚀。生态工程护坡技术是指将工程措施和生物措施有机结合起来，从而起到减少水土流失、美化公路景观的效果。

工程护坡技术：也称刚性护坡技术。它主要采用砂石、水泥、石灰等矿质材料进行坡面防护或加固，主要用于易风化的软质岩石或破碎岩石的路堑边坡防护，其优点在于具有较强的抗冲刷、抗风化能力，施工受季节限制较小。刚性护坡技术包括封面护坡技术、护面墙技术、预制块护坡技术和砌砖护坡技术4种类型。

生物护坡技术：也称柔性护坡技术。它主要包括通过在坡面上种植的植物的根、茎、叶来保护坡面。柔性护坡主要适用于土质边坡，石质边坡在进行土壤改良的基础上，配合相应的工程措施，也可以开展植物护坡。该技术的作用原理是通过植物根系的力学效应加固坡面，通过茎叶和枯枝落叶的水文效应消减雨滴溅蚀，抑制径流冲刷。植物冲刷技术的类型包括地毯式草皮护坡、植生带护坡、液压喷播护坡、三维植被网护坡、土工格栅植草护坡、厚层基材喷播护坡等。

生态工程护坡技术：利用土工材料与植物的有机结合，在坡面构筑一个具有自生长能力的功能系统，在土工材料的辅助下，通过植物的根系固土，植物的茎叶和表皮蒸腾排水、防冲蚀和入渗，控制雨水和风对边坡的侵蚀，增加土体的抗剪强度，减少孔隙水压力和土体自重力，提高边坡的稳定性和抗冲刷能力，达到护坡的目的。

2）水资源的保护

公路路线设计要尽量遵循自然排水曲线，通过各种措施保障水系格局的完整性与连通性，可利用桥梁、涵洞通过水体，在路基设计时综合考虑设计完善的排水系统。

公路设计、施工与运行阶段要采取工程、生态与管理措施，避免各种水体污染。如将沥青混凝土拌和站远离村庄设置，安装除尘设备，人工挖孔施工桥梁桩基础，定时对便道洒水等措施。

公路施工期的水污染控制主要体现在管理措施上，运营期中涉及公路生态工程措施的，主要是针对高速公路附属区的污水处理工艺、路面桥面径流处理技术两类。

（1）高速公路附属区生活污水生态处理工艺

要综合采用工程与生物措施，沉淀水中颗粒物，稀释分解化学物质，净化水质，实现水资源的循环利用。

（2）路面及桥面径流生态处理技术

路面及桥面径流的收集，需要根据相关规范和经验公式确定相关设计参数，加上现场的雨水收集实验检验系统的收集效果和相关规律，据此设计桥面径流收集系统。

对于污染负荷较低的路面及桥面径流来说，在径流进行收集之后，采用种植水生植物的人工湿地处理系统进行集中处理这种较为合适的处理方式。人工湿地对污水的净化机理，主要是通过人工基质、水生植物和微生物共同完成的。人工基质为微生物的生长提供稳定的依附表面，为水生植物提供载体和营养物质，并通过一些物理和化学途径净化污水；水生植物主要作用是吸收利用污水中的营养物质以及吸附、富集一些有毒有害物质；微生物的代谢作用是污水中有机污染物降解的主要机制。

除采用人工湿地来集中处理路面及桥面径流之外，也可以考虑采用生态水沟的方式进行处理。所谓生态水沟，就是采用植草的边沟来降解和消纳路面径流汇总的污染物。

对于跨敏感水体桥面，危险品运输事故可能造成的污染，关键在于设计合理的污染物收集系统，将其导出桥体之外之后，再根据相应的化学性质进行沉淀及相应的处理。

3）土地资源的保护

规划阶段，应当从土地、环境、资金、地区社会经济发展等综合方面考虑并合理规划，确定项目是否应该立项建设，避免重复建设浪费土地资源；可行性研究阶段，选择合理的建设方案，实现满足公路功能要求与减少建设用地的合理统一；工程设计阶段，从线形、路基、沿线附属设施、构造物设计等方面入手，大力开展新技术新工艺开发，选择合理指标进行方案比选，采用降低路基高度、挡墙代替边坡、取弃土与水利工程结合等措施节约土地；施工阶段，从表土资源利用、临时用地控制、土地复垦方面节约集约利用土地，将表层土取出在复垦时回填，积极探索节地新技术、新工艺和新材料，如使用符合技术标准的废料废渣填筑路基，减少取土用地和临时用地，提高土地利用效率等。

从土壤保护的管理角度来讲，主要有以下几种措施。

（1）统筹路网规划，确定合理线位

公路路网规划应该根据国民经济的长远发展利益，协调好区域和整个规划期的社会、经济、环境之间的关系。处理好短期和长期利益的关系，做到宏观目标和微观目标相统一。路网的规划既要使公路的使用性能得到最大限度发挥，同时又要避免破坏公路沿线的自然环境。因此，在确定路网规划时，要从全局出发，树立公路建设与自然协调发展的系统观念。同时，必须考虑将拟建公路占用农田数量减少到最少，将公路对自然景观、文物古迹及国家自然保护区所造成的影响降到最低。减少公路建设对环境破坏的最经济、最有效的途径就是合理选线。首先，线位的选择要避开环境敏感区，包括水源涵养区、野生动植物栖息地或生存区域等诸多方面。其次，要避开自然保护区和风景名胜区等。另外，尽量少占用农田、少砍伐树木、少破坏林区也是选择线位所考虑的因素。

（2）建立环境保护评估制度，进行公路建设项目环境评价

在路网规划或线位选定后，应对环境所造成的影响进行评估。设计单位在项目的可行性研究、初步设计、详细计划等阶段应该做出环境保护评估报告，并且在设计的各个阶段邀请环境保护专家对设计项目进行评审，对达不到要求的要及时更改设计，直到达到要求为止。同时，公路建设项目的负责人还要强调公众参与原则，应让受影响群众充分了解项目的概况、项目的目标、工程建设规划以及国家相关的法律和规章制度，并充分听取公众对公路建设项目的意见和合理化建议。

（3）做好公路环保设计

成功的环保设计不仅可以巩固路基、保护路面、美化路容，更重要的是可以降低和防止环境污染。树木或草坪通过树冠、根系、地被覆盖等可以固着土壤、涵养土壤、阻止或减少地表径流、降低雨水冲刷路基的危害，对公路路域土壤环境起到保护作用。同时，做好公路水保设计，可以用工程防护、结构防护以及综合防护措施控制坡面面蚀和沟蚀的行程，有效控制水土流失。

（4）加强公路施工的管理

选择具备环境保护资质的施工单位，建立完善的施工管理制度和监测制度。在施工中，严格地执行有关环境保护标准、操作规程，不得有违规行为，并且制定紧急情况处理措施。在施工中对水、土壤、大气等污染进行监控，按时做出监测报告，如出现问题，及时采取措施进行处理。在施工作业中，采取洒水或整修等养护措施，行驶车辆若装载石灰等扬尘物也要遮盖。临时用地，在施工完毕后要及时对其恢复原状，尤其是堵截的河道沟渠等应及时疏通。弃土场要整平并且尽量用公路弃土填上，而且要及时还林或还田。总之，在整个公路施工中应加强施工管理，将土壤污染程度降到最低。

（5）加强公路运营管理

公路建成之后，要及时建立环境评估体系，并对每条公路设立环保档案，设立相应的环境测评指标。当这些指标超标后，应采取相应的措施进行整改处治；在公路投入使用后，对环境保护所设立的构造物、栽种的树木花草等应不断加以维护修复；严格执行车辆排放检验制度，利用收费站对汽车排放状况进行抽查，限制尾气排放严重的车辆上路。

公路建设和运营过程中，生活和工程污水的排放、工程废渣的堆放、汽车尾气的排放等带来的重金属和有机污染物，导致土壤性质恶化、肥力下降，并对土壤中生长的植物带来危害。污染物质的性质及其来源不同，治理起来的难易程度就有差异。所以必须根据污染物的性质和来源等实际情况，制定切实可行的措施，一般采取工程、化学和生物措施进行治理。由于土壤污染情况一般比较复杂，用某一种方法很难彻底地解决污染问题，必须根据实际情况，采用多种方法，综合治理，全面规划，使污染的土壤得到合理的利用。从污染防治的角度，主要有以下几种技术措施：

（1）工程措施

治理土壤污染的工程措施主要有客土法、换土法、水洗法、电动力学法、热解吸法等。客土法是在被污染的土壤上覆盖非污染土壤，降低土壤的污染程度；换土法是部分或全部挖除污染土壤而换上非污染土壤，彻底清除或部分减轻土壤污染程度。但在采用客土法或换土法时一定要注意，客土的物理化学性状跟污染前的原土相一致或比较接近，且厚度要充分，以保证植物的正常生长；应妥善处理被挖出的污染土壤，使其不致引起二次污染。水洗法是用清水灌溉或清洗受污染的土壤，使重金属或有机污染物脱离土壤或迁移至较深土层中，以清除污染物（尤其是重金属），但对于渗透性较高、传导性较差的土壤，电动力学方法所起的作用较弱。热解吸法是对于挥发性的污染物（如汞和烃类），采取加热的方法将其从土壤中解吸出来，然后再回收利用。

（2）化学措施

通过施用石灰，调节土壤的pH值，使重金属等污染物转化为难溶的形态，降低在土壤溶液中的浓度，从而减轻污染物对生物的毒害作用。

（3）生物措施

利用天然存在的或特别培养的生物，在可调控环境下，将有毒物质转化为无毒物质，或者污染物从一种介质转移到生物体的处理技术为生物措施。其主要有植物修复技术和微生物修复技术两类。

5.3.2　对植物的保护

选线时尽量避绕珍稀和茂密植被保护区，当布线无法避让时，可适当提高桥隧比，不仅能满足高等级公路的工程指标要求，也可最大限度避免公路填挖方对地形带来的扰动，创伤面积小，对植物的干扰也小。

在路基设计方面，根据沿线自然地理环境特征灵活确定边坡坡率，在有条件的情况下放缓边坡，有利于植被恢复与自然协调，尽量设计低路堤，减少占地和对植物资源的破坏；在排水设计方面，部分低等级公路采用浅碟式草皮排水沟不仅提高路域绿化区域面积、节省造价、容易与环境协调，而且增加路侧净区宽度，提高行车安全性。

严格控制在红线内施工，做好红线内表土资源保护与植物移植工作，采用各种先进的生态工程技术进行生态恢复。

5.3.3　对动物的保护

路线应当绕避野生动物保护区，迫不得已时应采取适当的技术措施进行保护。在详细调查野生动物迁徙、栖息地等基础数据的基础上，评价公路对野生动物生存及栖息地的影响，结合公路土建工程设置动物通道，并长期观测并不断优化设计。动物通道设计是系统工程，除了桥梁、隧道、涵洞等主体工程外，还包括栅栏、通道内部和入口处景观设计、交通工程配套设计、交通管理措施（如设置标志牌、禁止鸣笛、限速）等。

可根据有些野生动物沿水域活动的特点，在沿河溪架桥路段尽可能加长、加宽桥涵，并在桥涵下种植当地草本植物，使之成为动物廊道，最大程度降低对野生动物的阻隔。在野生动物出没路段，可以使用光反射驱赶野生动物远离公路的野生动物保护镜。采用诱虫性低的公路照明设备，减少对趋光性动物的诱导。在大型隧道的隧道口应当做好掩饰绿化，尽可能地采用当地物种模拟自然植被的绿化方式，也可设置“动物诱导栅栏”，给周边野生动物以安全生存空间的信号。

5.3.4 噪声污染控制

（1）合理选线。公路交通噪声的防治，应采取“主动式”防治，在建设项目立项时，应充分考虑公路线位的走向。公路选线时，应尽量避开环境噪声敏感点，使需保护的环境噪声敏感建筑物（包括居住区、文教机关、医院和养老院等）所处的环境不受公路交通噪声污染。如遇到对噪声敏感点干扰的问题，应将线位尽量调至噪声污染的安全距离，在土方调配设计时，可将废弃土方堆筑在公路与受噪点之间，并在表体作绿化设计，以将环境的噪声污染减小到最低。

（2）调整纵坡。公路的坡度如果过大，将导致大货车爬坡时产生较大噪声。大货车因爬坡还将导致延长噪声影响时间，公路线位设计时，应当注意坡度和坡长的选择。根据实测，公路坡度每增加1%，中型载货汽车的声级增加0.7dB；小客车的声级增加0.8dB；轻型汽车的声级增加0.5dB。因此，设计路面纵坡时，应从环保角度来尽量降低纵坡的数值，涉及噪声敏感环境处的路线纵坡不应大于3%。

（3）采用声屏障降低交通噪声。

5.3.5 公路空气污染防治

对于公路建设过程中的工程活动所造成的空气污染防治，关键在于加强施工管理。例如，施工车辆运输应需要科学选择运输路线；施工期间干燥、多尘的便道及时洒水；粉状材料应灌装或袋装密封运输，水泥、土、石灰等材料运输过程中要盖棚布；沥青拌和与灰土拌和站应配有除尘设施、沥青烟净化和排放设施。

为了避免施工期间空气污染影响周围群众，沥青和灰土应集中拌和。拌和站不得设置在村庄、医院、学校等人口密集区上风口附近，作业尽量选择在无风或风速较小时段进行。

对于公路运营中机动车大气污染物的排放，一般采用源头控制的方法，由国家及地方出台相应的机动车污染物强制排放标准，所以不在公路上进行防治。

5.3.6　公路固体废弃物处理

施工固体废弃物主要包括施工营地生活固体废弃物和生产废料，前者是公路施工人员生活所产生的，而后者主要来自路面开挖以及施工物料的洒落、废料的废弃。

运营期的固体废弃物主要来源于经过公路车辆的驾乘人员以及公路沿线服务人员。一般来讲，服务人员生活垃圾可按照0.5kg/d、驾乘人员可按照0.1kg/d来计算。

随着公路客流量的增加，公路沿线的工作服务人员也将增加，其产生的生活垃圾量也不容忽视。因此，应加强对公路沿线不可降解垃圾的收集，避免产生白色污染带。运输业服务区及养护工区应设立垃圾回收箱，做好垃圾收集工作。

5.4　路域生态系统提升技术

公路建设技术不断提高，出现了越来越多的新技术、新材料与新工艺，一些新技术可以提升公路路域生态系统质量。

（1）支持材料循环再生利用，减少不可再生资源开采

公路建设和养护需要消耗大量建筑材料。选择材料时本着因地制宜、就地取材的原则，减少对环境的影响；同时积极采用再生材料。近年来，沥青路面再生技术、水泥路面再生技术、废旧橡胶粉利用技术等在我国得到广泛

重视，其目的就是为了实现废旧材料的再生利用，从而实现减少不可再生资源的开采，减少公路工程对环境的影响，进而实现节能减排的目的。

尤其是沥青再生利用技术，沥青路面材料循环利用率：美国约 80%，日本接近 100%，中国约 30%。我国每年约 10% 的沥青路面需大中修，旧沥青废弃量多达数百万吨，有广阔的应用前景。

（2）降低公路工程能源消耗，减少排放

公路工程能源主要消耗在原材料生产、运输、混合料生产以及工作施工机具作业，其中在混合料生产过程中能源消耗巨大。沥青路面的能源消耗主要源于混合料的加热，可采用温拌沥青技术降低拌和温度，实现降低混合料生产过程中能耗和减少粉尘、废气排放的目的。沥青路面冷再生技术不仅可实现材料循环利用，也避免了沥青路面加热所带来的能耗和污染问题。

（3）降低污染，保证环境质量

汽车尾气是空气污染的重要来源之一，可采用吸收汽车尾气的路面，这是一种以二氧化钛为催化剂的路面材料，当被阳光照射时，能生成活性氧分子与汽车尾气中的氮氧化物发生化学反应，一遇下雨，就变成稀硝酸溶液，可以被路面上其他物质吸收，从而达到清除氮氧化物污染的目的；而且二氧化钛本身并不消耗，不会因使用时间长了效能会有所下降。国外研究表明这种路面可以吸收 60% ~70% 的汽车尾气。

随着汽车保有量增加，公路交通噪声污染日趋严重，沿线居民的抱怨投诉增多，交通噪声已成为社会的主要公害之一。根据《声环境质量标准》（GB 3096—2008），高速公路两侧环境噪声限值为 70dB（昼间）、55dB（夜间）。环境敏感点（医院、学校、居民区等）一旦超标，需要采取增设声屏障等防噪设施。从路面方面来说，可以采用低噪声路面。低噪声路面可以分为多孔路面与橡胶沥青路面两类，多孔路面能降低噪声的排放，主要是由于它的纹理构造和孔隙可以吸收被压入的空气，并通过连通孔隙排放，从而减少了单极子噪声的产生。荷兰得出结论：排水性路面可降低噪声约 4dB，降噪功能如图 5-1 所示。

橡胶沥青路面作为减少公路交通噪声的一种措施，最早于 1981 年在比利时的布鲁塞尔出现。研究表明，橡胶沥青混合料有较好的降噪效果。美国加利福尼亚州于 1993 年 10 月在快速路上铺筑了橡胶沥青路面，经 6 年的观测，橡胶沥青路面噪声平均降低约 4dB，相当于降低了 60% 的交通噪声能量。国内也越来越多地采用橡胶沥青路面来降低交通噪声。

公路路面径流污染是指公路运营期，货物运输过程中在路面上的抛洒、汽车尾气中微粒在路面上的降落、汽车燃油在路面上的滴漏及轮胎与路面的磨损物等，当降水形成路面径流，这些有害物质被挟带排入水体或土壤造成环境质量下降的现象。针对敏感水，进行路（桥）面径流净化，收集表面径流，可采用植被控制、湿式滞留池、渗滤系统和湿地等几种雨水径流管理控制的有效措施。

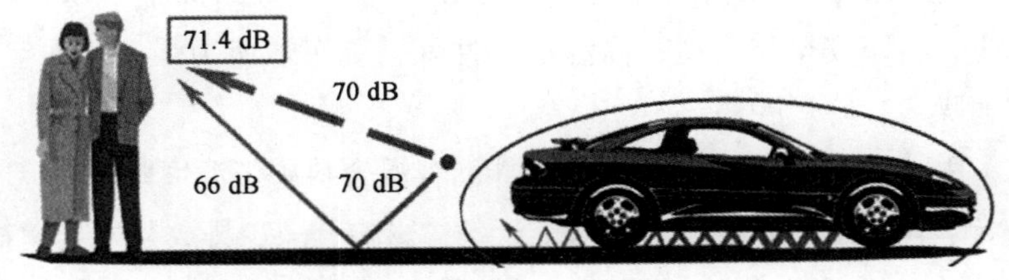

图 5-1　多孔沥青路面降噪功能

（4）加强公路植被绿化，改善路域生态环境

道路绿化可吸收汽车尾气和粉尘，净化空气，降低交通噪声，改善路域生态环境。公路绿化应宜采用本土植物，合理规划，科学配置，并与周围景观相互协调。公路绿化是路域空间中重要的景观元素之一，对于公路可起到美观、吸尘、净化空气、减少噪声、缓解热岛效应等功能。

对于道路，尤其应重视生态边坡的建设，生态边坡是应用生物措施与工程措施相结合，保障公路边坡的生态系统和边坡稳定，将公路建设对环境生态破坏控制在最小范围。同时可根据线形特点，通过科学的生态美化改善公路景观。

（5）积极开展预防性养护，延长公路工程服务寿命

公路预防性养护是一种成本效益处置计划策略，它是针对已建公路系统及其附属设施，延缓破坏时间、保持或提高系统功能性状况，但不提高结构承载能力的周期性养护措施。公路预防性养护可有效延迟大修时间，延长公路工程服务寿命，从而减少了公路养护过程中材料和能源的消耗。

第6章 生态型公路路面

生态型公路路面主要包括以下几类：

（1）排水沥青路面构造深度大，抗滑性好；雨天路面不积水，车辆行驶水雾少，行车安全与舒适；高温稳定性好，抗车辙能力强；路面空隙大，吸收交通噪声，降低噪声3～4dB。

（2）相对于热拌沥青混合料，温拌沥青混合料施工温度降低30℃以上，减少沥青老化程度，降低高温对施工设备的影响；减少排放与能量消耗，节能30%左右，并可减少30%的CO_2排放量和40%的粉尘排放量；温拌沥青混合料施工时，沥青烟与多环芳香族碳氢化合物排放减少30%～50%，大大降低了对施工工人的伤害；增加施工时间，增长施工运距，提高施工和易性，减少温度离析，保证施工质量。

（3）橡胶沥青路面消耗了大量废旧轮胎，实现了废旧轮胎资源的再生利用，大大降低了黑色污染；橡胶沥青路面可以降低交通噪声2～4dB，减少噪声污染；废轮胎橡胶粉对沥青有改性作用，提高沥青路面性能，在一定程度上替代SBS改性沥青，具有较好的经济性。

（4）长寿命沥青路面在设计年限期间，不发生结构性破坏，路面的损坏只发生在表面功能层，只进行日常养护，不需要进行结构性大修，即不需要对主要承重层大修，可显著提高公路使用寿命，初期费用可能偏高，但维修费用低，在寿命周期内是最节约经济的，具有较佳的生态效果。

6.1 排水沥青路面技术

排水沥青路面采用大空隙沥青混合料（空隙率20%左右）作为面层铺装材料，具有抗滑、排水和降噪等功能。大空隙沥青混合料采用开级配，为保障其强度和使用性能，必须采用高黏度沥青以及其他添加剂。由于排水沥青路面优异的抗滑和降噪功能，可用于高速公路抗滑表层、市政公路等工程。排水沥青路面结构设计方面应重视边缘排水系统的设计。

6.1.1 排水沥青路面概述

1）排水沥青路面发展历程

欧洲国家从20世纪60年代以来，研究开发了一种空隙率高达20%～25%而厚度一般为4～5cm的磨耗层。由于空隙率大，雨水可渗入路面之中，由路面中的连通空隙向路面边缘排走，这样雨天路面表面不存在很厚的水膜，避免了水漂的产生，同时也不再出现溅水现象，有效地保证了行车的安全。因为这种多空隙的路面能很快地排水，所以这种路面称为排水沥青路面（Draining Asphalt）；也因为它的空隙率大，故又称它为多孔性磨耗层或多孔性防滑层（Porous Wearing Courseor Porous Friction Course），也可以称其为开级配抗滑磨耗层（Open-Graded Friction Course，简称OGFC）。由于多孔性沥青路面具有降低噪声的功能，因而又称其为低噪声沥青路面（Low-noise Asphalt Pavement）。

美国在20世纪70年代研究开发了开级配抗滑磨耗层（OGFC），取代过去的表面处治，如封层、石屑封面等路面。OGFC与欧洲的排水性路面不完全相同，OGFC一般其空隙率达到15%左右，而其铺筑厚度一般也仅为19～25mm，它主要提供良好的抗滑性，并不具备充分的排水功能，故实际上应属于超薄抗滑沥青磨耗层范畴。

比利时应用多孔性沥青材料铺筑路面已近20年历史，其混合料的组成大体为：碎石83%、石屑12%、矿粉5%，沥青采用针入度级80/100或橡胶沥青，结合料用量分别为4%～5%和5.5%～6.5%。为提高多孔性沥青磨耗层的耐久性和稳定性，在混合料中还添加木质素纤维。

1984年以来，英国铺筑了各种试验路，目的是为了论证这种路面的降噪效果和耐久性。试验路所用的沥青结合料有100号沥青、EVA改性沥青、橡胶改性沥青；有的路段掺加了纤维，也有路段不掺加纤维；混合料中均掺加2%的消石灰。磨耗层厚度为4.5cm，下层为35cm厚的沥青混凝土，磨耗层的空隙率达到20%左右。

奥地利出于环境保护的要求，在许多经过城镇的公路上都铺筑了排水性路面，10多年前已累计有650万m^2，并且计划将透水路面用于城市公路。奥地利已就多孔排水式沥青路面制定了设计规范。荷兰每年铺设透水性路面

250 万 m^2，这意味着荷兰已有 15.4% 的汽车专用道铺设了这种路面，并且计划到 2010 年，所有的主要公路都将铺设透水性路面，期望这种路面进一步提高公路的通行能力和交通的安全性。法国采用排水性路面速度非常之快，早几年就已经累计铺筑了 2000 多万 m^2，而且还以每年 400 万 m^2 的速度递增。

日本在 20 世纪 80 年代开始排水性路面的研究，并且其发展速度非常之快。日本建设省土木研究所进行了大量试验研究，日本公路协会颁布了排水性路面技术指南。日本排水性路面排水层厚度为 4 ~ 5cm，通过对试验路的跟踪观测，认为这种路面耐久性可以与普通沥青路面相当，从 20 世纪 90 年代以来，日本公路公团规定，所有管辖的新建或改建高速公路表面层都必须采用排水性路面，并要求使用高黏度改性沥青。目前国内排水沥青路面均要求使用高黏度改性沥青。

2）排水沥青路面关键技术

排水式多孔性沥青路面在一些国家已研究和应用了多年，但尚没有十分完善的混合料配合比设计方法。而且由于各国公路条件和气候、环境等条件的不同，所以在配制排水沥青混合料时各国所采用的设计方法都有所差别。综观世界各国对排水沥青路面的研究和实际应用的经验，在进行混合料配合比设计时，应特别注意以下三个方面。

（1）充分保证混合料的高空隙性

路面的空隙率愈大，排水性能愈好，抗滑、降噪的效果也愈好，因此保证其高空隙性是必要的。根据理论研究和实际使用经验，其空隙率必须至少大于 15%，而为了防止孔隙被尘埃所堵塞，混合料的初始空隙率应达到 20%，甚至更大。

（2）必须保证混合料足够的抗松散能力

为了排水而追求路面空隙率大，这与普通沥青路面要求防止渗水以求得耐久的使用寿命正好相反。路面透水和水长期滞留在路面内部，水对路面的侵蚀是十分严重的，这就容易造成路面剥落，进而使路面出现松散。因此，排水沥青混合料必须具有足够的水稳性，这在混合料设计时应给予充分的重视。

（3）必须保证混合料具有一定的力学强度

排水沥青混合料主要由粗集料组成，细集料少，粗颗粒之间是点接触，不能形成紧密的嵌锁，混合料的强度大为降低。空隙率愈大，强度愈低。然而，排水性路面既然作为一种铺面材料，就必须具备一定强度才能承受车轮荷载的反复作用。

为满足以上三方面的要求，需要在集料和沥青结合料的选择、配合比设计上采取适当的方法和必要的措施。

3）排水沥青路面使用范围

排水性路面由于空隙率高，虽然有许多优点，但是它强度低，在重车压实下会被再度压密而使空隙率降低；由于空隙率高，在各种自然因素作用下容易老化，因而耐久性差；在风沙大、空气中降尘严重的地区，孔隙会很快被堵塞；在北方地区，雨雪天气时水在孔隙中冰冻也极容易造成路面的破坏。因此，在路面设计时应扬长避短，充分考虑排水性路面在当地的适应性。总结国内外研究成果与应用经验，排水性路面有其一定的适应条件：

（1）在交通量很大，但主要是行驶快速轻型车辆的高速公路，也就是在中、轻交通的高速公路上是适合铺筑排水沥青路面的，大城市每天有大量客流来往机场的高速公路是适宜铺筑排水沥青路面的典型公路。

（2）噪声特别大的城市的快速干道，以及通行以小型客车为主的高架公路。

（3）在混凝土路面上加铺一层多孔性排水路面，不仅能有效改善行车的舒适性，而且能降低交通噪声。

（4）在长隧道中铺设排水性路面，可降低隧道内车辆滚动噪声。

（5）行驶车辆中重型卡车比例高的公路不适合铺筑排水性路面，因为毕竟多孔性排水路面的强度是比较低的，路面容易损坏。

（6）对于低交通量或慢行交通公路，以及容易污染的公路，这种路面是不适合的。

（7）在经常制动、停车的路段上路面容易出现剥落，故排水性路面不宜铺设在干线公路的交叉口、停车场。

（8）另外，在重交通公路的小半径弯道部位会产生较大水平剪切力，容易使路面产生破坏，故也不适宜铺筑这种路面。

6.1.2　排水沥青混合料组成设计方法

目前，各国对排水沥青混合料进行了大量研究，并形成了各种排水沥青混合料配合比设计方法。以下对各国排水沥青混合料设计方法进行了总结。

1）美国设计方法

美国联邦公路管理局（Federal Highway Administration）在 1974 年曾发布一套排水混合料配合比设计方法供各州公路局使用，但因没有规定最小空隙率及沥青最大析漏，成效并不佳，这种方法已经失去指导意义，目前美国大多数州已经停止使用该方法。

1990 年美国联邦公路管理局建议设计空隙率为 15%，并要求使用析漏试验进行配合比设计，但其建议的析漏试验并非用于确定最佳沥青含量，而是为了校正混合料拌和温度，此方法同样使用效果不佳。

1999 年美国国家沥青研究中心（National Centerfor Asphalt Technology）发布了新一代排水混合料设计方法，被全国各州采用。NCAT 设计方法设计步骤如下。

（1）选择材料：选择适用于排水沥青混合料设计的材料，包括集料、沥青以及一些添加剂的应用。

（2）选择设计级配：选用三个混合级配，一个在级配规范上限，一个在下限，另一个在中间；依据 AASHTO T19 测定每一级配的粗集料在干捣状态下的空隙 VCA_{DRC}，另以 6.0% ~6.5% 沥青加入级配内，用 Superpave 的旋转压实仪压实 50 转成型试件，测定每个压实混合料的粗集料空隙 VCA，如果成型混合料的 VCA 等于或小于 VCA_{DRC}，即存在石对石接触，选为设计级配。

（3）决定最佳沥青含量：依据表 6-1 设计准则。

NCAT 设计方法 表 6-1

性　质	准　则
黏结料（高强度改质沥青）含量	6.0 ~6.5（%）
空隙率	18 ~20（%）
未老化试件肯塔堡飞散	<20（%）
老化试件肯塔堡飞散	<30（%）
析漏量	<0.3（%）
室内透水率	>100（m/d）

此外，美国各州可根据本州具体情况制定相应的配合比设计方法。例如，美国德克萨斯州公路局根据本州特点确定了相应的配合比设计方法，即 TxDOT 设计法。此方法仅在沥青性能等方面与 NCAT 方法存在一定区别，但在油石比确定方法，以及混合料性能要求等方面与 NCAT 方法区别不大。

2）日本设计方法

根据排水沥青铺装技术指针（案）规定，日本排水沥青混合料配合比设计主要步骤为：

（1）初选混合料级配。在规定的级配范围内调整各种矿料比例，设计三组不同级配组成的初选混合料。初选混合料配合比宜以粒径2.36mm通过百分率处于设计级配范围中值、中值±3%进行控制。

（2）计算初始沥青用量。对每组初选混合料，首先按照公式（6-1）计算集料的表面积A，然后根据设计沥青膜厚度，按照公式（6-2）计算初始沥青用量P_b，初始沥青膜厚度一般选为14μm。

$$A = (2 + 0.02a + 0.04b + 0.08c + 0.14d + 0.3e + 0.6f + 1.6g)/48.74 \tag{6-1}$$

$$P_b = \text{设计沥青膜厚度} \times \text{集料表面积} A \tag{6-2}$$

式中：a、b、c、d、e、f、g——4.75mm、2.36mm、1.18mm、0.6mm、0.3mm、0.15mm、0.075mm筛孔的通过百分率，%。

（3）确定设计配合比。制作排水混合料试件，马歇尔标准击实次数为每面50次。进行马歇尔试件密度试验，以确定试件体积参数。绘制排水混合料试件空隙率与矿料2.36mm通过百分率的关系曲线。根据目标空隙率确定矿质混合料的设计配合比。

（4）确定最佳油石比。对设计配合比进行混合料析漏试验，以析漏量-油石比曲线拐点确定最佳沥青用量。如由析漏拐点确定的最佳油石比不满足混合料析漏要求，进行混合料飞散试验，确定飞散损失-油石比曲线拐点，并在飞散损失拐点与析漏拐点之间确定最佳沥青用量。

（5）进行混合料性能检验，具体要求见表6-2。

日本排水混合料配合比设计规范 表6-2

项 目	单 位	目 标 值
空隙率	%	20
透水系数	cm/s	$\geqslant 10^{-2}$
马歇尔稳定值	kg	≥350
动态稳定值	次/mm	≥1500

3）西班牙设计方法

西班牙排水混合料设计原则如下：

（1）为确保排水混合料足以抵抗交通荷载，不易发生混合料松散与集料剥离，应有足够沥青膜厚以包裹集料，以此确定配合比设计的最小沥青含量。

（2）为避免排水混合料施工过程中沥青析漏，并保证混合料具有良好排水能力，应规定沥青混合料的最大沥青量。

混合料抗松散性能采用肯塔堡飞散试验进行评价，试件采用马歇尔击实仪每面击实50次；考虑到耐久性，有一最少沥青含量限制，设计沥青含量由表6-3确定。

西班牙沥青含量设计规范 表6-3

沥青含量	相关混合料性质	规范要求
最小	抗松散性能	飞散损失 <25%
	耐久性	油石比 >4.5%
最大	沥青结合料析漏量	观察并实测
	排水性能	空隙率20%

4）我国设计方法

（1）设计原则

排水混合料的配合比设计采用马歇尔试验的体积法进行，以空隙率作为配合比设计的控制指标。马歇尔稳定度不作为配合比设计接受或者拒绝的主要指标。

（2）设计级配

排水混合料的设计级配应满足表6-4要求。排水混合料的最小压实厚度不宜小于混合料公称最大粒径的2～2.5倍。

排水沥青面层混合料的设计级配范围 表6-4

级配类型	通过下列筛孔（mm）的质量百分率（%）									
	19	16	13.2	9.5	4.75	2.36	1.18	0.6	0.3	0.15	0.075
排水-13	100	100	90～100	60～80	12～30	10～22	6～18	4～15	3～12	3～8	2～6
排水-10	100	100	100	90～100	50～70	10～22	6～18	4～15	3～12	3～8	2～6

（3）混合料性能要求

排水沥青混合料配合比设计指标、性能检测指标与技术要求应符合表

6-5 中的规定。

排水混合料配合比设计指标与要求　　表 6-5

技术指标		单位	技术要求	试验方法
配合比设计指标	马歇尔试件击实次数	次	两面各 50	T 0702
	马歇尔试件尺寸	mm	ϕ101.6×63.5	T 0702
	空隙率	%	18～23	计算
	马歇尔稳定值，≥	kN	5.0	T 0709
配合比检验指标	沥青膜厚度，≥	μm	13	计算
	谢伦堡沥青析漏量，≤	%	0.30	T 0732
	肯塔堡飞散损失，≤	%	15	T 0733
	冰冻飞散损失比，≤	%	75	T 0733
	动稳定度，≥	次/mm	4000	T 0719
	浸水飞散损失比，≥	%	85/80	T 0733
	渗水系数，≥	mL/min	2500	T 0730

同时应注意以下几点：

①拌制混合料时需采用小型沥青混合料拌和机，以模拟生产实际情况。混合料拌和后，应置于烘箱中，在成型温度下恒温 1h，然后进行试件成型；

②马歇尔和车辙试件不得采用经二次加热重塑成型的混合料成型；

③冬严寒区、冬寒区等积雪冰冻区应保证冰冻飞散损失比要求，其他地区可不考虑；

④车辙试验温度根据路面最高设计温度确定，设计温度在 50～60℃的一般温度地区采用 60℃车辙试验，设计温度高于 60℃的高温地区采用 65℃车辙试验；

⑤浸水飞散损失比 85% 为潮湿区、湿润区水稳定性能技术要求，浸水飞散损失比不低于 80% 为半干区、干旱区水稳定性能技术要求。

（4）配合比设计方法

①原材料准备。根据路面结构要求、混合料类型、原材料的技术要求准备材料，然后按照国家现行试验规程中规定的方法，测定各档集料、矿粉和沥青的相对密度。

②初选混合料级配。在表 6-4 规定的级配范围内调整各种矿料比例，设计三组不同级配组成的初选混合料。初选混合料的配合比宜以粒径 2.36mm 通过百分率处于设计级配范围中值，中值上下一定范围进行选择和调整。对

于合成的初选级配，矿粉含量建议选为4%。

③计算初始沥青用量。对每组初选混合料，按照式（6-3）计算集料的表面积A。初试沥青膜厚度h为13μm，按照式（6-4）计算初始沥青用量P_b。

$$A = (2 + 0.02a + 0.04b + 0.08c + 0.14d + 0.3e + 0.6f + 1.6g)/48.74 \tag{6-3}$$

$$P_b = \text{设计沥青膜厚度}\ h(\mu m) \times \text{集料表面积}\ A \tag{6-4}$$

式中：a、b、c、d、e、f、g——4.75mm、2.36mm、1.18mm、0.6mm、0.3mm、0.15mm和0.075mm筛孔的通过百分率,%。

④成型马歇尔试件。按照选择的初始混合料配合比和初始沥青用量制作排水混合料马歇尔试件，一组试件的个数不得少于3个。

采用以下方法确定排水混合料试件的空隙率：

a. 采用体积法测定马歇尔试件的毛体积密度γ_f；

b. 按照式（6-5）计算马歇尔试件的最大理论相对密度，当使用纤维时，纤维部分的比例不得忽略；

$$\gamma_t = \frac{100 + P_x}{\dfrac{100 - P_b}{\gamma_{se}} + \dfrac{P_b}{\gamma_b} + \dfrac{P_x}{\gamma_x}} \tag{6-5}$$

式中：γ_{se}——矿料的有效相对密度；

P_b——沥青用量,%；

γ_b——沥青的相对密度（25℃/25℃）；

P_x——纤维用量，以沥青混合料总量的百分数代替,%；

γ_x——纤维稳定剂的密度，由供货商提供或由比重瓶法实测得到。

⑤按照式（6-6）计算马歇尔试件的空隙率V：

$$V = \left(1 - \frac{\gamma_f}{\gamma_t}\right) \times 100 \tag{6-6}$$

⑥确定设计级配。绘制马歇尔试件空隙率与矿料2.36mm通过百分率的关系曲线。根据目标空隙率确定矿质混合料的设计配合比。

⑦确定设计油石比。根据调整后确定的矿质混合料设计配合比，按照

式（6-5）和式（6-6）再次计算沥青用量 P_b。

排水混合料试件的空隙率与目标空隙率的差值不宜超过 ±1%。

⑧混合料性能检验。以确定的矿料级配和沥青用量制备混合料，按照规定的试验方法，进行马歇尔试验、谢伦堡析漏试验、肯塔堡飞散试验、车辙试验、浸水飞散试验，各项指标应符合表 6-5 中的技术要求。

⑨确定设计配合比。当排水混合料试件的各项性能指标和空隙率指标均满足设计要求时，采用沥青用量 P_b 作为设计沥青用量。如果某项性能指标或者空隙率指标不能符合要求，应重新调整沥青用量或调整矿料配合比进行试验，直至符合要求为止。

6.1.3　排水沥青路面结构组合

1）排水沥青路面总体设计

排水沥青路面结构组成应根据工程所在地的气候、交通及其他特殊要求进行设计。排水沥青路面各个结构层组合时，使整个路面结构既能承受行车荷载和环境因素的作用，又能发挥各结构层的最大效能。

（1）适应行车荷载作用的要求

作用于路面上的行车荷载，通常包括垂直力和水平力。排水沥青路面空隙大，强度相对低，在行车荷载作用下容易发生飞散；同时排水沥青混合料空隙大，与中下面层接触面相对小，容易发生脱层、滑移等现象，排水沥青面层与中面层之间的黏结较为关键，同时也要起到防水作用。

（2）在环境因素作用下较好的耐久性

排水沥青路面空隙大，受到雨水冲刷和空气氧化作用影响，因此要重点考虑面层的耐久性。

（3）考虑结构层的特点

为了保证路面结构的排水性能与耐久性能，排水性面层要保持较大空隙率，同时与下面层之间要设置封水层，防止水渗入到中下面层，要求雨水通过边缘排水系统排出，同时各个结构层之间结合紧密，有利于荷载传递的连续性。

排水沥青路面结构应包括排水沥青面层、防水层、密实结构中（下）面层、基层及垫层。排水沥青面层的厚度应与混合料公称最大粒径相匹配，排水沥青面层厚度宜符合表 6-6 要求。

排水沥青面层厚度　　表 6-6

沥青混合料类型	符　号	面层厚度（mm）
排水沥青混合料	OGFC-10	30 ~ 40
	OGFC-13	40 ~ 50
	OGFC-16	50 ~ 60

排水沥青路面与普通密级配沥青路面区别主要在上面层，排水沥青路面上面层多为 4 ~ 5cm 排水混合料，混合料公称最大粒径根据目标空隙率及上面层厚度综合确定。中面层、下面层采用传统密级配混合料，基层采用半刚性基层，与普通密级配混合料半刚性基层沥青路面相似。排水沥青路面典型结构形式见图 6-1。

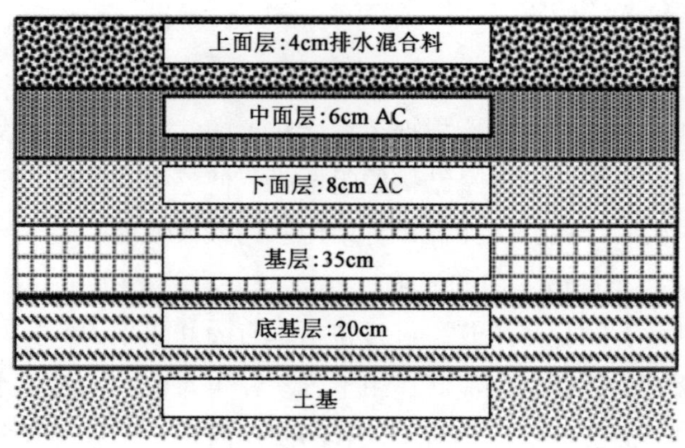

图 6-1　排水沥青路面典型结构形式

2）边缘排水系统

排水路面排水设计除了设置正常的排水系统外，还应设置结构内部排水系统，这样可以将积滞在路面结构内的水分排出到路面结构外，以改善路面的使用性能，提高路面结构使用寿命。

公路中排水沥青路面的常用边缘排水系统见图 6-2 ~ 图 6-4。

6.1.4　排水沥青路面施工技术

1）原材料

（1）沥青

排水沥青混合料应采用高黏度改性沥青，高黏度改性沥青技术要求应符合表 6-7 中的规定。

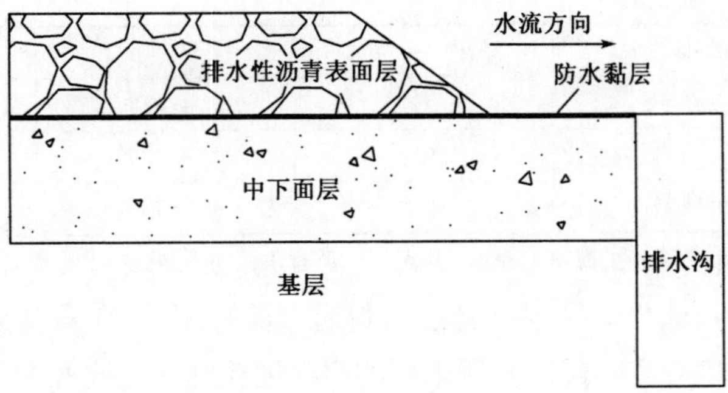

图 6-2　边缘排水系统 Ⅰ

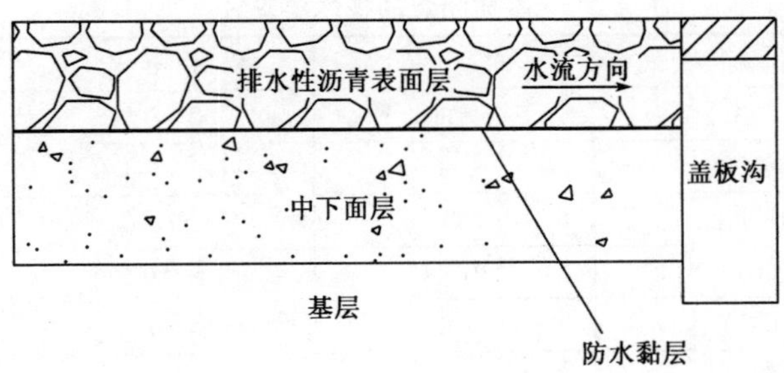

图 6-3　边缘排水系统 Ⅱ

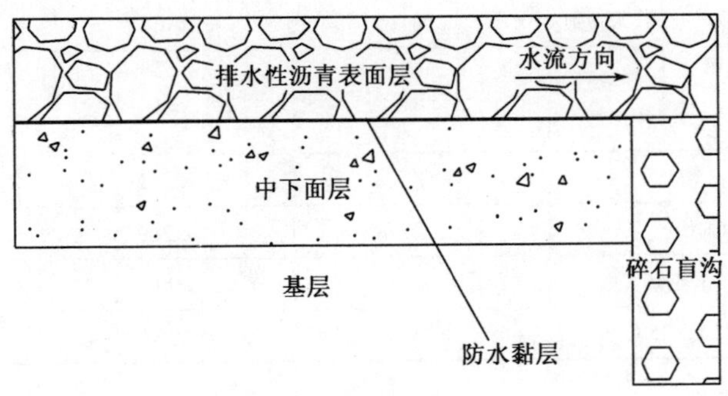

图 6-4 边缘排水系统Ⅲ

高黏度改性沥青的技术要求　　表 6-7

技术指标	单　位	技术要求	试验方法
零剪切黏度（60℃）	Pa·s	≥40000	DG/T J08-2074 附录 A
针入度（25℃）	0.1mm	≥40	T 0604
软化点（环球法）	℃	≥85	T 0606
延度（5℃）	cm	≥20	T 0605

续上表

技术指标		单位	技术要求	试验方法
闪点（COC）		℃	≥260	T 0611
薄膜烘箱试验（163℃，5h）残留物	质量变化	%	±0.6	T 0609
	针入度比	%	≥70	T 0604

注：DG/T J08-2074 指上海市工程建设规范《道路排水性沥青路面技术规程》，后同。

当采用直投式生产排水沥青混合料时，应采用 A-70 号基质沥青，其技术要求应符合表 6-8 的规定。所采用的高黏度改性沥青改性剂品种和掺量应经过试验确认，所配制的高黏度改性沥青的技术要求应符合表 6-7 的规定。

基质沥青的技术要求 表 6-8

技术指标		单位	技术要求	试验方法
针入度（25℃）		0.1mm	60～80	T 0604
针入度指数 PI		—	-1.5～+1.0	T 0604
软化点（环球法）		℃	≥46	T 0606
动力黏度（60℃）		Pa·s	≥180	T 0625
延度（10℃）		cm	≥20	T 0605
延度（15℃）		cm	≥100	T 0605
薄膜烘箱试验（163℃，5h）残留物	质量变化	%	±0.8	T 0609
	针入度比	%	≥61	T 0604
	延度（10℃）	cm	≥6	T 0605
蜡含量（蒸馏法）		%	≤2.2	T 0615
闪点（COC）		℃	≥260	T 0611
溶解度（三氯乙烯）		%	≥99.5	T 0607
相对密度（25℃/25℃）		—	实测	T 0603

（2）粗集料

排水沥青混合料用粗集料应采用石质坚硬、清洁、不含风化颗粒、近似立方体颗粒的碎石。粗集料宜采用反击式破碎机轧制的玄武岩或辉绿岩碎石，其技术要求应符合表 6-9 的规定。

粗集料的技术要求 表 6-9

技术指标	单位	技术要求	试验方法
石料压碎值	%	≤18	T 0316
高温压碎值	%	≤20	DG/T J08-2074 附录 B

续上表

技术指标		单位	技术要求	试验方法
洛杉矶磨耗损失		%	≤28	T 0317
石料磨光值		—	≥42	T 0321
表观相对密度		—	≥2.60	T 0304
吸水率		%	≤2.0	T 0307
坚固性		%	≤10	T 0314
针片状颗粒含量（混合料）		%	≤10	T 0321
水洗法小于 0.075mm 颗粒含量	粒径（≥9.5mm）	%	≤0.6	T 0302
	粒径（4.75～9.5mm）	%	≤0.8	T 0302
	粒径（2.36～4.75mm）	%	≤1.0	T 0302
软石含量		%	≤3	T 0320
与沥青的黏附性等级（掺加抗剥落剂后）		级	≥5	T 0616

当所用粗集料与沥青的黏附性等级低于 5 级时，应采取抗剥落措施，抗剥落剂的品种与掺量应通过试验确定。

（3）细集料

排水沥青混合料用细集料应采用坚硬、洁净、干燥、无风化、无杂质，并有适当级配的机制砂，禁止采用料场的下脚料。细集料的技术要求应符合表 6-10 的规定。

细集料的技术要求　　表 6-10

技术指标	单位	技术要求	试验方法
表观相对密度	—	≥2.60	T 0328
坚固性（>0.3mm 部分）	%	≥12	T 0340
水洗法小于 0.075mm 颗粒含量	%	≤12.5	T 0327
砂当量	%	≥70	T 0334
棱角性（流动时间）	s	≥30	T 0345

（4）填料

排水沥青混合料用填料必须采用石灰岩等碱性岩石磨细的矿粉。矿粉应干燥、清洁，能从矿粉仓中自由流出，不得使用回收的粉尘。矿粉的技术要求应符合表6-11的规定。

矿粉的技术要求 表6-11

技术指标		单位	技术要求	试验方法
表观相对密度		—	≥2.50	T 0325
含水率		%	≤0.5	T 0332
粒度范围	<0.6mm	%	100	T 0351
	<0.15mm	%	90~100	T 0351
	<0.075mm	%	85~100	T 0351
亲水系数		—	<1	T 0353
塑性指数		%	<4	T 0345
外观		—	无团粒结块	—

2）施工工艺

（1）施工准备

①铺筑排水沥青面层前，应检查下承层的质量，不符合要求的不得铺筑排水沥青面层。下承层已被污染时，必须清洗或铣刨处理后方可铺筑排水沥青面层。

②排水沥青面层施工前按设计要求铺设防水层。

③应根据设计要求，布置排水系统。

④排水沥青混合料的施工温度应根据沥青黏度、气候条件、设计厚度并参照表6-12确定。

排水沥青混合料施工温度（单位：℃） 表6-12

工序	预混式	直投式
沥青加热温度	165~175（高黏度改性沥青）	155~165（基质沥青）
矿料加热温度	190~200	
混合料出料温度	170~185	
混合料储料仓储存温度	储料过程中温度下降不超过10	
混合料废弃温度	≥195或者≤155	
摊铺温度	≥160	
初压温度	≥150	
碾压终了的表面温度	≥60	

注：沥青混合料的摊铺温度、初压温度均指铺层中部的温度，用插入式热电偶数显温度计借助金属插杆进行测定；碾压终了的表面温度用红外线手持测温仪测量表面。

⑤对生产施工设备进行检查，并调试至正常工作状态。

（2）拌和

①拌和设备宜采用间歇式拌和机，总拌和能力应满足施工进度要求。

②排水沥青混合料正式拌制前，应根据生产配合比设计结果进行试拌验证。

③排水沥青混合料拌和时间根据具体情况经试拌确定，以沥青均匀裹覆集料为度。采用预混式方法时，拌和时间不宜少于50s（其中干拌时间不少于5s）；采用直投式方法时，拌和时间不宜少于60s（其中干拌时间不少于10s）。

④排水沥青混合料拌和过程温度控制应符合表6-12的规定。

⑤间歇式拌和机宜备有保温性能好的成品储料仓，储存过程中混合料降温不得大于10℃，且不得有沥青滴漏。排水沥青混合料宜随拌随用。

（3）运输

①排水沥青混合料宜采用较大吨位的运料车运输。运料车的运力应稍有富余，施工过程中摊铺机前方应有运料车等候。

②运料车每次使用前后必须清扫干净，车厢内应均匀涂刷隔离剂或防黏剂，卸料后及时铲除积聚的剩料。从拌和机向运料车上装料时，应多次挪动汽车位置，平衡装料。

③运料车运输排水沥青混合料应用苫布覆盖。

④运料车到工地后，应由专人逐车检测温度，排水沥青混合料温度应符合表6-12的规定。

⑤排水沥青混合料在运输、等候过程中，如发现沥青结合料沿车厢板滴漏时，应采取措施予以避免。

（4）摊铺

①排水沥青混合料宜采用履带式摊铺机摊铺，摊铺温度应符合表6-12的规定，每台机器的摊铺宽度宜小于7m。

②当在高等级公路或城市快速路、主干路上摊铺排水沥青混合料时，宜采用两台或多台摊铺机前后错开10～20m呈梯队方式同步摊铺。

③摊铺机开工前，应提前0.5～1h对熨平板预热，预热温度不得低于100℃。

④松铺系数应根据试验路确定。

⑤宜采用非接触式平衡梁控制摊铺厚度。摊铺过程中应随时检查摊铺层厚度及路拱、横坡。

⑥摊铺机必须缓慢、均匀、连续不间断地摊铺，不得随意变换速度或中途停顿。摊铺速度应通过试验路确定，不宜超过3m/min。

（5）压实及成型

①排水沥青面层施工应配备足够数量的压路机，选择合理的压路机组合方式，排水沥青混合料压实可采用钢筒式压路机与轮胎压路机或多台钢筒式压路机组合的方式压实。

②排水沥青混合料的压实应分为初压、复压与终压三个阶段，各阶段压实应遵循紧跟、慢压的原则进行。

a. 压实应采用静压，不得进行振动压实。

b. 压路机应以慢而均匀的速度碾压，压路机的碾压温度应符合表6-12的规定，具体的碾压速度与碾压温度应根据压路机、气温、层厚等情况经试压确定。

③碾压过程中碾压轮应保持清洁，可对钢轮涂刷隔离剂或防黏结剂，严禁刷柴油。当采用向碾压轮喷水（可添加少量表面活性剂）的方式时，必须严格控制喷水量，应成雾状，不得漫流。

④压路机不得在未碾压成型路段上转向、掉头、加水或停留。在当天成型的路面上，不得停放各种机械设备或车辆，不得散落矿料、油料等杂物。

⑤与混凝土平石及窨井等附属构筑物相衔接的排水沥青混合料，宜采用钢筒式压路机碾压。

（6）接缝

①排水沥青面层的施工接缝应紧密、平顺。

②纵向接缝应符合下列规定：

a. 采用梯队作业的纵向接缝应采用热接缝。

b. 排水沥青面层的纵向接缝与下部结构层的纵向接缝应错开15cm。

③横向接缝应符合下列规定：

a. 排水沥青面层的横向接缝应采用垂直的平接缝。

b. 相邻两幅排水沥青面层的横向接缝应错开1m以上。

c. 排水沥青面层与下部结构层的横向接缝应错开1m以上。

3）施工质量检验

（1）施工过程质量管理与检查

排水沥青混合料生产过程中，必须按表6-13规定的检查项目与频度对各种原材料进行抽样试验，其技术要求应符合规定。

原材料的检查项目与频度　　表 6-13

序　号	材　料	检 查 项 目	检 查 频 度	平行试验次数或一次试验的试样数
1	粗集料	外观（品种、含泥量等）	随时	—
		针片状颗粒含量	随时	2 ~ 3
		颗粒组成（筛分）	随时	2
		压碎值	必要时	2
		高温压碎值	必要时	2
		磨光值	必要时	4
		洛杉矶磨耗值	必要时	2
		含水率	必要时	2
2	细集料	颗粒组成（筛分）	随时	2
		砂当量	必要时	2
		含水率	必要时	2
		松方单位重	必要时	2
3	矿粉	外观	随时	—
		<0.075mm 含量	必要时	2
		含水率	必要时	2
4	基质沥青	针入度（25℃）	每天 1 次	3
		软化点	每天 1 次	2
		延度（10℃）	每天 1 次	3
		含蜡量	必要时	2 ~ 3
5	高黏度改性沥青	针入度（25℃）	每天 1 次	3
		软化点	每天 1 次	2
		延度（5℃）	必要时	3
		零剪切黏度	每 2 ~ 3 天 1 次	3

沥青拌和厂必须对排水沥青混合料生产过程进行质量控制。排水沥青混合料检查项目与频度应符合表 6-14 的规定。

排水沥青混合料检查项目和频度　　表 6-14

<table>
<tr><th colspan="2">项　目</th><th>检查频度及单点检验评价方法</th><th>质量要求或允许偏差</th><th>试验方法</th></tr>
<tr><td rowspan="9">矿料级配（筛孔）</td><td>0. 075mm</td><td rowspan="3">逐盘在线检测</td><td>±2%</td><td rowspan="3">计算机采集数据计算</td></tr>
<tr><td>≤2. 36mm</td><td>±4%</td></tr>
<tr><td>≥4. 75mm</td><td>±5%</td></tr>
<tr><td>0. 075mm</td><td rowspan="3">逐盘检查，每天汇总 1 次取平均值评定</td><td>±1%</td><td rowspan="3">JTG F40—2004
附录 G 总量检验</td></tr>
<tr><td>≤2. 36mm</td><td>±2%</td></tr>
<tr><td>≥4. 75mm</td><td>±2%</td></tr>
<tr><td>0. 075mm</td><td rowspan="3">每台拌和机每天 1～2 次，以 2 个试样的平均值评定</td><td>±2%</td><td rowspan="3">T 0725 抽提筛分与标准级配比较的差</td></tr>
<tr><td>≤2. 36mm</td><td>±3%</td></tr>
<tr><td>≥4. 75mm</td><td>±4%</td></tr>
<tr><td colspan="2" rowspan="3">沥青用量（油石比）</td><td>逐盘在线监测</td><td>±0. 2%</td><td>计算机采集数据计算</td></tr>
<tr><td>逐盘检查，每天汇总 1 次取平均值评定</td><td>±0. 1%</td><td>JTG F40—2004
附录 F 总量检验</td></tr>
<tr><td>每台拌和机每天 1～2 次，以 2 个试样的平均值评定</td><td>±0. 2%</td><td>抽提 T 0722、T 0721</td></tr>
<tr><td colspan="2">马歇尔试验：空隙率、稳定度、流值</td><td>每台拌和机每天 1～2 次，以 4～6 个试件的平均值评定</td><td>符合规范规定</td><td>T 0702、T 0709、
JTG F40—2004
附录 B、附录 C</td></tr>
<tr><td colspan="2">浸水马歇尔试验</td><td>必要时
（试件数同马歇尔试验）</td><td>符合规范规定</td><td>T 0702、T 0709</td></tr>
<tr><td colspan="2">车辙试验</td><td>必要时
（以 3 个试件的平均值评定）</td><td>符合规范规定</td><td>T 0719</td></tr>
<tr><td colspan="2">谢伦堡沥青析漏量</td><td>必要时
（以 2 个试样的平均值评定）</td><td>符合规范规定</td><td>T 0732</td></tr>
<tr><td colspan="2">20℃肯塔堡飞散损失率</td><td>必要时
（试件数同马歇尔试验）</td><td>符合规范规定</td><td>T 0733</td></tr>
<tr><td colspan="2">冻融劈裂强度比</td><td>必要时
（试件数同马歇尔试验）</td><td>符合规范规定</td><td>T 0729</td></tr>
</table>

施工过程应按表 6-15 规定的项目和频度检查排水沥青混合料温度及外观情况。单点检验评价方法应符合相关试验规程的试样平行试验的要求。

排水沥青面层施工过程检查项目和频率 表6-15

项目		检查频度及单点检验评价方法	质量要求或允许偏差	试验方法
混合料外观		随时	观察集料粗细、均匀性、离析、油石比、色泽、冒烟、有无花白料或油团等各种现象	目测
摊铺外观		随时	平整、无拖痕、无离析，接缝紧密平整、顺直	目测
拌和温度	沥青、集料的加热温度	逐盘检测评定	符合规范规定	传感器自动检测、显示并打印
	混合料出厂温度	逐车检测评定	符合规范规定	传感器自动检测、显示并打印，出厂时逐车按 T 0981 人工检测
		逐盘测量记录，每天取平均值评定	符合规范规定	传感器自动检测、显示并打印
施工温度	摊铺温度	逐车检测评定	符合规范规定	T 0981
	碾压温度	随时	符合规范规定	插入式温度计实测
压实度		每2000m² 检查1组，逐个试件评定并计算平均值	试验室标准密度的98%	T 0924
路面渗水系数		每1km不少于5点，每点3处取平均值	≥900mL/15s	T 0971

排水沥青混合料施工过程中的其他质量管理应符合《公路沥青路面施工技术规范》（JTG F40）或《城镇公路工程施工与质量验收规范》（CJJ 1）的规定。

（2）交工验收阶段的工程质量检查与验收

排水沥青面层交工检查与质量验收标准应符合表6-16的规定。

排水沥青面层其他交工检查与质量验收标准应符合《公路沥青路面施工技术规范》（JTGF40）或《城镇公路工程施工与质量验收规范》（CJJ1）的规定。

排水沥青面层交工检查与质量验收标准　　表 6-16

<table>
<tr><th colspan="2">检查项目</th><th>检查频度
（每一侧车行道）</th><th>质量要求或允许偏差</th><th>试验方法</th></tr>
<tr><td colspan="2">路面渗水系数</td><td>每 1km 不少于 5 点，每点 3 处取平均值评定</td><td>≥900mL/15s</td><td>T 0971</td></tr>
<tr><td rowspan="2">压实度</td><td>代表值</td><td>每 1km 5 点</td><td>试验室标准密度的 98%</td><td>T 0924</td></tr>
<tr><td>极值（最小值）</td><td>每 1km 5 点</td><td>比代表值放宽 1%（每 km）或 2%（全部）</td><td>T 0924</td></tr>
</table>

4）注意事项

（1）排水沥青面层不得在雨、雪天气及环境温度低于 10℃时施工。

（2）在排水沥青混合料中不宜采用木质素纤维材料作为稳定剂。

（3）排水沥青面层压实完毕后应自然冷却，宜在施工完毕 24h 后开放交通。

6.2　温拌沥青混合料路面技术

与传统的热拌沥青混合料相比，温拌沥青混合料拌和温度可降低 20～30℃，但其生产工艺和路用性能与热拌沥青混合料基本相同，因此具有显著的节能、减排、低碳的优点。温拌沥青混合料是沥青路面建设技术的绿色革命，也是推进低碳生态公路发展和实践的重要技术措施。

6.2.1　温拌沥青混合料概述

（1）温拌沥青混合料研发背景

目前公路工程中使用的沥青混合料，根据拌和施工温度可分为两种类型：冷拌沥青混合料（Cold Mix Asphalt，CMA）和热拌沥青混合料（Hot Mix Asphalt，HMA）。冷拌沥青混合料一般采用乳化沥青或者稀释沥青与集料在常温状态下拌和、铺筑，无需对集料与沥青结合料进行加热，因而可节约大量能源。但是冷拌沥青混合料初期路用性能差，难以满足高速公路、重载交通公路等重要工程的要求。热拌沥青混合料是应用最为广泛、路用性能最为良好的一种混合料，但是热拌沥青混合料在生产过程中，沥青与石料需要在 150～180℃高温条件下拌和，将石料、沥青加热到如此高的温度，不仅要消耗大量能源，而且在生产过程中将产生大量的 CO_2、烟尘和有害气体。

目前环境污染和能源枯竭已得到全球广泛的关注。为保护生存环境，世界各国都对温室气体、有害气体以及固体粉尘等排放进行严格限制。如 1997 年联合国气候大会通过的《京都议定书》严格限制包括 CO_2 在内的 6 种温室气体的排放量，并于 2005 年正式生效。

沥青混合料的生产是公路工程中能量消耗大户，而且也是粉尘等颗粒污染源。为此，在 20 世纪 90 年代中后期美国及欧洲等国家开展了温拌沥青混合料（Warm Mix Asphalt，WMA）的研究，其目的是通过降低沥青混合料拌和与摊铺温度，达到降低沥青混合料生产过程中的能耗与 CO_2 等气体及粉尘排放量的目的，同时保证温拌沥青混合料具有与热拌沥青混合料基本相同的路用性能和施工和易性。1995 年，Shell 公司和 Kolo-veidekke 公司首先联合开发研究温拌沥青混合料，并于次年铺筑了试验路段。随着温拌沥青混合料技术的不断完善，其使用量也不断增加：2001 年 WMA 的使用量达 8000t，2002 年增长到 15000t，2003 年就高达 30000t。

（2）温拌沥青混合料的节能环保功能

沥青混合料生产过程中能量消耗主要用于集料的加热。由于温拌沥青混合料的拌和温度比普通热拌沥青混合料低 30 ~ 50℃，因此可明显节约能源消耗并降低环境污染。

集料加热过程中的能耗数量主要与集料物理性质（如比热）、含水率等因素有关。如果假定集料的比热不变，那么集料加热过程中的能耗与温度成正比。但当集料加热温度超过 100℃后，由于集料中水分的蒸发，需要的能量增加，如图 6-5 所示。

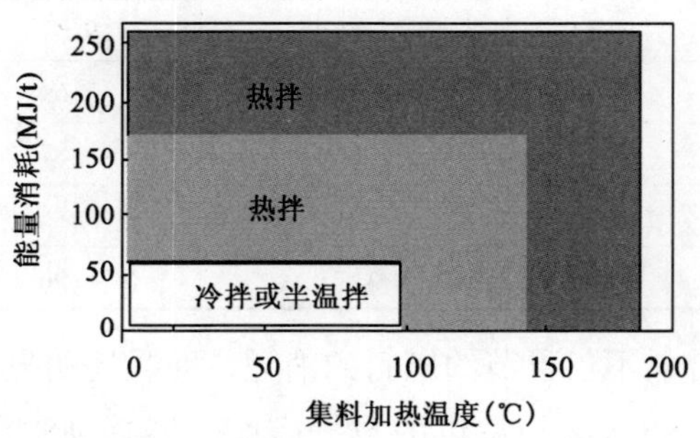

图 6-5　集料加热的能量消耗

石料加热过程中吸收的热量可简单按下式计算：

$$Q = Cm(T_2 - T_1) \tag{6-7}$$

式中：Q——石料吸收的热量，kJ；

C——石料的比热，kJ/（kg·K）；

m——石料的质量，kg；

$T_2 - T_1$——石料温度变化，K。

一般石料的比热为 0.8 ~ 1.0kJ/（kg·K），如花岗岩比热为 0.92 kJ/（kg·K）。通常温拌沥青混合料的集料加热温度在 100 ~ 140℃范围内，比常规的热拌沥青混合料的集料加热温度低 30 ~ 50℃。按照上式计算，每吨沥青混合料可节约热量 30 ~ 50MJ。燃料油的热值为 42000kJ/kg 左右，假设燃料完全燃烧、所释放的热量完全被石料吸收，那么理论上加热每吨石料可节约燃料 1kg。但实际上，由于加热时间的缩短、辐射损失的热量减少，燃料节约量可能会更多。如德国研究数据表明，每生产 1t 热拌沥青混凝土需消耗 8L 燃料油，如拌和温度降低 30 ~ 35℃，则可节约燃料油 2.4L/t。Shell 公司对温拌沥青混合料和热拌沥青混合料的燃料消耗进行了比较，见表 6-17。结果表明，每吨温拌沥青混合料可节约燃油 3L 左右。

温拌沥青混合料与热拌沥青混合料燃料消耗比较 表 6-17

混合料类型	日　期	产量（t）	燃料消耗（L/t）	矿料含水率（%）
温拌沥青混合料	09-03	941	6.05	2.9
	09-05	1146	6.29	1.8
	09-06	302	5.89	2.0
	平均值		6.08	2.3
热拌沥青混合料	09-10	635	8.75	2.3
	09-11	1120	9.32	2.4
	09-12	1634	8.69	2.4
	09-13	1346	8.87	2.6
	09-14	809	8.85	—
	平均值		8.90	2.4

温拌沥青混合料不仅可节约燃料的消耗，而且还明显降低粉尘、废气等污染物的排放量。Shell 公司提供的数据表明，温拌沥青混合料生产过程中可减少 30% 以上的 CO_2 气体排放量，同时 CO、NO_x 等有害气体明显降低，

具体见表 6-18。

温拌沥青混合料与热拌沥青混合料生产过程中废气排放量　　表 6-18

混合料类型	CO_2	CO	NO_x
热拌沥青混合料（kg/h）	2888	49	1.5
温拌沥青混合料（kg/h）	1980	35	0.3
降低比例（%）	31.4	28.5	61.5

6.2.2　温拌混合料制备技术

温拌沥青混合料的矿料级配与热拌沥青混合料基本相同，其设计方法主要是解决如何在较低拌和温度下保证集料与沥青裹覆均匀，以及如何在较低压实温度下使沥青混合料的空隙率满足要求的问题。通常，适宜于拌和的沥青黏度范围为 0.15 ~ 0.19Pa · s，适宜于压实的沥青黏度范围为 0.25 ~ 0.31Pa · s。对于 AH-70 号沥青，必须加热到 150 ~ 170℃的高温才具有足够的流动性与可拌和性。为此，温拌沥青混合料设计的关键是如何降低拌和与压实时沥青的黏度。归纳起来，目前温拌沥青混合料设计方法主要有 4 种。

（1）使用沥青降黏剂

使用降黏剂的目的是降低沥青结合料的高温黏度，但是不应降低沥青结合料的常温黏度。这样可降低沥青混合料的拌和温度，而又不影响其正常的路用性能。

通常使用的沥青降黏剂为 Sasobit。Sasobit 是一种合成直链脂肪族碳氢混合物，其主链分子中含有 40 ~ 115 个碳原子。Sasobit 的熔点为 100℃，超过 115℃时 Sasobit 完全溶解于沥青。图 6-6 表明，掺加 Sasobit 可以明显降低沥青的高温黏度，但对沥青在较低温度（60℃）下的黏度几乎没有影响。对于未掺加 Sasobit 的沥青，拌和温度约为 160℃左右，掺加 2.5% 的 Sasobit 后，拌和温度可降低为 140℃左右。

Sasobit 的应用有两种方法：加入热沥青中进行简单的搅拌形成改性沥青；或直接投入到拌缸中与热集料拌和。研究结果表明，这两种方法制备的沥青混合料性能差异不大。

美国国家沥青技术研究中心（NCAT）较为详细地评价了 Sasobit 用于温拌沥青混合料的可行性，试验采用两种级配，见表 6-19。

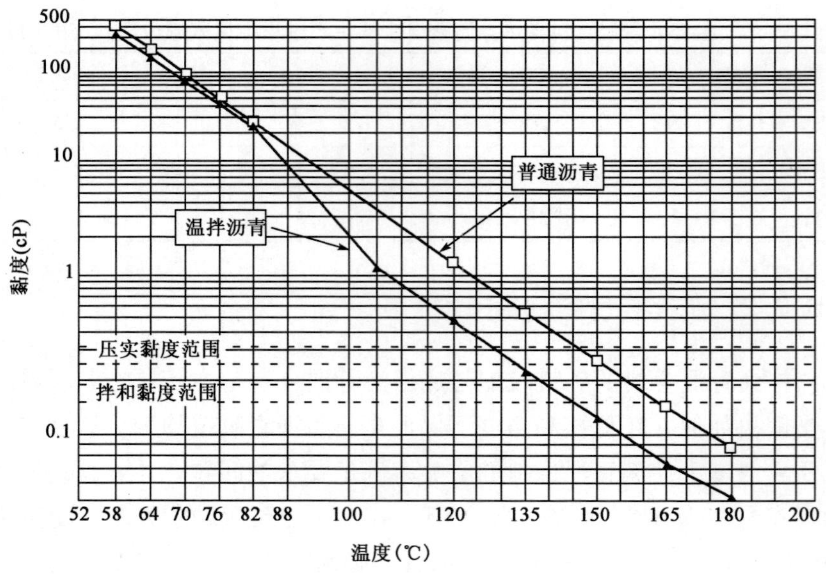

图 6-6 Sasobit 对沥青黏温特性的影响

试验级配与沥青用量 表 6-19

集料种类	通过下列筛孔（mm）的质量百分率（%）										沥青用量（%）
	19	12.5	9.5	4.75	2.36	1.18	0.6	0.3	0.15	0.075	
花岗岩	99	87.9	79.9	49.6	32.2	23.6	18.6	14.7	5.3	2.9	5.1
石灰岩	100	90.9	83.6	52.7	32.6	23.7	17.5	12.3	6.0	3.1	4.8

在不同温度下采用振动方式成型试件，其空隙率测试结果见表 6-20。可见，在相同的压实温度下，掺加 Sasobit 的沥青混合料空隙率减小。但是值得注意的是，对于较粗的级配（花岗岩），其混合料的空隙率并没有呈现空隙率随着压实温度降低而变大的现象，特别是对于掺加 Sasobit 的混合料，在较低的压实温度下（88℃）反而会得到最小的空隙率。

不同压实温度下沥青混合料的空隙率（单位:%） 表 6-20

集料种类	沥青结合料	成型温度			
		149℃	129℃	110℃	88℃
花岗岩	PG64-22	6.1	6.9	6.5	6.6
	PG64-22 +2.5% Sasobit	5.0	5.2	5.4	4.6
石灰岩	PG64-22	7.6	7.3	7.3	7.2
	PG64-22 +2.5% Sasobit	5.4	5.9	6.4	6.0

APA 车辙试验结果见表 6-21。可见，在相同的压实温度下，掺加 Sasobit 的沥青混合料的车辙深度较小，这既可能与 Sasobit 的改性作用有关，又可能与其较小的空隙率有关。

不同压实温度下沥青混合料的车辙深度（单位：mm）　　表 6-21

集料种类	沥青结合料	成型温度			
		149℃	129℃	110℃	88℃
花岗岩	PG64-22	7.9	11.9	15.9	19
	PG64-22 +2.5% Sasobit	4.9	7.8	9.3	9.5
石灰岩	PG64-22	7.5	7.4	11	11.5
	PG64-22 +2.5% Sasobit	7.8	6.5	7.0	6.4

冻融劈裂试验结果见表 6-22。对于石灰岩混合料，掺加 Sasobit 后，水稳定性明显提高，而对于花岗岩混合料，掺加 Sasobit 反而降低了沥青混合料的抗水损害能力。值得注意的是，掺加 Sasobit 的沥青混合料劈裂强度明显小于普通沥青混合料。

冻融劈裂试验结果　　表 6-22

集料种类	沥青结合料	未冻融劈裂强度（psi）	冻融后劈裂强度（psi）	TSR（%）
花岗岩	PG64-22	89.2	68.2	0.76
	PG64-22 +2.5% Sasobit	53.2	38.0	0.71
石灰岩	PG64-22	109.5	71.2	0.65
	PG64-22 +2.5% Sasobit	53.9	49.1	0.91

（2）沸石降黏技术

1956 年瑞典矿物学家 Cronsted 首次在玄武岩中发现沸石。因沸石在加热至熔融时，拌有沸腾现象而得名。沸石是沸石族矿物的总称，呈架状结构，是火山熔岩形成的一种架状结构的铝硅酸盐矿物。

沸石具有独特的矿物结构，其内部结构为三维硅氧四面体和三维铝氧四面体，这些四面体按一定的规律排列而呈具有一定形状的晶体骨架。沸石的矿物骨架是开放性的，具有很多大小均一的通道和空腔。在这些孔穴和通道中吸附着大量水分子，这些水分子与骨架间的结合力较弱，经加热水分可以逸失。将沸石投入到加热的集料同时喷入沥青，沸石挥发出的水蒸气使沥青体积膨胀而形成泡沫沥青，这样即可降低沥青的黏度，使沥青与集料有可能在较低温度下进行拌和。

目前已有关于应用沸石生产温拌沥青混合料的报道。如德国 Eurovia 公司生产的一种人工合成的沸石 Aspha-Min，外观为白色超细粉末，内部为连通多孔结构，比表面积很大，可吸收其质量 21% 的水分。美国国家沥青技术研究中心（NCAT）较为详细地评价了 Aspha-Min 用于温拌沥青混合料的可行性。试验采用的级配同表 6-23，Aspha-Min 的掺量为沥青混合料质量的 0.3% 。

不同压实温度下沥青混合料的空隙率（单位:%） 表 6-23

集料种类	沥青结合料	成型温度			
		149℃	129℃	110℃	88℃
花岗岩	PG64-22	6.2	7.0	6.5	6.5
	PG64-22 + Aspha-Min	5.0	6.1	6.0	5.7
	PG58-28	5.4	7.0	6.1	5.6
	PG58-28 + Aspha-Min	5.1	6.1	5.5	5.2
石灰岩	PG64-22	7.6	7.3	7.3	7.3
	PG64-22 + Aspha-Min	5.8	6.4	6.2	7.0
	PG58-28	7.2	6.8	7.2	7.2
	PG58-28 + Aspha-Min	6.8	6.6	7.1	6.7

在不同温度下采用振动方式成型试件，其空隙率测试结果见表 6-23。可见，在相同的压实温度下，掺加 Aspha-Min 可降低沥青混合料的空隙率。值得注意的是，沥青混合料的空隙率并没有出现随着压实温度的降低而增加的规律，这可能与在较低温度下沥青混合料老化程度降低有关。

APA 车辙试验结果见表 6-24。研究表明，掺加 Aspha-Min 没有明显提高或者降低沥青混合料的抗车辙能力。

不同压实温度下沥青混合料的车辙深度（单位：mm） 表 6-24

集料种类	沥青结合料	成型温度			
		149℃	129℃	110℃	88℃
花岗岩	PG64-22	7.5	12.5	16	18.5
	PG64-22 + Aspha-Min	12	15.5	13	17
	PG58-28	13	20	14	23
	PG58-28 + Aspha-Min	11	17	16	18.5
石灰岩	PG64-22	7.5	7.4	10.5	11
	PG64-22 + Aspha-Min	4.9	8.1	9.2	10.5
	PG58-28	13	11	15	13
	PG58-28 + Aspha-Min	13	10.5	17	18.5

冻融劈裂试验结果见表6-25。可见掺加Aspha-Min后，沥青混合料的劈裂强度减小，抗水害能力降低，这可能与温拌沥青混合料中Aspha-Min残留一定水分有关。

冻融劈裂试验结果　表6-25

集料种类	沥青结合料	未冻融劈裂强度（psi）	冻融后劈裂强度（psi）	TSR（%）
花岗岩	PG64-22	89.8	68.2	0.76
	PG64-22 + Aspha-Min	72.5	48.7	0.67
	PG58-28	44.3	33.3	0.75
	PG58-28 + Aspha-Min	36.2	19.2	0.53
石灰岩	PG64-22	109.5	71.2	0.65
	PG64-22 + Aspha-Min	86.6	44.2	0.51
	PG58-28	26.0	28.8	1.11
	PG58-28 + Aspha-Min	39.1	38.0	0.97

（3）沥青发泡降黏技术

泡沫沥青温拌技术WAM-Foam是由Shell公司和Kolo-Veidekke公司联合开发的一种两阶段法生产温拌沥青混合料技术。在第一阶段，首先采用软质沥青与石料拌和，拌和温度控制在110℃左右，使软质沥青完全裹覆于石料表面。在第二阶段，硬质沥青以泡沫沥青的形式喷入并迅速拌和。由于沥青发泡后，体积增加数倍且黏度明显降低，因此可在温度较低的条件（90～110℃）下拌和均匀。这种技术的关键在于必须选择合适的软、硬沥青种类以及二者的比例，以满足混合料相应的路用性能要求。另外，在第一阶段必须保证集料干燥，防止水分存在于集料表面。必要时可掺加抗剥落剂以增强抗水损害能力。

（4）乳化沥青温拌技术

乳化沥青较低的黏度使其有可能在较低温度下与石料拌和均匀，但是一般乳化沥青含有近一半的水分，在拌和过程中不仅将产生大量水蒸气，而且残留的水分也会影响沥青混合料的性能。如能将乳化沥青的固化物含量提高到70%以上，同时掺加可以提高沥青与集料黏附性的添加剂，则有可能在一定程度上解决以上问题。

美国Meadwestvaco公司近几年正在研究基于乳化沥青的温拌沥青混合料技术。该技术采用一种特殊的乳化沥青替代热沥青实现温拌，其生产工艺与热拌沥青混合料基本相同。乳化沥青温拌混合料的拌和温度一般在100℃左右，在拌和过程中乳化沥青中的水分以水蒸气的形式释放出去，拌和后的温拌沥青混合料从外观上看其裹附和颜色与热拌沥青混合料基本相同。国内于2005年铺筑了乳化沥青温拌混合料试验路段，试验结果见表6-26。试验结果表明，乳化沥青温拌沥青混合料的性能与热拌沥青混合料基本相同，在抗水损害、抗车辙性能方面甚至优于热拌沥青混合料。

乳化沥青温拌混合料试验结果 表6-26

项　　目	温拌沥青混合料	热拌沥青混合料
集料温度（℃）	140	170
胶结料温度（℃）	80	140
拌和温度（℃）	120	140
击实温度（℃）	120～125	135～140
马歇尔稳定度（kN）	11.3	13.3
冻融劈裂残留强度比（%）	86.3	81.5
浸水马歇尔残留稳定度（%）	85.9	83.3
动稳定度（次/mm）	2057	1294

采用高含量乳化沥青拌制温拌沥青混合料，虽然可以降低拌和与压实温度，但是由于制备乳化沥青使用了比较特殊的乳化剂，成本较高，并不能因为降低温度而节省混合料的生产成本，相反是增加了费用，所以研究开发物美价廉的沥青乳化剂是该技术的关键。

温拌沥青混合料技术具有高节能、低排放的环保功能，同时具有与热拌沥青混合料基本相同的路用性能，完全符合我国建设节约型和环境友好型社会的科学发展观，极具推广应用价值。但是作为一种新型沥青混合料，其技术的实用性还有待深入研究和完善。

6.2.3 温拌沥青路面施工技术

1）原材料

（1）沥青

道路石油沥青技术指标应符合《公路沥青路面施工技术规范》（JTG F40）要求。若选用其他天然沥青、橡胶沥青等高黏度胶结料，应满足其相应标准的技术要求。

（2）粗集料

生产温拌沥青混合料时，不宜采用多孔性或内部吸水性强的集料。粗集料技术指标应符合《公路沥青路面施工技术规范》（JTG F40）的要求。

（3）细集料

①高速公路和一级公路的沥青混合料，细集料应采用机制砂；其他等级公路的沥青混合料，细集料也可选用洁净的天然砂、石屑等。细集料的技术指标应符合《公路沥青路面施工技术规范》（JTG F40）要求。

②当使用天然砂时，天然砂的用量不应超过矿料总量的8%～10%，SMA和OGFC混合料不宜使用天然砂。天然砂级配应满足《公路沥青路面施工技术规范》（JTG F40）规范的要求。

③石屑应清洁、干净，不得含有泥土杂质，级配应满足《公路沥青路面施工技术规范》（JTG F40）规范要求。

④机制砂应采用优质碱性石料为原料，使用专用的制砂机生产，其级配应满足《公路沥青路面施工技术规范》（JTG F40）规范要求。

⑤不宜采用多孔性或内部吸水性强的细集料。

（4）填料

①填料应采用洁净的碱性石料磨细的矿粉，可同时掺加1%～2%（与混合料重量比）的消石灰粉或水泥替代部分填料。

②矿粉应干燥、洁净、无结块，其质量应符合《公路沥青路面施工技术规范》（JTG F40）规范要求。

（5）纤维

①在沥青混合料中掺加的纤维稳定剂宜选用木质素纤维、有机纤维等。

②纤维应在250℃的干拌温度条件下不变质、不发脆，使用纤维必须符合环保要求，不危害身体健康。纤维必须在温拌拌和条件下能充分分散均匀，避免采用在高温条件下才能分散的纤维。纤维的技术指标应符合《公路沥青路面施工技术规范》（JTG F40）要求。

2）配合比设计

（1）矿料级配

温拌沥青混合料矿料级配范围应符合《公路沥青路面施工技术规范》（JTG F40）要求，密实型超薄沥青混合料（UTAC-10及UTAC-6.7）级配范围应符合表6-27、表6-28要求。

UTAC-10 矿料级配 表 6-27

筛孔（mm）	13.2	9.5	6.7	4.75	2.36	1.18	0.6	0.3	0.15	0.075
UTAC-10	100	80 ~ 100	30 ~ 50	20 ~ 40	18 ~ 36	14 ~ 30	10 ~ 25	7 ~ 20	6 ~ 13	4 ~ 8

UTAC-6.7 矿料级配 表 6-28

筛孔（mm）	9.5	6.7	4.75	2.36	1.18	0.6	0.3	0.15	0.075
UTAC-6.7	100	80 ~ 100	38 ~ 52	25 ~ 35	19 ~ 29	15 ~ 23	12 ~ 18	8 ~ 12	4 ~ 8

（2）设计指标

混合料设计按照《公路沥青路面施工技术规范》（JTG F40）规定的马歇尔混合料设计方法，设计指标同热拌沥青混合料。

3）施工工艺

（1）拌制

①温拌添加剂添加设备应采用具备准时、定量、自动化添加功能的专用设备，并配置逐盘在线打印装置。

②温拌沥青混合料的拌制温度应符合表 6-29 ~ 表 6-31 的要求。

温拌石油沥青混合料的拌制温度范围 表 6-29

施工工序	沥青标号		
	90 号	70 号	50 号
沥青加热温度（℃）	140 ~ 160	145 ~ 165	150 ~ 170
集料加热温度（℃）	比出料温度高 10℃左右		
正常施工沥青混合料出料温度（℃）	105 ~ 125	110 ~ 130	115 ~ 135
低温施工沥青混合料出料温度（℃）	115 ~ 135	120 ~ 140	125 ~ 145
正常施工温拌界定温度（℃）	130	135	140
低温施工温拌界定温度（℃）	140	145	150

温拌聚合物改性沥青混合料的拌制温度范围 表 6-30

工序	SBS 类	SMA 类
沥青加热温度（℃）	160 ~ 170	160 ~ 170
集料加热温度（℃）	比出料温度高 10℃左右	
正常施工出料温度（℃）	125 ~ 145	130 ~ 150
低温施工出料温度（℃）	160	160
正常施工温拌界定温度（℃）	150	155
低温施工温拌界定温度（℃）	160	160

温拌橡胶沥青混合料拌制温度范围　　表6-31

施工条件	正常施工	低温施工
沥青加热温度（℃）	175～195	175～195
集料加热温度（℃）	130～150	135～160
沥青混合料出料温度（℃）	130～150	140～160
温拌界定温度（℃）	155	160

（2）运输

温拌沥青混合料的运输与热拌沥青混合料相同，根据试验段的铺筑情况，能满足到场温度即可。

（3）碾压

①摊铺机熨平板需至少0.5h预热。应严格控制摊铺速度，避免摊铺面因过薄而出现拉带裂纹。在改性沥青或者较低气温施工时，应尽量避免在摊铺面进行人工补料等操作。

②根据混合料的级配类型，选择合理的压路机组合方式及碾压要求，以达到最佳碾压效果。

③摊铺宽度不超过6cm时，采用2台11t以上的钢轮压路机，1台25t以上的轮胎压路机；摊铺宽度超过6cm时，采用2～4台11t以上的钢轮压路机，2～4台25t以上的轮胎压路机。针对不同气候特征，推荐碾压机械组合应符合表6-32～表6-34的要求。

正常施工的碾压组合　　表6-32

压路机类型	初压（遍数）		复压（遍数）		终压（遍数）	
	适宜	最大	适宜	最大	适宜	最大
钢轮压路机	2～3（振动）	3（振动）	3～5（振动）	5	2～3（静压）	3
轮胎压路机			4～5	6		

低温施工的碾压组合　　表6-33

压路机类型	初压（遍数）		复压（遍数）		终压（遍数）	
	适宜	最大	适宜	最大	适宜	最大
钢轮压路机	1（钢轮振压）		5～6（轮胎）	7	2～3（钢轮静压）	3
轮胎压路机	2～3（轮胎）	3	2～3（钢轮振压）	3	2～3（钢轮静压）	3

橡胶改性沥青混合料及SMA施工的碾压组合 表6-34

压路机类型	初压（遍数）		复压（遍数）		终压（遍数）	
	适宜	最大	适宜	最大	适宜	最大
钢轮压路机	2～3（钢轮振压）	3	4（钢轮振压）	5	1～2（钢轮静压）	3
轮胎压路机			3～4（轮胎）	4		

④气候条件不利因素较多时，轮胎压路机进行初压有助于保证压实效果，但为了避免轮迹，需尽早安排钢轮振动压路机压实。

⑤温拌沥青混合料在碾压作用下，沥青胶浆的挤出效应与热拌时有显著的不同，在复压阶段可以采用轮胎压路机部分或者全部替代振动压路机碾压。

（4）施工温度

①施工温度按照表6-35～表6-37选择，一般摊铺和出压温度比热拌沥青混合料至少降低30℃。

温拌石油沥青混合料的施工温度范围 表6-35

施工工序		沥青标号		
		90号	70号	50号
摊铺温度（℃），不低于	正常施工	95	100	105
	低温施工	105	110	115
开始碾压温度（℃），不低于	正常施工	90	95	100
	低温施工	100	105	110

温拌聚合物改性沥青混合料的施工温度范围 表6-36

工序	SBS类	SMA类
摊铺温度（℃），不低于	120	125
初压温度（℃），不低于	115	120
碾压终了温度（℃），不低于	75	75

温拌橡胶沥青混合料施工温度范围 表6-37

施工条件	正常施工	低温施工
温拌界定温度（℃）	≤155	≤160
混合料摊铺温度（℃），不低于	125	135
开始碾压温度（℃）	120	130
碾压终了温度（℃），不低于	75	75

②温拌沥青混合料沥青路面的最低施工温度见表6-38的规定。3cm厚的薄面层、2.5cm以下的超薄面层不适合于低温施工，寒冷季节遇大风、降温天气不得进行施工。每天开工时，宜采用较高温度的混合料进行施工。

温拌沥青混合料适宜施工温度条件和最低摊铺温度（单位:℃）表6-38

下卧层表面温度（℃）	相应于下列不同摊铺层厚度的最低摊铺温度					
	普通沥青混合料			改性沥青混合料		
	40~50mm	50~80mm	≥80mm	40~50mm	50~80mm	≥80mm
0~5	120	115	110	不允许	130	125
5~10	120	112	105	130	125	120
10~15	115	110	103	120	115	115

③温拌沥青混合料应待摊铺层完全自然冷却，混合料表面温度低于50℃后，方可开放交通。需要提前开放交通时，可洒水冷却降低混合料温度。

具有节能、减排、低碳优点的温拌沥青混合料技术已经得到广泛关注和大量应用。随着温拌沥青混合料技术的发展与成熟，目前已经形成基于沥青降黏、沥青发泡、表面活性剂等多种方法的温拌沥青混合料制备技术。同时，温拌技术可以与热再生技术、橡胶沥青技术、高模量沥青技术等结合，形成具有良好路用性能、易于施工且节能减排的高性能沥青路面技术。

6.3　橡胶沥青路面技术

废旧轮胎被称为“黑色污染”，属于国际上公认的工业有害固体废物。废旧橡胶在公路工程中的应用，实现了资源再生利用和公路性能的提高，是建设低碳生态路面的重要技术途径。橡胶沥青路面技术可采用湿法和干法两种工艺，其中湿法工艺是将橡胶粉加入到沥青中制备成为橡胶沥青，干法工艺是将橡胶粉作为集料，直接投放到拌缸中。橡胶沥青技术以其环保、降噪和资源节约等特点，为处理“黑色污染”提供了一条可持续发展的环保解决方案。

6.3.1　橡胶沥青路面概述

随着世界经济的持续增长和汽车工业的迅猛发展，废旧轮胎数量剧增。

据统计，目前全世界每年产生15亿条废旧轮胎。废旧轮胎具有很强的耐热、抗机械和抗降解性，数十年都不会自然降解。大量废旧轮胎如果长期露天堆放，不仅占用大量的土地，造成土地资源的浪费，而且废胎经过雨淋水浸、风吹日晒，势必酿成公害：一是滋生蚊虫，传染登革热等疾病；二是大量堆积的废旧轮胎容易酿成火灾、危害环境；其三，废旧轮胎属于有机物质，根本不可能自然降解，其带菌、带毒量大、面广，又不可能做全面检疫、检测和消毒灭菌，堆积起来势必造成环境危害。

废旧轮胎，是恶化自然环境、破坏植被生长、影响人类健康、危及生态环境的最有害垃圾之一。1998年加拿大安大略省发生了废旧轮胎堆积造成的数周不灭的大火；1999年美国北加州700万条废旧轮胎发生自燃，大火温度高达1000℃，浓烟直达600m高空，数百吨污染物飘落到100km外的旧金山，附件的地区则下起了“黑雨”。随后，废旧轮胎这种“黑色污染”愈来愈得到社会的关注。

在我国，“黑色污染”也逼近我们身边：2004年我国废轮胎年产生量达1.2亿条，仅次于美国、日本，居世界第三位，2010年达到2.5亿条左右。而由于废旧轮胎带来的问题触目惊心：郊区废旧轮胎堆积如山，滋生大量蚊蝇鼠害；地下废旧轮胎加工厂土法炼制柴油或直接燃烧，释放大量二氧化硫、硫化氢和二噁英等致癌气体；火灾不断，仅仅2007年上半年，哈尔滨、新疆库尔勒、呼和浩特、赤峰、昆明等地发生了废旧轮胎引起的大火10多起。

废旧轮胎的回收处理一直是世界性难题。如何解决“黑色污染”，尤其能将废旧轮胎资源化循环利用，成为全球关注的问题。目前，处理废旧轮胎作为资源回收利用的主要途径有轮胎翻新、热能利用、热分解以及用于土木工程建设等。其中，将废旧轮胎磨细成橡胶粉应用于公路工程建设得到了广泛的关注，这也是大量处理废旧轮胎使其资源化循环利用的较佳途径之一。

将废旧轮胎应用于沥青路面建设的沥青可追溯到20世纪40年代，1941年美国回收公司推出了用于沥青改性的RamflexTM脱硫橡胶颗粒。20世纪60年代，瑞典开发了掺加橡胶颗粒的沥青混凝土的RubitTM干法生产工艺。特别是在20世纪后期，随着汽车工业的迅猛发展，废旧轮胎的污染问题日益严重，应用废旧轮胎粉铺筑沥青路面技术得到了快速发展。1991年美国陆上运输经济法案（ISTEA）直接推动了橡胶沥青的广泛应用。目前，美国亚利桑那、加利福尼亚、佛罗里达等州已经提出了橡胶沥青路面的技术标准或指南，美国联邦公路管理局也颁布了橡胶沥青的技术标准（SA 002—1992），并将不同工艺的技术名词予以标准化，如图6-7所示。

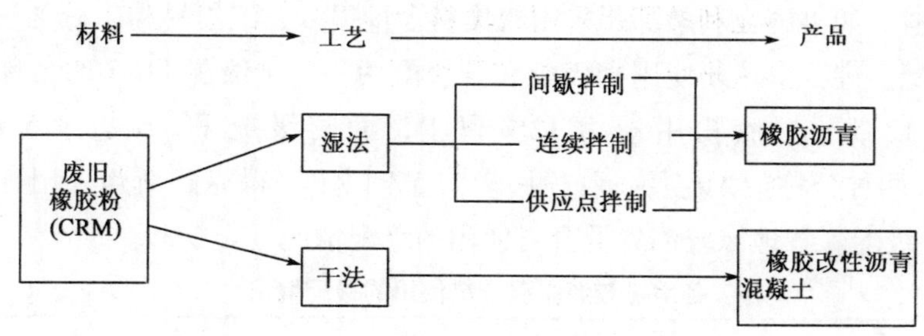

图6-7 FHWA对废旧轮胎橡胶沥青的定义

据统计，美国在1991～1997年间，公路行业累计使用废旧轮胎胶粉8000万t，约消耗4亿条废旧轮胎。但是，由于废旧橡胶来源的不确定性、橡胶沥青混合料生产工艺的特殊性以及橡胶沥青路面施工复杂性，橡胶沥青路面出现了很多问题，如加州Pelham试验路通车3年内出现了大量病害，安大略州PlusRide工程出现了松散、坑洞等早期病害，因此橡胶沥青技术仍有待完善和提高。

我国关于橡胶沥青的研究起步于20世纪70年代，初衷是应用废旧橡胶粉改善性能不佳的国产多蜡沥青。但随着国产沥青性能提高以及SBS改性沥青的应用，橡胶沥青的研究与应用暂时被搁置起来。目前，随着人民环保意识的增强以及适应我国建设“环境友好、资源节约”型社会的科学发展观，橡胶沥青的应用重新引起广泛的关注。

6.3.2 湿法橡胶沥青路面技术

湿法橡胶沥青是指将一定质量的磨细橡胶粉加入到沥青中，通过在高温条件下搅拌均匀而得到的一种改性沥青结合料，橡胶粉用量一般为沥青质量的15%以上。湿法橡胶沥青路面是采用湿法橡胶沥青拌制的混合料铺筑而成的。

（1）湿法橡胶沥青混合料设计思路

橡胶沥青混合料是指采用湿法生产的橡胶粉改性沥青作为结合料与集料加热拌和而得到的一种橡胶粉改性沥青混合料。橡胶沥青混合料的设计方法可采用传统的马歇尔方法，也可采用SHRP的Superpave设计方法。橡胶沥青混合料设计中核心问题是级配的选择。由于橡胶沥青的黏度较大而且存在相对较大的颗粒，在矿料表面形成较厚的油膜，因此比较适合应用于间断级配、开级配形式的混合料。特别是胶粉掺量较大时，不适合应用于密级配沥青混合料。如美国亚利桑那州采用粗集料含量很多、细集料和矿粉含量很少的开级配。佛罗里达州使用密级配和开级配两种，开级配 FC-5 的公称最大粒径为 12.5mm，胶粉用量为 12% 以上，而密级配 FC-6 有 9.5mm 和 12.5mm 两种公称最大粒径，胶粉用量为 5% 以上；得克萨斯州采用开级配和 SMA 级配。各地橡胶沥青混合料使用的级配情况见表 6-39。

各地橡胶沥青混合料使用的级配情况　　表 6-39

筛孔（mm）	美国亚利桑那州		美国佛罗里达州			美国得克萨斯州	南　非	
	间断级配	开级配	开级配	密级配	密级配	开级配	半开级配	全开级配
19	100	100	100	100	100	100	100	100
12.5	80 ~ 100	—	85 ~ 100	100	90 ~ 100	95 ~ 100	70 ~ 100	90 ~ 100
9.5	65 ~ 85	—	55 ~ 75	90 ~ 100	<90	50 ~ 80	50 ~ 82	30 ~ 50
4.75	28 ~ 42	20 ~ 45	15 ~ 25	<90	—	0 ~ 8	16 ~ 38	10 ~ 20
2.36	14 ~ 22	4 ~ 8	5 ~ 10	32 ~ 67	32 ~ 58	0 ~ 4	8 ~ 22	8 ~ 14
0.075	0 ~ 2.5	0 ~ 2.5	2 ~ 4	2 ~ 10	2 ~ 10	0 ~ 4	1 ~ 4	2 ~ 6

美国得克萨斯州曾采用橡胶沥青拌制 OGFC 沥青混合料，混合料采用 Superpave 设计方法，设计空隙率 18%，结合料用量为 8.5% ~9.5%。尽管橡胶沥青用量比一般改性沥青用量多 2% ~4%，但是混合料未发生析漏。实体工程表明：这种混合料具有较好的抗松散能力和抗反射裂缝的性能。

北京公路所对橡胶沥青 SAC 混合料进行研究，采用一种粗集料含量较高的间断级配，级配见表 6-40。国内外研究资料表明：为适应橡胶沥青的特性，沥青混合料宜采用开级配；特别是胶粉掺量较大时，不宜采用密级配沥青混合料。

橡胶沥青 SAC 混合料级配　　表 6-40

筛孔（mm）	16	13.2	9.5	4.75	2.36	1.18	0.6	0.3	0.15	0.075
SAC-10	—	100	90	30	30	22	16	11	8	6
	—	—	100	40	40	30	23	18	14	10
SAC-13	100	95	60	30	30	22	16	11	8	6
	—	100	80	40	40	30	23	18	14	10

（2）湿法橡胶沥青技术标准

橡胶沥青的技术标准是橡胶沥青生产与应用的重要依据。各国橡胶沥青技术标准差异较大，但其主要指标大多为针入度、软化点、黏度、弹性恢复等。

美国ASTM、FHWA以及亚利桑那州橡胶沥青技术标准根据气候分区，将橡胶沥青分为三档，分别适用于热区、温区和寒区。其中，1992年FHWA技术标准、1997年ASTM技术标准是以针入度作为标准分级；而亚利桑那州橡胶沥青技术标准是以基质沥青等级作为分级标准。佛罗里达州按照胶粉掺量将橡胶沥青分为ARB5、ARB12和ARB20三种类型，其对应的最小胶粉掺量分别为5%、12%和20%，具体指标见表6-41～表6-44。

美国FHWA橡胶沥青技术标准（SA-002-1992）　　表6-41

技术指标		热区（ARB-1）	温区（ARB-2）	寒区（ARB-3）
针入度（25℃）（0.1mm）		25～75	50～100	75～150
软化点（℃）		>54	>49	>43
延度（4℃，1cm/min）（cm）		>5	>10	>20
TFOT	针入度比（%）	>75	>75	>75
	延度比（%）	>50	>50	>50

美国ASTM橡胶沥青技术标准（D6114-1997）　　表6-42

技术指标	1型	2型	3型
黏度（175℃）（Pa·s）	1.5～5.0	1.5～5.0	1.5～5.0
针入度（25℃，100g，5s）（0.1mm）	25～75	25～75	50～100
针入度（4℃，200g，60s）（0.1mm）	>10	>15	>25
软化点（℃）	>57	>54	>52
弹性恢复（25℃）（%）	>25	>20	>10
闪点（℃）	>232	>232	>232
TFOT针入度比（4℃）（%）	>75	>75	>75

亚利桑那州橡胶沥青技术标准　　表6-43

技术指标	A型	B型	C型
基质沥青等级	PG64～16	PG58～22	PG52～28
黏度（175℃）（Pa·s）	1.5～4.0	1.5～4.0	1.5～4.0
针入度（4℃，200g，60s）（0.1mm）	>10	>15	>25

续上表

技术指标	A型	B型	C型
软化点（℃）	>57	>54	>52
弹性恢复（25℃）（%）	>30	>25	>15

佛罗里达州橡胶沥青技术标准 表6-44

技术指标	ARB5	ARB12	ARB20
最小胶粉掺量（%）	5	12	20
基质沥青等级	AC30	AC30	AC20
最低生产温度（℃）	150	150	170
最高生产温度（℃）	170	175	190
最少反应时间（min）	10	15	30
黏度（Pa·s）	>0.4（150℃）	>1.0（150℃）	>1.5（175℃）

1992年版FHWA橡胶沥青技术标准是在普通沥青指标基础上提出的，其技术指标要求较低，并未对黏度指标进行要求。ASTM标准是在亚利桑那州标准基础上提出的，二者较为接近。关于老化后性能要求，仅FHWA与ASTM标准提出相关要求，主要是因为橡胶沥青的耐老化性能较好，出现问题的可能性不大。

由于橡胶沥青中胶粉颗粒的影响，25℃针入度试验的精度较差，而且对胶粉掺量的变化不敏感。为此，ASTM、亚利桑那州采用4℃针入度，并增加配重与贯入时间。另外，加利福尼亚州和得克萨斯州采用锥入度指标来评价橡胶沥青的稠度和抗剪性能。加利福尼亚州和得克萨斯州橡胶沥青技术指标见表6-45。加利福尼亚州和得克萨斯州采用Haake黏度计测试的现场黏度作为标准。

加利福尼亚州和得克萨斯州橡胶沥青技术标准 表6-45

技术指标	得克萨斯州	加利福尼亚州
黏度（Haake）（Pa·s）	1.5~4.5（177℃）	1.5~4.0（191℃）
针入度（25℃，150g，5s）（0.1mm）	>20	25~70
软化点（℃）	>57	52~70
弹性恢复（25℃）（%）	>15	>18

与普通沥青相比，橡胶沥青的技术指标比较简单，测试方法与指标要求也有显著不同。一方面，基质沥青质量要求中已经包含了一些指标，如蜡含量、闪点等；另一方面，针入度、延度、溶解度等指标不适应橡胶沥青这种

大颗粒存在的复合材料。对于橡胶沥青，其核心指标为黏度。黏度指标与基质沥青性质、胶粉掺量、生产工艺有密切相关性，这也是很多标准都对橡胶沥青的黏度进行规范的原因。另外，SHRP 的高温性能指标对橡胶沥青也是有效的。

（3）湿法橡胶沥青混合料配合比设计

总体来说，湿法制备的开级配、间断级配橡胶沥青混合料的性能要优于密级配混合料。开级配提供了充分的空间来容纳较厚的沥青膜，当采用高掺量的橡胶沥青时尤为适用。而密级配混合料由于集料骨架中只保留有限的空间，对厚沥青膜的容纳能力有限，而且密级配沥青混合料对结合料用量与级配的变化较为敏感。密级配沥青混合料最好采用低掺量、较细的胶粉。

交通部公路科学研究院采用橡胶沥青拌制 SAC 类型混合料铺筑路面进行试验研究。同济大学曾对使用橡胶沥青拌制 SMA 混合料进行试验研究。级配采用常用的 SMA-13 级配，混合料采用马歇尔方法进行设计，橡胶沥青用量为 6.4%。试验结果表明，橡胶沥青 SMA 性能具有良好性能。值得注意的是，与用 SBS 改性沥青相比，用橡胶沥青拌制的沥青混合料因其集料表面的油膜比较厚，其用油量要增加 0.4% ~0.5%，否则混合料会显得干涩。

6.3.3　干法橡胶沥青路面技术

干法橡胶沥青路面是采用较粗的橡胶颗粒替代部分细集料，生产过程中直接将废轮胎橡胶粉加入集料中，然后喷入热沥青拌制成橡胶沥青混凝土，铺筑而成的橡胶沥青路面。

干法工艺中橡胶颗粒是充当集料使用，而不是作为沥青的改性剂。橡胶颗粒的掺量一般为混合料质量的 1% ~3%，由于橡胶颗粒与碎石的密度相差较大，在混合料设计过程中需要注意橡胶颗粒对沥青混合料体积参数的影响。

干法工艺可大量消耗废旧橡胶，并具有提高路面使用性能、降低车辆行驶噪声等优点，很多国家和地区对干法橡胶沥青混合料进行了研究和工程应用。但是，干法橡胶沥青路面的主要病害为松散，这是沥青用量与黏结力不足的表现。其原因主要是难以压实。压实后，由于橡胶颗粒的弹性作用，会使混合料慢慢松开，造成橡胶路面松散；另一方面，橡胶颗粒可吸收沥青中轻质组分而造成体积膨胀，因此在混合料摊铺压实后橡胶颗粒体积仍可持续膨胀，这将导致沥青混合料中有效沥青用量的降低，并造成沥青路面开裂、松散。因此，在干法沥青混合料设计时，主要有以下三个关键技术：

（1）必须采用间断级配，以保证沥青混合料中有足够的空间容纳橡胶颗粒。

（2）要采用黏度较高的沥青，以增加沥青对石料的黏结能力，并适当增加沥青用量（增加0.4%～0.5%），弥补由于橡胶颗粒吸收油分使有效沥青含量降低。

（3）最好采用经过预处理的橡胶颗粒，以降低其吸油膨胀的程度并增加橡胶颗粒与沥青的亲和能力。

根据以上分析，干法橡胶沥青混合料宜采用开级配或间断级配，并采用黏度较高的改性沥青。笔者曾对干法橡胶沥青混合料的设计方法进行过专门试验研究。沥青混合料采用SMA-13级配，为保证混合料中有充分的空间来容纳橡胶颗粒，在级配设计中完全间断了2.36～4.75mm的集料，设计级配见图6-8。同时为提高混合料的降噪性能，采用1～3mm的橡胶颗粒，掺量为沥青混合料质量的2%。结合料采用SBS改性沥青，技术指标满足I-D要求。采用马歇尔方法进行配合比设计，马歇尔试件技术次数为75次/面，确定沥青用量为6.6%。橡胶沥青混合料的性能完全满足《公路沥青路面施工技术规范》（JTG F40—2004）中改性沥青SMA的要求。采用这种混合料铺筑的沥青路面具有良好的抗滑、耐久性能，使用2年未发生松散等病害。噪声测试表明，与普通AC路面相比，橡胶沥青路面平均降噪量为2～3dB（A），而且其路用性能比邻近的AC路面优良。

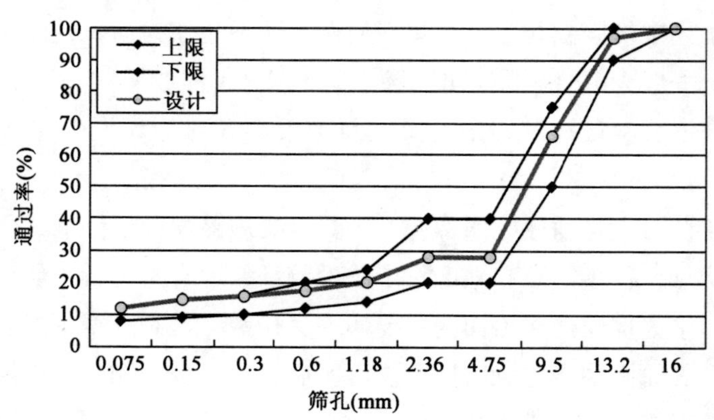

图6-8　干法橡胶沥青混合料设计级配

6.3.4 橡胶沥青路面施工技术

1）原材料

（1）废旧橡胶粉

橡胶粉应选用常温磨细的废轮胎橡胶粉，且宜选择斜交胎胶粉或天然胶含量较高的橡胶粉，橡胶粉应为黑色均质粉末。橡胶粉颗粒粒径宜在 30 ~ 80 目范围内，技术指标与技术要求应符合表 6-46 和表 6-47 的规定。

废轮胎橡胶粉的物理技术指标与技术要求　表 6-46

技术指标	相对密度	水分（%）	金属含量（%）	纤维含量（%）
技术要求	1.10 ~ 1.30	<0.5	<0.05	<0.5

废轮胎橡胶粉的化学技术指标与技术要求　表 6-47

技术指标	技术要求	试验方法
灰分（%）	≤7	GB/T 4498
丙酮抽出物（%）	≤10	GB/T 3516
炭黑含量（%）	≥28	GB/T 14837
橡胶烃含量（%）	≥48	GB/T 14837
天然橡胶含量（%）	≥25	GB/T 13249

橡胶沥青宜采用现场专用设备制备。基质沥青应采用 70 号沥青，其技术要求应符合表 6-48 的规定。橡胶沥青的技术要求应符合表 6-49 的规定。

基质沥青技术要求　表 6-48

技术指标		单位	技术要求	试验方法
针入度（25℃）		0.1mm	60 ~ 80	T 0604
针入度指数 PI		—	−1.5 ~ +1.0	T 0604
软化点（环球法）		℃	≥46	T 0606
动力黏度（60℃）		Pa·s	≥180	T 0620
延度（10℃）		cm	≥20	T 0605
延度（15℃）		cm	≥100	T 0605
薄膜烘箱试验（163℃，5h）残留物	质量变化	%	±0.8	T 0609
	针入度比	%	≥61	T 0604
	延度（10℃）	cm	≥6	T 0605
蜡含量（蒸馏法）		%	≤2.2	T 0615
闪点（COC）		℃	≥260	T 0611
溶解度（三氯乙烯）		%	≥99.5	T 0607
相对密度（25℃/25℃）		—	实测	T 0603

橡胶沥青技术要求 表6-49

技术指标	单位	技术要求	试验方法
180℃旋转黏度	Pa·s	2.0~5.0	T 0625
针入度（25℃）	0.1mm	30~60	T 0604
软化点（环球法）	℃	≥60	T 0606
弹性恢复	%	≥60	T 0662
延度（5℃）	cm	≥5	T 0605

（2）粗集料

橡胶沥青混合料用粗集料应采用石质坚硬、清洁、干燥、不含风化颗粒、近立方体颗粒的碎石。粗集料技术要求应符合表6-50的规定，表面层所用粗集料与沥青的黏附性应达到5级。

粗集料技术要求 表6-50

指标	单位	高速公路、一级公路 城市快速路、主干路		其他等级公路	试验方法
		上面层	中/下面层		
石料压碎值	%	≤26	≤28	≤30	T 0316
高温压碎值	%	≤28	≤30	—	DG/T J08-2074 附录A
洛杉矶磨耗损失	%	≤28	≤30	≤35	T 0317
磨光值	—	>42	—	—	T 0321
表观相对密度	—	≥2.60	≥2.50	≥2.45	T 0304
吸水率	%	≤2.0	≤3.0	≤3.0	T 0304
坚固性	%	≤12	≤12	—	T 0314
针片状颗粒含量（混合料）	%	≤15	≤18	≤18	T 0312
其中粒径大于9.5mm	%	≤12	≤15	—	T 0312
其中粒径小于9.5mm	%	≤18	≤20	—	T 0312
水洗法<0.075mm颗粒含量	%	≤1	≤1	≤1	T 0310
软石含量	%	≤3	≤5	≤5	T 0320

（3）细集料

橡胶沥青混合料用细集料应采用坚硬、洁净、干燥、无风化、无杂质并有适当级配的碎石石屑或机制砂。细集料技术要求应符合表6-51的规定。

细集料技术要求　　表6-51

技术指标	单　位	技术要求	试验方法
表观相对密度	—	≥2.50	T 0328
坚固性（>0.部分3mm）	%	≤12	T 0340
砂当量	%	≥60	T 0334
亚甲蓝值	g/kg	≤25	T 0349
棱角性（流动时间）	s	≥30	T 0345

（4）填料

橡胶沥青混合料用填料应采用石灰石矿粉、消石灰粉或水泥，不得使用回收粉尘。矿粉应干燥、清洁，能从矿粉仓中自由流出。矿粉技术要求应符合表6-52的规定。可采用水泥或消石灰粉替代矿粉，消石灰掺量宜为矿料总质量的1%～3%，水泥可部分或全部替代矿粉。

矿粉技术要求　　表6-52

<table>
<tr><th colspan="2">技术指标</th><th>单　位</th><th>技术要求</th><th>试验方法</th></tr>
<tr><td colspan="2">表观密度</td><td>g/cm^3</td><td>≥2.50</td><td>T 0352</td></tr>
<tr><td colspan="2">含水率</td><td>%</td><td>≤0.5</td><td>T 0103</td></tr>
<tr><td rowspan="3">粒度范围</td><td><0.6mm</td><td>%</td><td>100</td><td>T 0351</td></tr>
<tr><td><0.15mm</td><td>%</td><td>90～100</td><td>T 0351</td></tr>
<tr><td><0.075mm</td><td>%</td><td>85～100</td><td>T 0351</td></tr>
<tr><td>亲水系数</td><td>—</td><td>—</td><td><1</td><td>T 0353</td></tr>
<tr><td>塑性指数</td><td>%</td><td>%</td><td><4</td><td>T 0354</td></tr>
<tr><td>外观</td><td>—</td><td>—</td><td>无团粒结块</td><td>—</td></tr>
</table>

2）配合比设计

（1）设计要求

橡胶沥青混合料可分为开级配和密级配两类。对于密级配橡胶沥青混合料，应采用间断型级配。橡胶沥青混合料的配合比设计应包括目标配合比设计、生产配合比设计和试拌试铺验证三个阶段。配合比设计可采用马歇尔试验方法进行。橡胶沥青混合料的技术要求应符合表6-53的规定。

橡胶沥青混合料马歇尔试验技术指标　　表 6-53

技术指标	单位	密级配混合料 AR-AC	橡胶沥青玛蹄脂 AR-SMA	开级配混合料 AR-OGFC
马歇尔试件击实次数	次	双面各 75	双面各 50	双面各 50
马歇尔试件尺寸	mm	ϕ101.6×63.5	ϕ101.6×63.5	ϕ101.6×63.5
空隙率	%	3~5	3~5	15~22
稳定度	kN	≥7	≥6	≥4.5
沥青饱和度	%	70~85	75~85	—
矿料间隙率	%	≥13	≥17	—
析漏损失	%	—	≤0.1	≤0.3
肯塔堡飞散损失	%	—	≤15	≤15

注：重载公路时，击实次数宜为双面各 75 次。

（2）性能检验

橡胶沥青混合料性能要求应符合下列规定：

①应采用车辙试验检验橡胶沥青混合料的高温稳定性，高温稳定性技术要求应符合表 6-54 的规定。

橡胶沥青混合料高温稳定性技术要求　　表 6-54

交通等级	结构层位	动稳定度（次/mm）
轻、中	上	≥2000
	中、下	≥1500
重	上、中	≥3500
	下	≥2000
特重	上、中	≥5000
	下	≥3000

②应采用浸水马歇尔试验和冻融劈裂试验检验橡胶沥青混合料的水稳定性。橡胶沥青混合料的水稳定性技术要求应符合表 6-55 的规定。

橡胶沥青混合料水稳定性技术要求　　表 6-55

技术指标	单位	上面层	中、下面层
马歇尔残留稳定度	%	≥85	≥80
冻融劈裂强度比	%	≥80	≥75

③应采用低温弯曲试验检验橡胶沥青混合料的低温性能。橡胶沥青混合料低温弯曲试验的破坏应变宜大于 2500$\mu\varepsilon$。

3）施工工艺

（1）施工准备

橡胶沥青路面工程正式开工前，应铺筑试验路段，进行橡胶沥青混合料的试拌与试铺试验，确定施工参数，制定正式的施工程序。

（2）橡胶沥青及橡胶沥青混合料生产

①橡胶沥青的生产和存储应符合下列规定：

a. 橡胶沥青宜采用可以加速升温与控温的专用设备加工生产。

b. 橡胶沥青加工搅拌时间宜大于45min。

c. 生产的橡胶沥青宜在24h内使用完毕。当需要临时储存，应将橡胶沥青温度降到145～155℃范围内存储，存储时间不应超过3d。在存储期间应检测橡胶沥青技术指标是否满足技术要求，如不满足要求，应重新加工或掺加一定剂量的废轮胎胶粉，重新预混，反应至满足技术要求。

②橡胶沥青混合料的生产和存储应符合下列规定：

a. 橡胶沥青混合料宜采用间歇式拌和机拌和，总的拌和能力应满足施工进度要求。

b. 橡胶沥青混合料拌和时间应根据具体情况试拌决定，以沥青均匀裹覆集料为度。间歇式拌和机每盘生产周期不宜少于50s，其中干拌时间不宜小于15s。

c. 橡胶沥青混合料拌和温度应符合表6-56的规定。

橡胶沥青路面施工温度要求　　表6-56

工　序	控制温度（℃）	测 量 部 位
橡胶沥青加热温度	180～190	沥青加热罐
集料加热温度	190～200	热料提升机
混合料出料温度	175～185	运料车
混合料最高温度	≤195	运料车
摊铺温度	≥165	摊铺机
初压开始温度	≥160	摊铺层内部
复压最低温度	≥140	碾压层内部
碾压终了温度	≥90	碾压层表面
开始交通温度	≤50	路表面

d. 橡胶沥青混合料宜随拌随用，储存时间不宜超过10h，存储过程中温降不得大于10℃。

（3）橡胶沥青混合料的运输

①橡胶沥青混合料宜采用大吨位的自卸车辆运输，车辆的数量应与摊铺机的数量、摊铺能力、运输距离相适应，在摊铺机前应形成一个不间断的供料车流。

②运料车每次使用前后应打扫干净，在车厢板上涂刷沥青隔离剂或防黏剂，但不得有余液积聚在车厢底部。使用油水混合料作隔离剂时，应严格控制油和水的比例。

③橡胶沥青混合料在运输过程中应采用苫布或棉被覆盖。

④运料车到工地后，应由专人逐车检测温度，橡胶沥青混合料温度应符合表 6-56 的规定。

⑤摊铺过程中，运料车应在摊铺机前 1～3m 处等候，由摊铺机顶住运料车，运料车应边前进边缓缓卸料，运料车卸料时，每次应倾倒干净，如有剩余应及时清除。

（4）橡胶沥青面层的铺筑

①橡胶沥青混合料宜采用履带式摊铺机摊铺，摊铺温度应符合表 6-56 的规定，每台机器的摊铺宽度宜小于 7m。

②橡胶沥青路面宜采用两台或多台摊铺机前后错开 10～20m 呈梯队方式同步摊铺。摊铺机宜采用非接触式平衡梁控制摊铺厚度。摊铺过程中，应随时检查摊铺层厚度及路拱、横坡。

③摊铺机必须缓慢、均匀、连续不间断地摊铺，不得随意变换速度或中途停顿。摊铺速度宜控制在 1～3m/min。

④橡胶沥青混合料的松铺系数应通过试验路段的试铺确定。

⑤橡胶沥青混合料的压实应分为初压、复压与终压三个阶段，各阶段压实应遵循紧跟、慢压的原则进行。橡胶沥青面层的碾压温度应符合表 6-56 的规定，具体的碾压速度与碾压温度应根据压路机、气温、层厚等情况经试压确定。

a. 橡胶沥青路面宜采用多台钢筒式压路机，压路机轮迹的重叠宽度不应少于 20cm。

b. 初压应在混合料摊铺后，紧跟摊铺机进行碾压，碾压长度不应大于 30m，不得产生推移、开裂，压路机应从下坡角向上坡角碾压，相邻碾压带应重叠 30cm。

c. 复压应采用钢筒振动压路机高频低幅振动碾压，当橡胶沥青面层厚度较薄或用于桥面铺装时，宜采用水平振荡压路机。

⑥在有超高的路段施工时，应先从低的一侧开始碾压，逐步向高的一侧碾压。

⑦碾压过程中碾压轮应保持清洁，可对钢轮涂刷隔离剂或防黏结剂，严禁刷柴油或喷水。

⑧橡胶沥青面层的接缝处理应符合下列规定：

a. 橡胶沥青面层的施工接缝应紧密、平顺。

b. 采用梯队作业的纵向接缝应采用热接缝，橡胶沥青面层的纵向接缝与下部结构层的纵向接缝应错开15cm。

c. 橡胶沥青面层的横向接缝应采用垂直的平接缝，相邻两幅橡胶沥青面层的横向接缝应错开1m以上。橡胶沥青面层与下部结构层的横向接缝应错开1m以上。

（5）橡胶沥青应力吸收层施工

①橡胶沥青应力吸收层施工前，应对下承层进行清扫与冲洗，并对病害进行处理。

②在下承层上应涂洒沥青，白改黑的水泥混凝土路表面黏层沥青用量宜为0.2～0.3kg/m^2，半刚性基层表面透层沥青用量宜为1.0kg/m^2。

③橡胶沥青的喷洒与碎石的撒布宜采用同步碎石封层车进行，橡胶沥青的温度宜控制在180～190℃，按照设计的橡胶沥青与碎石用量进行洒（撒）布。同步碎石封层车应平稳、匀速行驶，其作业速度宜为3～6km/h。

④碎石撒铺之后，应对局部重叠、多余石料进行扫除，局部石料不足区域应进行人工补料，并应立即进行碾压，应采用胶轮压路机进行压实，两台胶轮压路机同时作业，碾压遍数宜为2～3遍。

⑤施工完成后，应对橡胶沥青应力吸收层表面进行清扫，清除没有黏结牢固的松散碎石。

（6）开放交通及其他

①摊铺结束后，橡胶沥青路面应自然冷却，在施工完毕24h后可开放交通。

②铺筑好的橡胶沥青层应严格控制交通，3d之内重车不得通过；保持整洁，不得造成污染，严禁在面层上堆放杂物。

4）施工质量检验

（1）施工过程质量管理与检查

橡胶沥青混合料生产过程中，原材料的检查项目与频度应符合表6-57的规定，其技术要求应符合规定。

原材料的检查项目与频度 表6-57

序号	材料	检查项目	检查频度	平行试验次数或一次试验的试样数
1	粗集料	外观（品种、含泥量等）	随时	—
		针片状颗粒含量	随时	2~3
		颗粒组成（筛分）	随时	2
		压碎值	必要时	2
		磨光值	必要时	4
		洛杉矶磨耗值	必要时	2
		含水率	必要时	2
2	细集料	颗粒组成（筛分）	随时	2
		砂当量	必要时	2
		含水率	必要时	2
		松方单位重	必要时	2
3	矿粉	外观	随时	—
		<0.075mm含量	必要时	2
		含水率	必要时	2
4	基质沥青	针入度（25℃）	每天1次	3
		软化点	每天1次	2
		延度（10℃）	每天1次	3
		含蜡量	必要时	2~3
5	橡胶沥青	针入度（25℃）	每天1次	3
		软化点	每天1次	2
		延度（5℃）	必要时	3
		黏度（180℃）	每批1次	3
		弹性恢复	每批1次	3

沥青混合料拌和厂必须对橡胶沥青混合料生产过程进行质量控制。橡胶沥青混合料检查项目与频度应符合表 6-58 的规定。

橡胶沥青混合料检查项目和频度　　表 6-58

项　目		检查频度及单点检验评价方法	质量要求或允许偏差	试 验 方 法
矿料级配（筛孔）	0. 075mm	逐盘在线检测	±2%	计算机采集数据计算
	≤2. 36mm		±4%	
	≥4. 75mm		±5%	
	0. 075mm	逐盘检查，每天汇总 1 次取平均值评定	±1%	JTG F40—2004 附录 G 总量检验
	≤2. 36mm		±2%	
	≥4. 75mm		±2%	
	0. 075mm	每台拌和机每天 1 ~ 2 次，以 2 个试样的平均值评定	±2%	T 0725 抽提筛分与标准级配比较的差
	≤2. 36mm		±3%	
	≥4. 75mm		±4%	
沥青用量（油石比）		逐盘在线监测	±0. 2%	计算机采集数据计算
		逐盘检查，每天汇总 1 次取平均值评定	±0. 1%	JTG F40—2004 附录 F 总量检验
		每台拌和机每天 1 ~ 2 次，以 2 个试样的平均值评定	±0. 2%	抽提 T 0722、T 0721
马歇尔试验：空隙率、稳定度、流值		每台拌和机每天 1 ~ 2 次，以 4 ~ 6 个试件的平均值评定	符合规范规定	T 0702、T 0709、JTG F40—2004 附录 B、附录 C
浸水马歇尔试验		必要时（试件数同马歇尔试验）	符合规范规定	T 0702、T 0709
车辙试验		必要时（以 3 个试件的平均值评定）	符合规范规定	T 0719
谢伦堡沥青析漏量		必要时（以 2 个试样的平均值评定）	符合规范规定	T 0732
20℃肯塔堡飞散损失率		必要时（试件数同马歇尔试验）	符合规范规定	T 0733
冻融劈裂强度比		必要时（试件数同马歇尔试验）	符合规范规定	T 0729

橡胶沥青应力吸收层施工过程检查项目与频度应符合表 6-59 的规定。

橡胶沥青面层施工过程检查项目和频率　　表 6-59

项　目	检查频度及单点检验评价方法	质量要求或允许偏差	试验方法
橡胶沥青黏度	每批检查 1 次	符合规范规定	T 0625
橡胶沥青用量	每半天 1 次	设计用量 ±0.2kg/m^2	测量单位面积沥青用量
集料用量	每半天 1 次	设计用量 ±0.2kg/m^2	测量单位面积集料用量
外观检查	随时	外观均匀一次，与下承层牢固黏结，不起皮，无掉粒松散	目测

橡胶沥青混合料与橡胶沥青应力吸收层在施工过程中的其他质量管理应符合《公路沥青路面施工技术规范》（JTG F40）或《城镇公路工程施工与质量验收规范》（CJJ1）的规定。

（2）交工验收阶段的工程质量检查与验收

排水沥青面层交工检查与质量验收标准应符合前文中表 6-16 的规定。

交工程验收阶段，橡胶沥青混合料应每 2000m^2 检测一组压实水平，应采用压实度和现场空隙率双指标控制。橡胶沥青面层工程质量检查与验收标准应符合表 6-60 的规定。

橡胶沥青面层质量检查与质量验收标准　　表 6-60

层位	上面层		中、下面层	计算标准
混合料类型	密级配	开级配	密级配	
压实度（%）	≥98	≥98	≥97	试验室标准密度
现场空隙率（%）	≤7	15～22	≤8	混合料最大理论密度

（3）注意事项

①橡胶沥青面层不得在雨雪天气及环境温度低于 10℃时施工。

②橡胶沥青路面应包括橡胶沥青混合料面层与橡胶沥青应力吸收层等结构层。

6.4　长寿命沥青路面技术

目前，我国公路较多采用半刚性基层沥青路面，依据半刚性基层在使用过程中的疲劳损坏性状和半刚性基层沥青路面结构设计理论，路面损坏分为两个阶段：半刚性基层出现疲劳损坏阶段和沥青面层疲劳损坏阶段。力学分析表明，在沥青层与半刚性基层的界面连续条件下，沥青层底处于受压状态；在滑动界面条件下，沥青层底会出现受拉状态，出现拉应力（拉应变）会对沥青路面的寿命产生不利影响，但沥青层疲劳寿命仍大于半刚性基层，即半刚性基层早于沥青面层先达到损坏标准而出现疲劳开裂破坏。当沥青层较薄时，半刚性基层沥青路面结构设计受控于路面底部的疲劳开裂破坏，沥青面层底面的拉应力验算指标不会对结构厚度起控制作用，往往半刚性基层先期发生损坏，这种问题致使路面服务性能降低较快，路面的服务年限缩短，许多公路设计使用寿命 15 ~ 20 年，实际服务年限却为 5 ~ 8 年，有的甚至出现了通车一两年内即进行大中修的现象。路面使用寿命的降低，造成了极大的经济损失和不良的社会影响。因此，近些年长寿命沥青路面的理念逐渐引进到国内，并有所应用。本节根据国外研究、国内的应用及完善，提出长寿命沥青路面设计方法。

6.4.1　长寿命沥青路面概述

长寿命路面设计理念由澳大利亚和英国的工程师首先提出。20 世纪 60 年代，澳大利亚的公路工程师利用“富油基层”的概念设计了多条沥青层厚度在 200 ~ 345mm 的公路。在英国，由于 20 年的设计寿命已无法满足快速增长的交通量的需要，又展开了长寿命公路的研究。通过研究，推荐典型结构如下：在准备好的土基上铺筑三层：上层为 2 ~ 3cm 的磨耗层，中层为 20 ~ 40cm 的高模量沥青稳定基层，下层为一定厚度的底基层，如图 6-9 所示。这样可以保证路面不会出现基层的疲劳开裂，保障了路面的长久使用性能。

图 6-9　长寿命沥青路面

欧洲国家的长寿命路面理念（图6-10）可归纳为以下几点：

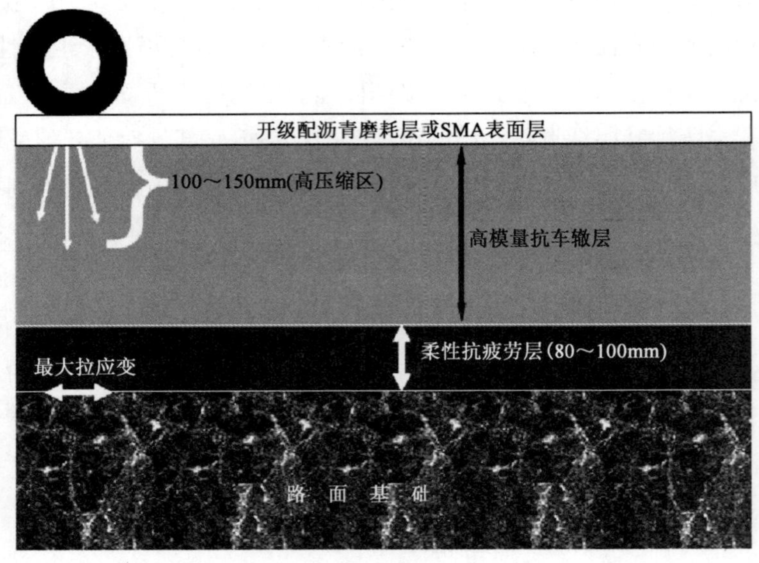

图6-10　长寿命沥青路面设计理念

（1）使用寿命：大于40年。

（2）裂缝：对于长寿命沥青路面，沥青层厚度较大，自下而上的裂缝不会发生，裂缝主要产生于沥青面层表面并由上向下发展（Top-Down裂缝），绝大多数为纵向裂缝，位置在轮迹两侧，也有横向表面裂缝，但很少见。

（3）车辙：对于沥青层，英国法国硬质沥青的使用是与长寿命路面结构的使用相结合；采用刚度更大的基层材料，如HMB15、HMB25、HMB35三种高模量沥青混合料，结构性车辙都不会发生，只会发生表面层车辙。

（4）疲劳寿命：数据统计分析表明，多于90%的残余寿命差别是由沥青用量和沥青硬度的不同而引起的，沥青的老化则是疲劳寿命差异的主要影响因素。

（5）沥青的养生：主要结构层的逐渐硬化对公路有利。确切地说，沥青的老化是一种养生过程，不希望磨耗层过度老化，会导致路面从表层开裂，基层使用的沥青针入度为100（0.1mm），20年后其针入度会降至20（0.1mm）甚至更低。TRL对AC养生研究表明：公路在使用期间，沥青碎石基层劲度会逐渐增长至原来的4倍或者更高，这种变化对长寿命路面的设计有重大意义。

(6) 路面强度：沥青在养生作用下公路劲度随时间增加，路表弯沉随时间而减小；施工良好的厚沥青路面荷载扩散能力提高，沥青基层不会出现因交通诱发的破坏。

在美国，长寿命路面被称作长效性或永久性路面。美国沥青路面协会（APA）关于永久性路面的定义为：路面使用年限至少为 35 年，并且在使用年限内确保路面不发生结构性破坏，只需进行周期性养护，平均罩面时间不小于 12 年。

在日本，长期使用路面简称 LSP，它的设计目标是拥有 2 倍于现行路面的使用性能，因功能破坏而维修的周期在 15 年以上，结构性寿命为 40 ~ 60 年。为了达到这一目标，在设计时可着眼于：

(1) 提高路基承载力。

(2) 采用不容易产生流动变形、刚性大的基层，而且底基层也得以强化。

(3) 面层使用抗车辙性很强的材料。

目前，对于长寿命路面的设计寿命，国内外也没有形成统一的标准。各国对长寿命路面的寿命期望值为 30 ~ 50 年不等，见表 6-61。美国沥青路面协会关于永久性路面的定义为至少达到 35 年的设计寿命，而美国各州之间对于永久性路面的定义又有所不同，各州期望的永久性路面的设计寿命在 30 ~ 50 年，日本则定义长期使用路面的使用寿命在 20 ~ 40 年。

各地区长寿命路面设计年限　　表 6-61

地区/国家	西弗吉尼亚州	堪萨斯州	俄亥俄州	华盛顿州	威斯康星州	犹他州	加利福尼亚州
年限	40	30	35	40	50	30 ~ 50	35
地区/国家	科罗拉多州	伊利诺伊州	夏威夷州	美国 AASHTO	俄勒冈州	美国 FHWA	西班牙
年限	40	40	30 ~ 50	30 ~ 50	30 ~ 35	≥35	30
地区/国家	德国	英国	法国	南非	日本	加拿大	澳大利亚
年限	30 ~ 40	40	30 ~ 40	30 ~ 40	20 ~ 40	30 ~ 40	20 ~ 40

综合相关国家的研究，40 年是长寿命路面设计比较适中的一个年限，也就是说，长寿命路面是指路面设计年限超过 40 年的路面结构。其应具备以下特点：

（1）设计年限达到40年以上。

（2）在设计年限期间，不发生结构性破坏，路面的损坏只发生在表面功能层。

（3）只进行日常养护，不需要进行结构性大修，即不需要对主要承重层大修。

（4）沥青面厚度较大，因此，初期费用可能偏高，但维修费用低，在寿命周期内最经济，如图6-11所示。

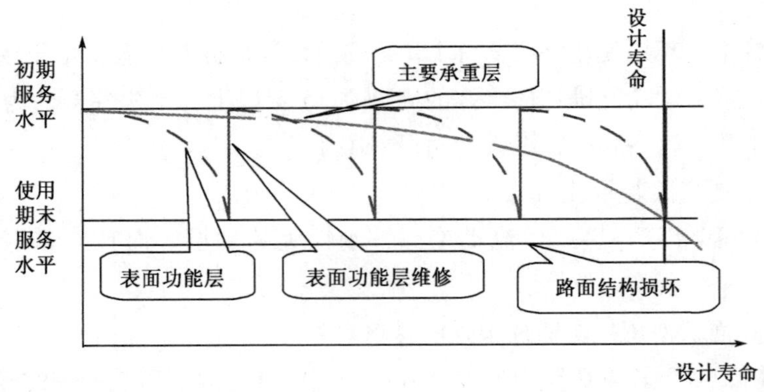

图6-11　长寿命沥青路面使用寿命示意图

6.4.2　长寿命沥青路面结构

各国与各地长寿命路面结构不同，欧洲的见表6-62，日本的见表6-63。

欧洲长寿命路面结构　　表6-62

国　家	公路名称	路面结构
英国	M6	38mm 热压 AC + 68mm 粗粒式 AC + 63mm 热压 AC + 190mm 贫混凝土
德国	A5	37mm 浇筑式 AC + 200mmAC 基层 + 150mm 稳定底基层
法国	Peripherique	40mm 排水面层 + 220mm 高模量 AC 基层
奥地利	Brenner	27mm 细粒式 AC + 30mm 粗粒式 AC + 45mm 粗粒式 AC + 140mm 密级配沥青碎石 + 160mm 开级配沥青碎石
意大利	DelSole	30mm 中粒式 AC + 70mm 粗粒式 AC + 150mm 沥青碎石 + 360 级配砂砾

日本长寿命路面结构　　表6-63

面　层	基　层	底 基 层
50mm 低噪声面层	250mm 连续配筋混凝土基层	400mm 水泥稳定处理底基层
50mm 低噪声面层	250mm 碾压混凝土基层	400mm 水泥稳定处理底基层
50mm 低噪声面层	50mm 高强度改性沥青联结层 +300mm 预制钢筋混凝土板	300mm 水泥稳定处理底基层
50mm 低噪声面层	150mm 改性沥青Ⅱ型半刚性联结层 +200mm 高强度水泥处治混凝土	400mm 水泥稳定处理底基层
50mm 低噪声面层	150mm 大粒径改性沥青混合料基层	200mm 沥青稳定处理底基层 +300mm 水泥稳定处理底基层

美国长效路面常见结构类型见表6-64。从表中可以看出，其长效性路面通常采用柔性结构，路基强度较高时，可以采用全厚式；路基强度不足时，加铺粒料基层或沥青碎石基层。面层结构组合是长寿命路面设计的关键，面层结构必须结合各部分功能特点进行组合。

美国部分州永久性路面结构　　表6-64

加利福尼亚州 （710号洲际公路）	25mm OGFC +75mm 中面层 +125mm 下面层 +200mm 处置后水泥破碎 +150mm 水泥处治基层
密歇根州	组合1：50mm Superpave +65mm 中面层 +100mm 下面层 +380mm 基层 +345mm 抗冻处置土基 组合2：50mm Superpave +100mm 中面层 +140mm 下面层 +250mm 基层 +315mm 抗冻处置土基 组合3：100mm 上面层 +165mm 下面层 +330mm 基层 +220mm 抗冻处置土基 组合4：100mm 上面层 +205mm 下面层 +430mm 基层 +200mm 抗冻处置土基
威斯康星州	组合1：50mm 上面层 +90mm 中面层 +90mm 下面层 +100mm 开级配基层 +200mm 碎石基层 组合2：50mm 上面层 +90mm 中面层 +90mm 下面层 +100mm 开级配基层 +430mm 破碎结合料基层

美国沥青路面协会提出面层分为3层：

（1）上面层：厚40～75mm，要求具有良好的抗车辙能力、抗老化性能、低温性能和良好的表面特性。

（2）中面层：厚100～175mm，要求具有较高的模量和抗车辙性能。

（3）下面层：厚75～100mm，要求具有抗疲劳和抗水损坏能力。

美国长寿命路面的特点是：①欧洲设计理念的延续和发展；②使用寿命大于30年，罩面层15~20年以后进行修复；③结构形式为全厚式沥青混凝土路面和高强度厚沥青路面的发展；④提出疲劳极限的概念。

可以看出，随着一些西方国家沥青路面应用技术发展和实践经验的积累，在沥青路面结构设计和设计理念方面取得了进一步发展，近十几年在路面结构技术上主要有以下重要发展趋势：

（1）增加路面结构设计年限，由以前的15~20年，提高到现在的30~40年，甚至50年。

（2）增加沥青层的厚度。有些国家甚至规定，沥青层不小于18cm或者20cm，最后达到40~50cm。

（3）提高路基土的强度。

国内引入了长寿命路面设计理念，在江苏、山东、广州及河南各省铺装了实体工程。江苏省沿江高速公路长寿命路面试验路结构见表6-65。

沿江高速长寿命路面结构 表6-65

<table>
<tr><th>结构方案 A</th><th>结构方案 B</th><th>结构方案 C</th><th>结构方案 D</th><th>结构方案 E</th></tr>
<tr><td>SMA-13 4cm</td><td>SMA-13 4cm</td><td>SMA-13 4cm</td><td>SMA-13 4cm</td><td>SMA-13 4cm</td></tr>
<tr><td>CDAC-20 6cm</td><td>CDAC-20 6cm</td><td>CDAC-20 6cm</td><td>CDAC-20 6cm</td><td>CDAC-20 6cm</td></tr>
<tr><td>CDAC-25 8cm</td><td rowspan="2">CRCP 26cm</td><td>CDAC-25 8cm</td><td>CDAC-25 8cm</td><td>CDAC-25 8cm</td></tr>
<tr><td>ATB-25 18cm</td><td>ATB-25 7cm</td><td>ATB-25 7cm</td><td>CS 基层 19cm</td></tr>
<tr><td>FDAC-13 9cm</td><td rowspan="2">CS 基层 20cm</td><td>GRH 15cm</td><td>GRH 15cm</td><td rowspan="2">CS 基层 19cm</td></tr>
<tr><td>GRH 16cm</td><td>CS 基层 16cm</td><td>CS 基层 16cm</td></tr>
<tr><td>二灰土基土 15cm</td><td>二灰土基土 20cm</td><td>二灰土基土 20cm</td><td>二灰土基土 20cm</td><td>二灰土基土 15cm</td></tr>
</table>

注：CRCP-连续配筋混凝土路面；CS-水泥稳定碎石；ATB-沥青稳定碎石；GRH-级配碎石。

沪宁高速公路改建试验段也采用了多种结构形式，见表6-66。

沪宁改建路面结构 表6-66

<table>
<tr><th>结 构 类 型</th><th colspan="2">结 构 方 案</th></tr>
<tr><td rowspan="4">半刚性基层沥青路面</td><td>面层</td><td>4cm SMA-13 + 8cm Sup19 + 15cm Sup25</td></tr>
<tr><td>基层</td><td>1cm 稀浆封层 + 36cm 水泥稳定碎石</td></tr>
<tr><td>底基层</td><td>15cm 二灰土</td></tr>
<tr><td>路基</td><td>土基</td></tr>
<tr><td rowspan="4">刚性基层沥青路面</td><td>面层</td><td>4cm SMA-13 + 8cm Sup20 + 1cm SBS 防水黏结层</td></tr>
<tr><td>基层</td><td>26cm 连续配筋水泥混凝土 + 20cm 水泥稳定碎石</td></tr>
<tr><td>底基层</td><td>19.5cm 二灰土 + 0.5cm 下封层</td></tr>
<tr><td>路基</td><td>土基或 EPS 路基</td></tr>
</table>

续上表

结构类型	结构方案	
全厚式沥青路面	面层	4cm 细粒式 HMA + 8cm 中粒式 HMA
	基层	27cm 沥青稳定碎石
	底基层	40cm 石灰土
	路基	土基
复合基层沥青路面	面层	4cm 细粒式 HMA + 8cm 中粒式 HMA
	基层	16cm 沥青稳定碎石 + 20cm 级配碎石
	底基层	31cm 水泥稳定碎石
	路基	EPS 路基

沪宁高速公路改建试验段还请美国专家设计了一种长寿命结构作为参考，见表 6-67。

沪宁高速长寿命路面结构　　表 6-67

各结构层	厚度（mm）
SMA-13（OGFC）	50
抗车辙 HMA	80
抗车辙 HMA	80
HMA 基层	160
级配碎石	220
回收沥青混凝土	200

山东省滨州地区采用了长寿命的路面结构，各层厚度见表 6-68。

山东长寿命路面结构　　表 6-68

各结构层	土基回弹模量					
	35MPa			85MPa		
	AASHTO	永久性 70με	耐久性 100με	AASHTO	永久性 70με	耐久性 100με
SMA	5cm	5cm	5cm	5cm	5cm	5cm
AC-20	5cm	14cm	8cm	8cm	8cm	6cm
AC-25	20cm	18cm	10cm	10cm	18cm	8cm
排水层 LSPM	14cm	14cm	14cm	10cm	10cm	10cm
抗疲劳层	10cm	10cm	10cm	10cm	10cm	10cm
合计	57cm	61cm	47cm	43cm	51cm	39cm

广梧（广州—梧州）高速长寿命试验路结构见表6-69。

广州—梧州高速公路长寿命路面结构 表6-69

结　构　一		结　构　二	
结构层	厚度（cm）	结构层	厚度（cm）
SMA-13	4	SMA-13	4
AC16-I	13	AC16-I	13
AC25-I	8	AC25-I	15
水泥稳定碎石	32	级配碎石	40

河南许尉高速采用了长寿命复合式路面结构见表6-70。

长寿命复合式路面结构 表6-70

各 结 构 层	厚度（cm）
改性沥青混合料面层	4
应力吸收层	2
水泥混凝土面层	28
防水黏结层	1.5
二灰碎石基层	18
石灰土或固化剂处理路床	20
冲击压实处理路床	影响深度80

6.4.3　长寿命路面设计方法

根据目前国内外研究与应用成果，提出长寿命路面设计方法。

1）设计原则

从长寿命路面概念可以看出，其结构设计必须保证路面结构在长达40年以上寿命期内不发生结构性破坏，损坏仅发生在表面层。这就对路面结构设计提出了很高的要求。要满足此要求，在设计时就应遵循一些基本原则。

（1）高的路基稳定性

路基是路面结构的基础，也是路面结构的工作平台，良好的土基可大大改善路面结构的水温状况，所以长寿命路面结构同其他路面结构类型一样，要求路基具有一定的承载能力，以便在环境和荷载作用下产生尽可能小的不均匀变形，从而为其上结构层提供稳定均匀的支承。否则，在结构层底就有可能产生过量的应力，进而引发各种病害的产生，如路面发生局部沉陷等。

对于长寿命路面结构来讲，在设计时应尽可能地提高路基的承载能力，以便为路面结构层提供长期稳固的支承。

推荐我国长寿命沥青路面的路基顶面回弹模量大于50MPa，否则必须进行处治。

（2）良好的材料性能

对于长寿命路面结构而言，其面层材料首先应具有较高的强度和温度、水稳定性，以抵抗大规模车辆荷载的重复作用引起的车辙，同时避免水损坏，确保行车安全性。也就是说，要求对面层的材料进行深入研究和特殊设计。除此之外，长寿命路面结构对主要承重层材料的要求也很高，以确保结构层在使用寿命期内不发生疲劳破坏。半刚性材料以及混凝土、柔性基层原则上可用于长寿命沥青路面的基垫层。

（3）合理的路面结构组成设计

合理的路面结构组合可以延缓或者防止路面结构结构性破坏，确保路面结构的长寿命。所以长寿命路面结构设计时就要考虑路面各结构层的功能，充分发挥其整体性能，避免在长的寿命期内发生早期性损坏。对于表面层，因其承受荷载、温度应力最大，又直接暴露在空气中，所以必须选择抗车辙、抗裂缝、抗磨耗、稳定、耐久、密水、粗糙抗滑的混合料和结构。在表面层不能满足使用性能后，只需要铣刨表面层重新加铺。下面的结构层主要是抵抗疲劳，同时考虑抗裂性能，这样整个结构层就可以长期使用。路基、垫层、底基层、基层也要与长寿命路面结构设计的思想相一致。

（4）一定的结构层厚度

路面结构层厚度一直是长寿命路面结构设计时所关心的问题。就目前国内外所提出的长寿命路面观点，必须铺筑足够厚度的结构层，只有这样才能确保不发生结构性破坏。我国高等级公路面层厚度往往不足，很难达到很长的使用期。就混凝土路面来讲，我国高等级公路混凝土路面的设计板厚基本为24～26cm，很少有28cm厚的高速公路混凝土路面板。从其使用现状来看，无疑达不到混凝土路面30年的设计使用寿命。要实现路面使用的长寿命，这就要求结构层有足够的厚度，才能实现路面只有表层损坏，维修只需铣刨表面层，再重新加铺罩面，就能保证路面长时间地使用下去。长寿命路面结构要确保很长的设计使用期，路面结构层必须要达到一定厚度，这是延长长寿命路面寿命的重要方法。

(5) 充分考虑排水问题

水是造成路面破坏的重要原因之一。路面上的降水，一部分通过横坡和纵坡流向路肩和路基，还有部分水可能会通过路表的接缝、裂缝和路面与路肩的交接处渗入路面结构内。所以在路面结构设计时，要与排水设计相结合，做到防排结合。

2）结构设计组合

目前沥青路面结构有以下几类，见表6-71，欧美国家采用的长寿命路面主要是全厚式沥青路面，国内较多采用了复合式基层结构（沥青稳定碎石基层与半刚性基层组合）与复合式路面（沥青路面与混凝土路面组合）。

沥青路面结构组合分类 表6-71

<table>
<tr><th>全 厚 式</th><th>柔 性</th><th>半 刚 性</th><th>复合式基层</th><th>复合式基层</th><th>复合式路面</th></tr>
<tr><td rowspan="4">沥青层各种结构层</td><td>沥青混合料</td><td>沥青混合料</td><td>沥青混合料</td><td>沥青混合料</td><td>沥青混合料</td></tr>
<tr><td>沥青稳定碎石基层</td><td>半刚性基层</td><td>沥青稳定碎石基层</td><td>沥青稳定碎石基层</td><td>水泥混凝土</td></tr>
<tr><td rowspan="2">粒料底基层</td><td rowspan="2">半刚性底基层</td><td rowspan="2">半刚性底基层</td><td>碎石过渡层</td><td rowspan="2">各类底基层</td></tr>
<tr><td>半刚性底基层</td></tr>
<tr><td colspan="6">路基</td></tr>
</table>

3）材料设计

长寿命路面在结构设计合理的情况下，通过精心施工，其结构寿命将比设计寿命长，同时能承受较大的交通荷载。为了达到上述要求，长寿命路面结构必须满足：①有足够的结构强度来抵抗诸如疲劳裂缝、永久变形或车辙等结构病害；②有足够的耐久性来抵抗交通荷载和环境（如水损害）所带来的损伤。因此，长寿命路面设计应包括：①设计具有足够刚度、抗车辙性能的路面上部结构层；②设计足够的总路面厚度；③设计具有一定柔韧性的沥青底层以避免由下而上疲劳裂缝的发生；④坚实稳定的基础是支撑长寿命路面结构、交通荷载及减小由于环境影响所引起的季节性变化（冻融和含水率）的关键。

通常，长寿命沥青路面结构包括但不限于防渗、耐久、耐磨的上部结构层，一个抗车辙、结构强度硬的厚中间层和一个铺筑在稳定及高强度基础上的抗疲劳柔性底层。层厚依据交通荷载、环境位置和材料/混合料设计而变。然而，抗车辙层是最厚的结构层，以便提供足够的承载能力。

（1）磨耗层材料选择和设计

长寿命沥青路面虽然在设计年限内不会发生结构性损坏，但是其表面层由于受气候、交通、环境以及沥青混合料自身特性的影响，很难保证在设计年限内不发生损坏。而磨耗层作为功能层，主要提供抗车辙、抗表面开裂、抗滑、减小水雾、降低噪声等功能，其性能的变化会密切影响行车的安全和舒适性，因此国外一般对磨耗层以 10 年作为一个寿命周期，即设计年限规定为 10 年。在进行磨耗层设计时，可以根据当地的环境、交通以及经验和经济条件，选择合适的沥青混合料，如密级配沥青混合料、SMA、OGFC 或 Superpave 混合料等。根据我国的实际情况和应用经验，推荐采用 SMA，也可以采用粗型的密级配沥青混合料。在混合料设计时，可以按常规沥青混合料设计进行，但需要检验高温、低温、疲劳以及水敏感性等性能，其中车辙性能检验是强制性规定。

（2）HMA 联结层材料选择和设计

联结层介于磨耗层和基层之间，按照路面应力分析，交通荷载在路表以下 15cm 以内会产生一个高应力区，联结层刚好处于这一范围内，沥青混合料容易产生剪切破坏，因此其首要的要求应该是高温稳定性。根据库伦定理，混合料的高温稳定性可以通过两个方面来提高，一是提高内部的摩阻力，即提高内摩擦角，具体实施中可以通过调整级配、采用粒型良好的轧制碎石，形成石—石嵌挤的骨架密实结构；另一方面，可以通过提高沥青胶浆的黏聚力来获得良好的高温性能，如采用硬沥青、改性沥青、纤维稳定剂以及粒化聚合物等。法国和英国采用的高模量联结层获得了良好的使用效果，采用高模量联结层不仅有助于提高联结层的抗车辙能力，而且可以显著减小路面厚度，这样一方面可以降低造价，另一方面在对路面高程有限制的地区应用具有广阔的前景。在进行混合料设计时，除了严格要求联结层的高温稳定性外，还需要检验混合料的水敏感性。如果采用高模量沥青混合料，除了检验高温性能和水敏感性外，还需要检验其疲劳性能，在温度寒冷地区，混合料的低温性能也需要重视。

（3）HMA 基层材料选择和设计

沥青基层必须能够抵抗由路面荷载作用引起的弯拉疲劳开裂。因此，基层沥青混合料设计应主要从提高抗疲劳性能入手，而高温和低温性能要求不需要像磨耗层和联结层那么严格。采用较高的沥青用量或者采用改性沥青有助于提高混合料的抗疲劳性能，如图 6-12 所示。EPPs 和 Monismith 的研究证实了这一点，因此加利福尼亚州和伊利诺伊州从 2001 年开始，使用富沥青或高沥青用量 HMA 基层。AI 和俄亥俄州在 2002 年的试验表明，采用改性沥青可以明显提高混合料的疲劳性能。

增加沥青层的厚度也可以有效降低沥青层底弯拉应变水平，进而显著提高沥青层的疲劳寿命，如图 6-13 所示。因此，也可以保持目前的混合料设计方法，只需在设计时采取合适的沥青层厚度就可以实现长寿命沥青路面。

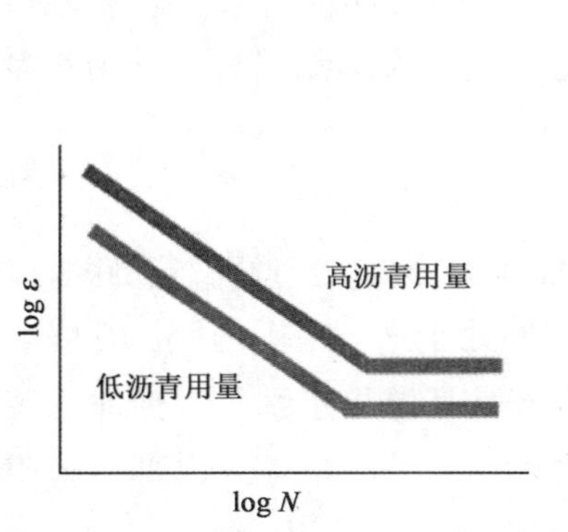

图 6-12　沥青用量与疲劳寿命关系

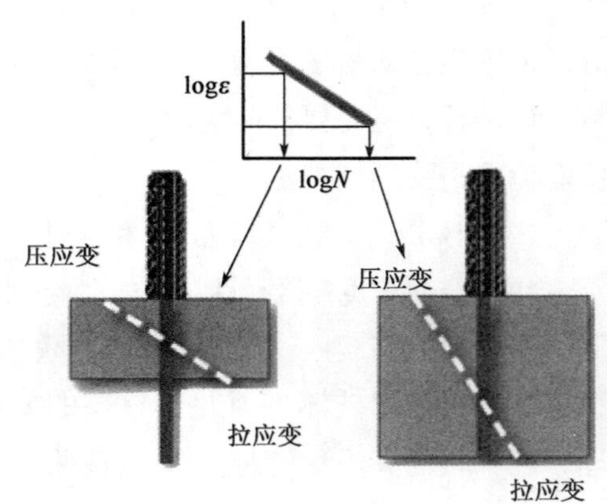

图 6-13　沥青层厚度与疲劳寿命关系

4）结构设计

对于长寿命沥青路面，可以分为全厚式沥青路面结构、复合式基层沥青路面结构与复合式路面结构。

（1）全厚式沥青路面结构设计

美国沥青路面协会提出采用限制路基顶面压应变和沥青层底拉应变为永久性沥青路面的设计指标，见图6-14。采用路基顶面压应变和沥青层底拉应变作为设计指标，是因为路面的破坏通常取决于路面各结构层的临界应变或临界应力，而不是路面弯沉。路面主要损坏为疲劳和车辙。前者主要是在行车荷载反复作用下，对沥青层材料造成疲劳所致，此类损坏可以通过限制沥青层底的拉应变控制；后者则是因为行车反复作用后，各车辙敏感层产生了不可恢复的累计塑性变形，并认为主要取决于路基，限制了路基顶面的垂直压应变可以控制。

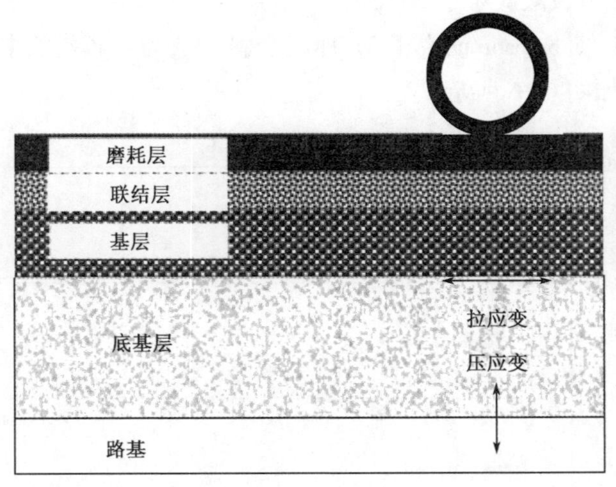

图 6-14　永久性沥青路面设计指标

美国长寿命沥青路面的力学设计过程主要是基于以下两个极限响应标准：

①沥青底层的层底水平拉应变 $\varepsilon_t \leqslant 70\mu\varepsilon$；

②路基顶部的垂直压应变 $\varepsilon_v \leqslant 200\mu\varepsilon$。

全厚式沥青路面设计的理论基础是沥青混合料疲劳极限理论，所谓疲劳极限就是指沥青混合料存在一个弯拉应变临界点，当路面结构的弯拉应变低于此值时，沥青层底就不会产生疲劳损伤，这个弯拉应变临界点对应的就是疲劳极限，如图 6-15 所示。

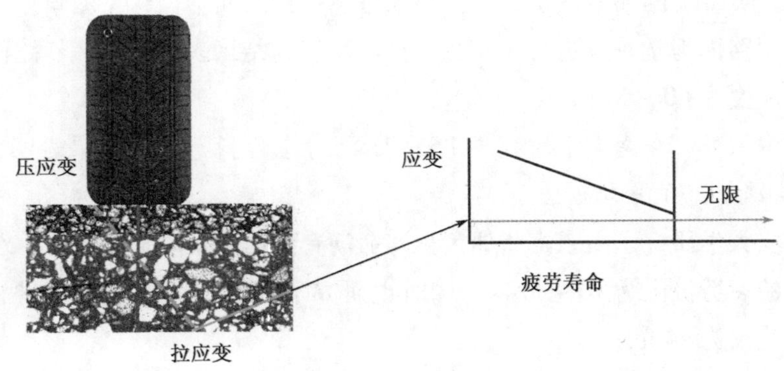

图 6-15　沥青混合料疲劳极限

Monismith 和 Long 建议控制沥青层底的拉应变 $\leqslant 60\mu\varepsilon$。很多学者认为，改性沥青混合料的疲劳极限可以提高到 $100\mu\varepsilon$。日本研究人员西泽认为，沥青混合料的疲劳极限应小于200με。

MarshallR. Thompson 研究了21种混合料，认为沥青混合料疲劳极限大约为70με，如图6-16所示。

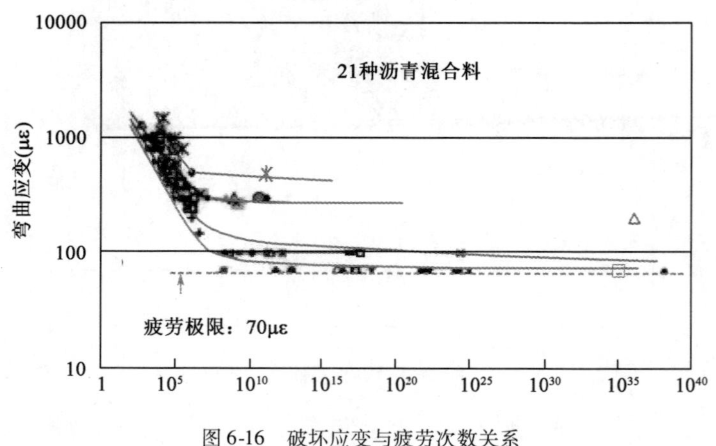

图6-16 破坏应变与疲劳次数关系

美国伊利诺伊州大学在研究低应变下沥青混合料的疲劳寿命及富油沥青混合料对疲劳性能的提高时得出结论：低于100με时，沥青混合料的疲劳寿命格外长；富油基层和低于100με均能提高疲劳性能。俄勒冈州交通局研究认为，当沥青混合料低于70με时，沥青混合料疲劳寿命可看作无限长。SamuelH. Carpenter、KhalidA. Ghuzlan 和 ShihuiShen 通过室内试验研究认为在低于70~90με下的沥青混合料疲劳变得无限长。

美国 NCAT 的环道试验，试验路采用了多种路面结构，见图6-17，对永久性沥青路面力学响应进行了实测，见图6-18；结果表明，永久性路面沥青层底拉应变为60~70με。

国内研究，东南大学研究了 LSM-25 沥青混合料，试验结果表明，LSM 的疲劳极限为70με。

长安大学研究了山东滨州地区长寿命沥青路面，AC-25 与 ATPB-25 沥青混合料的疲劳极限为70~80με。同时也研究了 SBS 改性沥青混合料的疲劳极限，建议为140με。

通过国内外研究，普通沥青混合料的疲劳极限约为70με，改性沥青混合料疲劳极限约为100με。因此对于全厚式沥青路面结构设计，可以参照美国的设计方法。

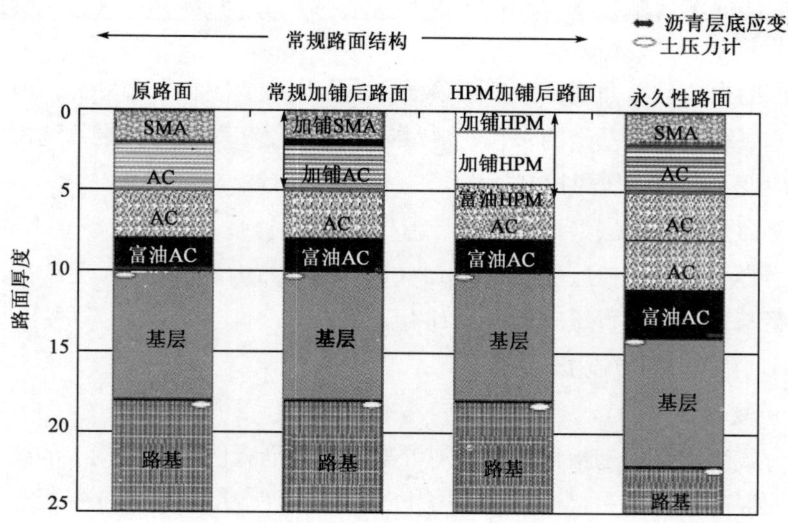

图 6-17 美国 NCAT 环道试验路面结构

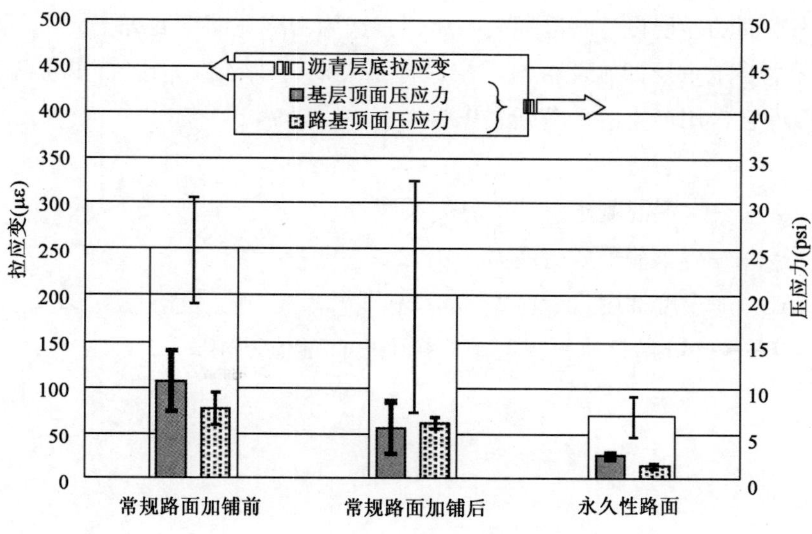

图 6-18 NCAT 路面结构力学响应实测

①沥青层底水平拉应变 $\varepsilon_t \leqslant 70\mu\varepsilon$（改性沥青混合料为 $100\mu\varepsilon$）；

②路基顶面的垂直压应变 $\varepsilon_t \leqslant 200\mu\varepsilon$。

（2）复合基层沥青路面（沥青稳定碎石基层与半刚性基层复合）

复合基层沥青路面的主要损坏类型为：沥青层疲劳开裂、半刚性层疲劳开裂、结构层永久变形。采用沥青层底面拉应变控制沥青层疲劳开裂，采用路基顶面压应变控制永久变形，采用半刚性底基层层底拉应力控制半刚性底基层疲劳开裂。

美国的永久性路面建议路基土顶面的垂直压应变应小于 200$\mu\varepsilon$，由于采用复合基层结构，路基土的永久变形量占车辙总量相对较少，推荐选用路基顶面压应变 180$\mu\varepsilon$，作为控制标准。

长寿命复合式基层沥青路面设计指标：

①沥青层底水平拉应变 $\varepsilon_t \leqslant 70\mu\varepsilon$（改性沥青混合料为 100$\mu\varepsilon$）；

②路基顶面的垂直压应变 $\varepsilon_v \leqslant 180\mu\varepsilon$；

③半刚性基层拉应力 $\sigma_m \leqslant \sigma_R$。

（3）复合式路面

复合式沥青路面是指面层由水泥混凝土板与沥青混凝土层构成的路面结构。水泥混凝土包括：普通水泥混凝土、碾压水泥混凝土、钢筋混凝土与连续配筋混凝土等。

复合式沥青路面设计标准：

①表面功能层设计基准期为 8 年，宜选用密级配沥青混凝土；

②主要承重层即水泥混凝土层设计基准期为 40 年，仍以行车荷载和温度梯度综合作用产生的疲劳断裂作为强度验算指标。

$$\gamma_c(\sigma_{pr} + \sigma_{tr}) \leqslant f_r \tag{6-8}$$

式中：γ_c——水泥混凝土路面可靠度系数；

σ_{pr}——行车荷载疲劳应力，MPa；

σ_{tr}——温度梯度疲劳应力，MPa；

f_r——28d 龄期水泥混凝土弯拉强度标准值，MPa。

第 7 章　路面材料再生利用技术

公路养护维修过程中将产生大量废旧材料，如果这些废旧资源能够再生利用，不仅可节约大量不可再生资源，而且也减少了因资源开发而造成环境破坏。路面再生技术就是通过各种技术措施使废旧路面材料重新获得具有一定技术性能的建筑材料，是建设低碳生态路面的重要技术途径之一。

7.1　沥青路面再生利用技术

7.1.1　沥青路面再生利用技术概述

沥青路面再生技术是指对不能满足使用要求的沥青路面废料通过各种措施进行处理后重新利用的技术，包括对旧沥青路面进行翻挖、破碎、筛分，再和新集料、胶结料、再生剂等重新混合，形成具有预期路用性能的混合料，用于路面的各种结构层（包括面层和基层）的铺筑。

废旧沥青混合料再生利用是建设低碳生态路面的重要技术措施之一。热再生技术可以实现老化沥青性能的恢复和沥青混合料级配的调整，获得满足面层使用性能要求的筑路材料；冷再生技术在充分利用废旧资源的基础上，显著地降低了建设过程中能源消耗和碳排放。在沥青路面再生技术设计和应用时，可依据路面状况、设备条件、交通量等因素，合理选择各种沥青路面再生技术。

1）沥青路面再生技术分类

根据沥青再生和回收利用协会（ARRA）的定义，沥青再生技术一般可分 4 大类：厂拌热再生、厂拌冷再生、现场热再生和现场冷再生。

（1）厂拌热再生

厂拌热再生技术先将旧沥青路面破除后运回工厂，通过破碎、筛分分类，并根据旧料中沥青含量、沥青老化程度、碎石级配等指标，掺入一定数量的新集料、沥青和再生剂（必要时）进行拌和，使混合料达到规范规定的各项指标，按照与新建沥青路面完全相同的方法重新铺筑。国外多年的实践证明：厂拌热再生沥青路面能够达到并保持所要求的各项路用性能指标，并且具有更好的抗车辙性能。这种再生方式属于结构性再生，能有效地用于各种条件下旧沥青路面的再生利用，如图7-1所示。

图7-1　厂拌热再生

（2）厂拌冷再生

厂拌冷再生混合料主要用作基层或底基层。先破除旧沥青路面材料运回稳定土搅拌厂，经过破碎作为稳定土骨料，加入水泥或石灰、粉煤灰、乳化沥青等一种或多种稳定剂和新料（必要时）进行搅拌，然后铺筑于基层或底基层。这项技术可采用泡沫沥青、乳化沥青、水泥等作为稳定剂，并可实现废旧材料全部再生利用。厂拌冷再生技术尤其适用于不能进行热再生回收的旧料（如严重老化的沥青混合料），可实现这些废旧沥青混合料全部再生利用，有效解决旧料废弃和环境污染问题，实践证明具有重要的应用价值。

（3）就地热再生

就地热再生（HIR）也称为表层再生、现场热再生。该技术通过现场加热、翻耙、混拌、摊铺、碾压等工序，一次性实现就地旧沥青路面再生，具有无需运输废旧沥青混合料、工效高、对公路运营影响低等优点，如图7-2所示。

到目前为止，国内外应用较普遍的HIR技术有三类，即热翻松（Heater-scarification）、重铺处理（Repaving process）和重拌和处理（Remixing process）。

图 7-2　现场热再生

热翻松是早期使用的 HIR 技术。其施工过程主要有对原路面的加热、利用疏松齿对原路面的翻松处理、加入再生剂后拌和、整平及碾压成型。其疏松深度一般在 19 ~ 25mm，最大可达到 50mm。此过程中不需加入新的集料，但是一般会在其后摊铺一层新的磨耗层。其基本过程见图 7-3。

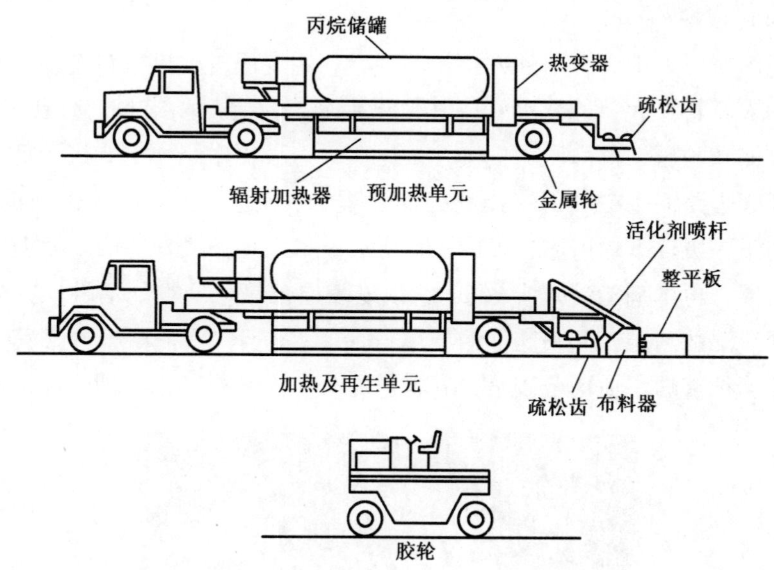

图 7-3　加热疏松处治过程

重铺处理，首先对现有路面进行加热，疏松或铣刨 19 ~ 25mm 后与再生剂拌和，然后将再生材料作为整平层摊铺于路面，再用新的沥青混合料摊铺一层磨耗层。再生利用的旧料及新的磨耗层材料可利用特殊设备一次完成，也可利用加热疏松设备和传统铺路设备分两次完成。其基本过程见图 7-4。

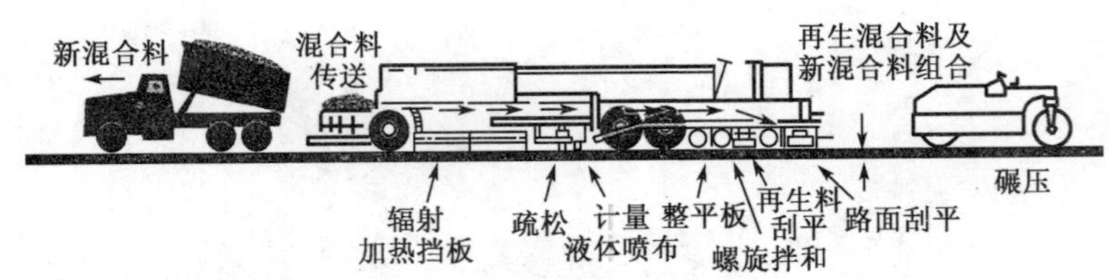

图7-4　路面重铺处治过程

重拌和处理是将原路面材料加热疏松后与一定量新的沥青混合料（可根据需要加或不加再生剂）在车载拌和器中拌和成新的沥青混合料并摊铺成单一、均质路面层的过程。此过程改变了混合料的级配、调整了胶结料的品质，因此使原路面的性能得到了改善。其成型过程见图7-5。

图7-5　重拌和处理过程

（4）现场冷再生

现场冷再生主要有两种方式：一种是利用专用再生机械在现场铣刨、破碎、加入新料（包括乳化沥青或其他再生剂、稳定剂和集料，必要时）、拌和、摊铺和预压，再由压路机进一步压实。这种再生路面主要用于低等级路面和高等级路面基层（但将提高路面高程），不适用于高等级路面的面层，一般用于二级以下的道路，如图7-6所示。另一种方式是在旧路面上洒布再生剂封层，再生剂能渗入5～6mm，恢复表层被氧化沥青的活性，并形成抵抗燃油泄漏的封层，延长路面的使用寿命2～3年。这种再生方式其实属于预防性养护范畴，适用范围窄，并且应充分考虑其对路面抗滑性能的影响。

图7-6　现场冷再生

2）沥青老化与再生原理

（1）沥青老化机理

沥青路面在长期使用过程中，不可避免地将产生裂缝、松散、坑洞等病害，这些病害与沥青老化存在着密切关系。沥青老化后，在宏观性能上表现出针入度变小、软化点增加、变脆并逐渐丧失延展性；在微观组成上，呈现出沥青质增加、芳香分和胶质减少、逐步向凝胶结构转变的变化趋势。目前，沥青老化机理有三种理论：相容性理论、橡胶理论以及组分移行理论。

①相容性理论。

相容性理论认为，一种沥青能否形成稳定的溶液，不是由溶质粒径的大小来决定，而是由溶质（沥青质）在溶剂（饱和分、芳香分和胶质）中的溶解度或者说溶剂对于溶质的溶解能力的大小来决定的，这就是通常意义上的相容性理论。希尔布兰德提出“溶解度参数”理论，即认为在一种溶液中，溶质的溶解度参数与溶剂的溶解度参数之间的差值小于某个定值时，就能形成较稳定的溶液。对此可用式（7-1）表示：

$$\Delta\delta = \delta_{At} - \delta_{N} < K \tag{7-1}$$

式中：$\Delta\delta$——沥青质与软沥青质溶解度参数差值，$(\mathrm{cal/cm^3})^{1/2}$；

δ_{At}——沥青质的溶解度参数，$(\mathrm{cal/cm^3})^{1/2}$；

δ_{N}——软沥青质的溶解度参数，$(\mathrm{cal/cm^3})^{1/2}$；

K——要求的溶解度参数差值的限值，$(\mathrm{cal/cm^3})^{1/2}$；根据有关研究，对于国产沥青而言，$K$值一般取0.76。

在沥青的老化过程中，沥青内部组分中的各种化合物发生脱氢、聚合、氧化等各种化学变化。由于化合物结构产生了改变，各种物质的溶解度参数相应地发生变化，通常情况下，沥青质的溶解度参数的提高要快于软沥青质的溶解度参数，所以老化后的沥青溶解度差值增大，之前建立的溶解度参数平衡方程遭到破坏，宏观上造成的表象是各种性能的衰减。相容性理论认为，沥青的老化实质就是沥青中各种组分化合物结构以及含量的变化，最终引起沥青中沥青质与软沥青质的溶解度参数变化，导致沥青质与软沥青质的溶解度差值增大，相容性变差。

②橡胶理论。

SHRP计划研究认为，沥青是两性沥青质型网状分子结构。在网状分子结构中含有一种油相，沥青的各种主要化学性质则主要是由网状分子以及油相分子的大小分布来决定的，是网状交联在一起的极性相互作用。

同时，SHRP 发现，沥青在某种程度上与橡胶具有很大的相似性。橡胶是一种网状结构聚合物，在网状结构中含有增塑剂（通常为石油系油类，橡胶轮胎含有 25% 的油）。增塑剂分子包围了橡胶大分子，小分子容易运动，带动了大分子的相对运动，减小了橡胶分子上的界面能，减少了分子内部的抗变形能力，克服了橡胶分子间的相互摩擦以及范德华力所产生的黏附力。简单地说，增塑剂在橡胶中的作用可以认为是润滑作用。

SHRP 研究认为，大分子组分的含量对于沥青性质的影响很大，但考虑到各种不可计量因素，SHRP 采用流变性能来衡量沥青内部组分变化。通过试验发现：老化后的沥青复数模量有较大的增加，相位角却有所减少，表明沥青中弹性成分在老化之后比例有所增加，黏性部分有所降低，究其原因是由于油相分子氧化成为沥青质，致使网状分子过多而油分不足，使得沥青变得脆硬。

③组分移行理论。

组分移行理论认为，沥青老化是由于沥青中各种组分含量变化所致。沥青的化学组分按照分析方法的不同，有三组分法、四组分法以及五组分法。我国大多数采用四组分法进行沥青组分的分析，即饱和分、芳香分、胶质、沥青质（正庚烷沥青质）。

a. 饱和分。饱和分是沥青组分当中最轻的一部分，对沥青的胶体结构、流变性能、低温性能、界面性能以及黏附性能都有较大的影响。它在沥青当中可以使胶质沥青质软化成为胶胞，稳定地分散于饱和分当中。对于改性沥青，饱和分对聚合物有一定的溶胀作用。聚合物吸附饱和分之后，聚合物的密度降低，有向上漂浮的趋势，形成了聚合物的离析效应，影响聚合物改性沥青的存储稳定性。就改性沥青而言，饱和分的含量不宜太多。

b. 芳香分。芳香分是由沥青中最低的分子量的环烷芳香化合物组成，是胶溶沥青质的分散介质的主要部分。在沥青的胶体结构当中，芳香分和饱和分一起共同构成了沥青的连续相，使胶质沥青质能够稳定地分散在其中。由于芳香分对于多种高分子烃以及非烃类具有较强的溶解能力，因此芳香分和饱和分的比值是影响沥青胶体结构稳定性以及胶体类型的关键。对于改性沥青，芳香分的存在对聚合物的溶解具有重要的意义，它与胶质的总量比例决定了沥青的改性效果以及性能的稳定情况。

c. 胶质。胶质具有较强的黏附力，是沥青质的扩散剂和胶溶剂。胶质的存在，可以使沥青具有较好的塑性以及黏附性，并能改善沥青的脆性，提高延度。胶质对沥青质的比例在一定程度上决定了沥青的胶体结构的类型。

d. 沥青质。沥青质含量对于沥青的流变特性具有很大的影响。增加沥青质的含量，便生产出较硬、针入度较小和软化点较高的沥青，因此黏度也特别大。除此以外，沥青质当中存在硫元素，同时对沥青质氧化过程的研究表明，其中的硫元素特别是烷基硫化物会转变成为亚砜基团。这为使用红外光谱分析沥青的老化提供了物质前提。

综上所述，饱和分增多，可以改善沥青的流变性能，芳香分和胶质含量的增加则可以使沥青的黏附性提高、延展性变大，沥青当中极性物质的增多，沥青的活性增强，是聚合物极易产生物化反应的关键。沥青质增多，沥青的软化点升高，感温性下降，但是沥青的黏度变大，流动性下降。所以认为：饱和分是沥青的软化剂，芳香分则主要起对沥青质的胶溶作用，胶质主要改善沥青的延度，沥青质是沥青内部液态组分的增稠剂。各组分对于沥青性能的影响见表7-1。

四组分对沥青性质的影响 表7-1

组分	感温性	延度	对沥青质分散度	高温黏度
芳香分 Ar	好	—	好	好
胶质 R	差	好	好	差
沥青质 At	好	较差	—	好
饱和分 S	好	差	差	差

无论采用何种分析方法，国内外大量研究都表明：老化沥青的化学组分与原样沥青的组分含量差异很大。主要表现为：芳香分含量减小，饱和分含量基本保持不变，胶质与沥青质含量均增加。对这一现象的统一认识为：老化是一个氧化缩合的过程，沥青中芳香分分子量都较小，老化的过程实际上是一个芳香分氧化缩合、分子量增大、向胶质转化，而胶质向沥青质转化的过程。饱和分性质相对比较稳定，变化不是很大。而沥青质本身则不断地聚集成为更大的分子簇。因此，基于上述种种理由，认为沥青的老化过程是沥青组分移行的结果。老化程度的加深，组分移行的程度也就加大，结果就是沥青中油分的含量越来越少、胶质和沥青质越来越多、针入度变小、延度变小。

尽管三种理论都可以很好地解释沥青老化机理，但组分移行理论被认为可以更好地阐述沥青老化过程中组成与结构的变化，同时组分移行理论也可以从组分恢复的角度很好地解释沥青再生机理。

（2）沥青再生机理

沥青的再生是沥青老化的逆过程，其实质是通过补充老化过程中丧失的轻质油分，通过调整沥青组分的方法使其恢复原来的性能。分析沥青材料在老化过程中流变行为的变化规律，给人们以启迪：当旧沥青材料的流变行为反向逆转，使之恢复到适当的流变状态，那么旧沥青的性能也将恢复而获得再生。因此，从流变学的观点来看，老化沥青再生的技术途径可以归结为以下两点：

①将旧沥青的黏度调节到所需要的黏度范围以内。

②将旧沥青的复合流动度予以提高，使旧沥青重新获得良好的流变性质。

沥青材料是油分、胶质、沥青质等几种组分组成的混合物。然而，就沥青的某一组分而言，如油分，它也是并非单体，而是由分子量大小不等的碳氢化合物所组成的混合物。在石油工业中，根据沥青是化合物之混合物的原理，将几种不同组分进行调配，可得到性质各异的调和沥青；或者将某种组分，如低黏度油料与某种高黏度的沥青相调配；或者将某种软沥青与黏度较高的硬沥青相调配，都可以获得不同性质的新沥青材料。用这种方法所生产的沥青称之为调合沥青。

旧沥青的再生，就是根据生产调合沥青的原理，在旧沥青中，或者加入某种组分的油料（即再生剂），补充所失去的油分；或者加入适当稠度的沥青，经过调配，在一定程度上恢复沥青组分的平衡，使调配后的再生沥青具有适当的黏度和所需要的路用性质，以满足筑路的要求。这一过程就是旧沥青再生的过程，所以再生沥青在一定程度上也可以看作是一种调合沥青。当然，旧沥青与再生剂、新沥青的混合是在伴随有砂石料的条件下进行的，当然不及石油炼制工业中生产调合沥青调配得那么好。尽管如此，两者的理论基础却是相同的。

7.1.2 热再生沥青混合料组成设计

1）热再生沥青混合料组成设计流程

热再生（Hot-Mix Recycling）沥青混合料材料设计与普通沥青混合料设

计相比较，既有其相同的部分，同时由于它需要与旧沥青混合料相配合，因而又有其许多特殊不同的方面。再生沥青混合料材料设计的主要内容：

（1）旧沥青混合料的取样与性状评价；

（2）确定旧沥青混合料的掺配比例；

（3）选择再生剂和新沥青，并确定它们的配合比例；

（4）选择砂石集料，确定新旧集料的配合比例；

（5）确定再生沥青混合料的最佳结合料用量；

（6）再生沥青混合料路用性能评价。

再生沥青混合料配合比设计并不是单纯的技术问题，它涉及对诸多方面因素的了解和考虑。正确地进行再生沥青混合料设计，需要事先进行充分的调查，了解有关道路沥青路面使用的历史、交通量和交通组成，掌握沥青材料和砂石材料供应和价格情况，以及机械设备条件等情况。再生沥青混合料配合比设计必须综合考虑以满足多方面的技术经济要求，这些要求是：

（1）热拌再生沥青混合料必须具有足够的强度，良好的温度稳定性，夏季高温下不出现泛油、推挤、拥包和车辙等病害。

（2）再生沥青混合料具有良好的低温抗裂性、耐疲劳性以及耐久性。

（3）作为表面层使用的再生沥青混合料还应具有足够纹理构造深度和良好的密实性，满足抗滑性和抗渗性的要求。

（4）尽可能多地使用旧沥青路面材料，提高旧料掺配率，以便最大限度地节约沥青和砂石材料。

（5）再生沥青混合料应具有良好的工艺性，无大量废气与粉尘排放，不会造成第二次环境污染。

（6）再生沥青混合料应便于拌和，并易于现场施工摊铺和压实。

再生沥青混合料配合比设计方法，国内与国外并没有很大差别，只是在旧沥青再生方面所采用的控制指标有所不同而已，大多采用针入度或沥青黏度作为控制指标。近10年来，由于美国SHRP技术的推广应用，在沥青再生方面也有引进PG分级指标作为控制指标的，其中主要以车辙因子$G^*/\sin\delta$（其中，G^*为沥青复数剪切模量，δ为沥青的相位角）作为控制指标。无论用何种指标，其本质上并没有太大的区别。

对于再生沥青混合料，虽然是旧料利用，但只有进行详实地配合比设计，在试验室配制成具有良好性能的再生沥青混合料，才有可能在现场铺筑成具有良好路用性能的再生沥青路面。大量研究和工程应用表明，经过正确配合比设计的热再生沥青混合料具有与一般沥青混合料相同的路用性能。就地热再生沥青混合料配合比设计流程如图 7-7 所示。

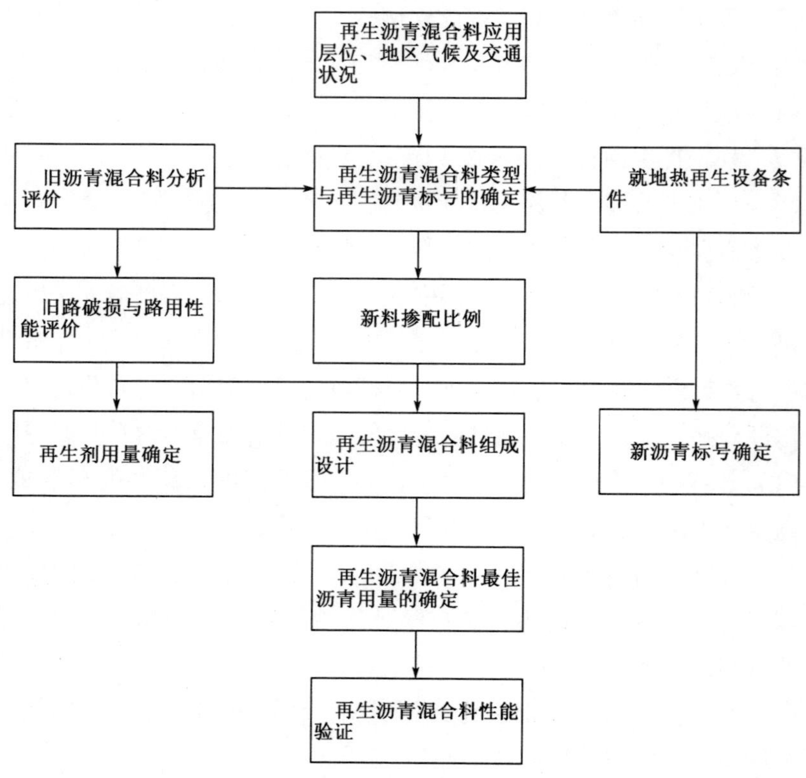

图 7-7　就地热再生沥青混合料材料设计流程

2）旧沥青路面材料的回收与评价

（1）旧料的回收与取样

当一条道路旧沥青路面将要改造，并需要将已经破损的沥青路面铣刨挖除时，由于其数量非常可观，道路管理部门在制订改造维修计划时应将旧路面再生利用作为建设方案列入计划之内，并采取切实可行的措施保证得以实施。

在翻挖旧沥青路面时，应将使用年限、路面结构、养护状况等大体相同的路段所挖的材料分别集中堆放，使旧路面材料的性能相对均匀一致，以便于加工处理。

旧沥青路面材料（也可称旧料）作为再生沥青路面的主要原料，在进行再生设计之前，需要收集有关旧料的性质资料，如旧料中沥青的含量、旧沥青的性质、旧集料的颗粒级配组成等资料。为此必须从旧沥青路面中挖取旧料样品，送交试验室进行试验。

在未翻挖的旧路面上采集样品，应按随机取样的方法进行取样，以保证样品的代表性。取样时在取样路段的长度内分别在路中车道、路边计 3 ~ 4 处挖取样品。挖样面积视沥青层厚度而定。厚层路面，挖样面积可小一些，如 40 ~ 50cm 见方；薄层路面，挖样面积可大些，如 60 ~ 80cm 见方。将所挖样品送交试验室，破碎后混合均匀，用四分法减至所需数量，即进行 1 ~ 2 次混合料抽提试验所需数量，进行抽提试验。测定旧沥青含量，并进行集料级配筛分。对旧沥青还要进行有关性质的试验。一般以两次抽提试验的平均结果作为该路段旧料性状的代表值。

若旧沥青路面材料已经翻挖回收，则需要进行破碎、筛分。取样时可在料堆不同位置随机取样，送交试验室。然后进行抽提试验。剩余旧料仍应保存好，以备再次试验时使用。

（2）旧料的性状评价

评价旧沥青路面材料的性状，首先需要通过抽提试验，获取旧沥青与旧碎石集料，以便准备进行试验对材料性状进行评价。

抽提试验用的沥青抽提仪，宜选用容量较大的品种，以便通过一次抽提试验就能够获得足够数量的旧沥青。由于抽提试验时很难避免石粉透过滤纸进入抽提液中，这将影响回收沥青的数量和性质，因此最好将抽提回收液用离心机进行离心分离，除去石粉，然后再回收旧沥青，进行旧沥青的相关试验。

对于旧沥青可测定其常规指标，即针入度、软化点、延度以及黏度等，在需要时也可以应用动态剪切流变仪测定其复数剪切模量 G^* 和相位角 δ，并计算车辙因子 $G^*/\sin\delta$ 值。根据上述测试结果，可以评定旧沥青的老化程度，以确定可能采取的再生措施。

一般地说，如果旧沥青的针入度已经降低到 40 以下，则可认为老化比较严重了，如果针入度小于 30，则应该说沥青老化非常严重了。而如果旧沥青的针入度还在 50 以上，则认为老化不严重，如果针入度大于 60，则旧沥青基本上没有老化。由此则分别考虑可能采取的不同再生技术措施，见表 7-2。由于黏度（25℃）、车辙因子 $G^*/\sin\delta$（64℃）与针入度 P（25℃）

存在如下关系，故可以分别计算出黏度、车辙因子 $G^{*}/\sin\delta$ 的对应值，一并列于表 7-2 中。

$$\eta = \frac{2.06 \times 10^{9}}{P^{2.0}} \tag{7-2}$$

$$\frac{G^{*}}{\sin\delta} = 2 \times 10^{6} P^{-1.7481} \tag{7-3}$$

老化不同程度旧沥青可能采取的再生措施 表 7-2

旧沥青技术指标	指标值范围			
针入度(0.1mm)	40～50	30～40	25～40	<25
25℃黏度(10^5Pa·s)	8～13	13～23	23～33	>33
$G^{*}/\sin\delta$(64℃)(kPa)	2.1～3.2	3.2～5.2	5.2～36	>36
旧沥青性能评价与再生处理方法	老化不严重，加新鲜沥青	已经老化，宜使用再生剂	老化严重，应使用再生剂	不适合再生或需论证

3）热拌再生沥青混合料结构类型的选择

热拌再生沥青混合料与新混合料一样，一般讲也可以分成各种不同组成结构类型，即它也可以分成粗粒式、中粒式和细粒式等类型。但在再生沥青混合料的质量要求上，却有明显的差别。一类是严格控制混合料配合比例，认真做好旧沥青性能的调节，按新拌沥青混凝土性能要求的再生沥青混合料，其着眼点主要在于“再生”；另一类是不严格要求配合比例，对性能要求比较低的再生混合料，其着眼点主要在于“旧料利用”。

选择何种结构类型的再生沥青混合料，必须综合考虑多种因素后加以确定，这些因素主要有：①道路等级与交通量；②当地的自然与气候条件；③再生沥青的结构与厚度；④再生沥青路面的使用要求，如对抗车辙、抗滑性、抗低温开裂等方面的要求；⑤再生剂、新沥青材料以及新集料的质量和供应条件；⑥施工条件，主要是现场施工所具备的机械设备条件。

进行沥青路面设计时，对不同的路面层需要使用不同类型的混合料。由于就地热再生技术 100 % 利用原路面的旧料，导致新料的掺加量很小，因而处理前后的混合料类型基本上变化不大，级配方面可调整的余地很小，主要是针对旧料的部分细化状况，在新料级配上予以弥补，所以原有旧路面的混合料类型基本决定了再生混合料的类型。

旧料的掺配率是旧路面材料占整个再生混合料的质量百分率 P：

$$P = \frac{G_{o}}{G_{R}} \times 100\% \tag{7-4}$$

式中：G_{o}——旧路面材料的质量；

G_{R}——再生沥青混合料的质量。

由于就地热再生施工中基本上 100% 利用原路面的旧料，新料的加入量受到热拌再生沥青混凝土（HIR）设备能力的限制，通常小于 30%。通常 HIR 设备拥有新料的计量添加装置，可稳定添加定量的新混合料；或者在预热旧路面之前，先将预先设计确定的新集料散铺在路面上再进行 HIR 施工，可比较准确地控制新混合料或新集料的定量添加。HIR 中新料的掺加量通常是根据原路面的平均车辙深度、处理旧路厚度以及再生路面高程来估计。

4）老化沥青的再生设计

回收沥青（也称旧沥青）的再生是沥青路面再生技术中最为关键的，尤其对于旧沥青路面老化非常严重的情况。如果旧沥青混合料中的沥青未能得到再生，那么严格来说，旧料只不过作为一种集料被利用而已。

老化沥青的再生，实质上是沥青老化的逆过程。具体方法是通过在旧沥青中添加适当的软质沥青或新沥青，经过调和均匀，就获得再生沥青，再生沥青必须满足相应的技术要求。因此，对于用于再生的新沥青或低黏度软质沥青（即再生剂），需要解决以下两个方面的问题，这就是选择怎样的新沥青（或再生剂）及其添加的剂量。

（1）再生剂与新沥青的选择

热拌再生时，是否需要添加新沥青或再生剂，需要根据旧沥青性质、旧料掺配率的多少、新料的性质等因素综合考虑确定，这大体上有以下三种情况。

①直接使用旧料。

当旧料的掺配率低于 20% 时，新沥青与旧沥青的比例差不多为 4∶1，在这种情况下，由于旧沥青所占比例很小，对整个沥青（即再生沥青）的性质不会有明显的影响，所以可以直接混合拌和就可获得需要的再生沥青混合料。也就是说，在通常所用的 70 号重交通道路沥青中，加入 20% 旧沥青，不会明显改变整个沥青混合料的性质，这样就可避免因添加再生剂而产生的麻烦。

②用新沥青调配。

当旧路面材料老化不很严重，也即回收沥青的针入度在 40 ~ 50（0.1mm）范围，而旧料的掺加量又比较大时，如 30% ~60%，则不用使用低黏度的再生剂，而只要使用比正常使用的沥青标号低一档（针入度大一档）的新沥青即可直接拌制再生沥青混合料，具体采用什么等级的沥青，以针入度作为指标进行计算确定。

根据所做的研究，可以按以下公式计算确定新沥青标号：

$$\log P_{b} = \frac{1}{X^{a}}[\log P_{R} - (1 - X)^{a}(\log P_{o} - A) - A] + A \tag{7-5}$$

式中：P_b——新沥青的针入度，0.1mm；

P_R——再生沥青的针入度，即再生沥青设计针入度，0.1mm；

P_o——旧沥青针入度，0.1mm；

X——新沥青的配合比例，以小数计；

a——指数，$a = 1.02$；

A——常数，$A = 4.6569$。

③使用再生剂。

当旧沥青路面老化已经严重，且掺加数量又比较多的情况下，如旧料掺配率在 60% 以上，甚至全部是旧料，则必须使用低黏度油料作再生剂。具体采用哪种等级的再生剂，在有条件的情况下可进行选择比较，在主要性质满足要求的前提下，可选择适当黏度的再生剂。

就地热再生回收沥青混合料掺配比例超过 70%，而且回收沥青混合料中的沥青有一定程度的老化，因此需要添加一定剂量的再生剂。另外，由于回收沥青混合料的级配变细，最佳沥青用量有所提高，添加一定剂量的新沥青，补充混合料所需的结合料，可使混合料总的结合料达到最佳状态，同时在某种程度上改善旧沥青的性质。

（2）再生剂与新沥青用量的确定

①再生剂用量的确定。

旧沥青是用再生剂进行调节，再生剂的用量与旧沥青的黏度、再生沥青的设计黏度，以及再生剂的黏度有关。旧沥青的黏度 η_o 与再生剂的黏度 η_b 由试验测得，旧沥青经再生剂调配后的黏度，即再生沥青的黏度 η_R 根据设计要求确定，则再生剂的剂量可按下式经过试算求得：

$$\log\eta_{R} = X^{a}\log\eta_{b} + (1 - X)^{a}\log\eta_{o} \tag{7-6}$$

式中：η_R——再生沥青的黏度，Pa·s；

η_b——再生剂的黏度，Pa·s；

η_o——回收沥青的黏度，Pa·s；

X——再生剂的配合比例，以小数计；

a——指数，对于低黏度再生剂，$a=1.20$。

②新沥青用量的确定。

当直接使用新沥青调配时，实际上是在混合料拌制过程中进行的，新沥青的配合比例［即式（7-6）中$X\%$］应该与混合料的最佳用油量有直接关系，所以可以按式（7-7）来确定新沥青的配合比例：

$$X=\frac{i_R-i_oP}{i_R} \tag{7-7}$$

式中：X——新沥青的配合比例,%：

i_R——再生沥青混合料的沥青含量,%，即再生混合料的设计用油量，在没有进行再生混合料试拌之前，可以根据工程经验加以估计；

i_o——旧料的沥青含量,%

P——旧路面材料的掺配率,%。

（3）再生沥青的技术要求

回收旧沥青经再生剂调配后，在性能上得到一定程度的恢复，这主要表现在主要指标上，如针入度、黏度或车辙因子调整到了所需要的范围。由于沥青材料指标之间大多存在一定的内在联系，因此尽管未对所有指标都进行调整，实际上其他指标也会产生相应的改变和调整。国外未对再生沥青提出专门的质量标准。究其原因，主要是由于道路沥青已经有了技术规范，它可以作为再生沥青的评价标准，同时再生沥青实际上并不是一种产品，而仅仅是再生利用工艺过程中质量控制与评价的对象，所以无需另外专门制订再生沥青的质量标准。作为对再生沥青质量的评价，最主要是通过再生沥青混合料的技术性能进行评价。

日本道路协会出版的《厂拌再生沥青混合料技术规范》就再生沥青提出了技术标准，但是它与普通沥青规范并没有明显的区别，见表7-3。

由于再生沥青混合料的品质要求与普通沥青混合料的要求基本一致，故对再生沥青标号的选择也应与普通沥青路面对沥青标号的选择一样。再生沥青标号的选择，应根据气候条件、再生混合料所处的层位、施工方法以及各地的经验值等诸多因素来确定，通常可参照普通沥青标号的选用方法，即按《公路沥青路面设计规范》（JTG D50—2006）中的要求来选取沥青标号。

日本再生沥青技术标准　　表 7-3

技术指标	技术等级		
	50 号	70 号	90 号
针入度 25℃（1/10mm）	40～60	60～80	80～100
软化点（℃）	47～55	44～52	42～55
延度（15℃）（cm）	10 以上	100 以上	100 以上
可溶分（三氯乙烯）（%）	>99	>99	>99
闪点（℃）	>260	>260	>260
薄膜烘箱加热质量损失（%）	<0.6	<0.6	<0.6
薄膜烘箱加热针入度率（%）	>58	>55	>55
蒸发后针入度比（%）	<110	<110	<110
相对密度（25℃）	>1.000	>1.000	>1.000

（4）再生沥青混合料的级配设计

再生沥青混合料级配设计就是确定新集料的级配，新集料的掺加目的主要有两点：一是弥补铣刨后旧料细化现象，尽可能使再生混合料级配符合现有公路沥青路面施工技术规范的要求；二是因为就地热再生的每次开工初始阶段需人工挖取旧料，然后完全用新料摊铺约 5m 长。若要弥补旧料的级配细化现象，就要求添加的新料偏粗一点，这样才能使再生混合料级配符合要求；若要保证再生段落开始的摊铺稳定性，就需要添加的新料级配符合规范级配要求。综合考虑以上因素，并结合拌和厂的实际运作情况，认为在新料级配选用上，必须在保证就地热再生开工初始段落性能稳定的基础上，尽量偏粗一点以调整旧料的级配。

5）再生沥青混合料结合料用量的确定

确定再生沥青混合料的沥青用量，实际上是确定添加新沥青的用量。主要有以下几种方法来确定沥青用量。

（1）经验公式估算法

对于规模不大的沥青路面再生工程，再生沥青混合料的沥青用量可采用经验公式法加以确定，然后再根据工程经验判断是否合适。

①美国沥青协会经验公式。美国沥青协会提出的估算沥青用量的公式如下：

$$P_c = 0.035A + 0.045B + mC + F \tag{7-8}$$

式中：P_c——沥青混合料沥青含量,%

A——粒径大于2.36mm集料的质量百分率,%；

B——粒径为0.075～2.36mm集料的质量百分率,%；

C——粒径小于0.075mm集料的质量百分率,%；

m——与C有关的系数，$C=11\%\sim15\%$，$m=0.15$；$C=6\%\sim10\%$，$m=0.18$；$C\leqslant5\%$，$m=0.2$；

F——修正系数，其数值在0～2.0%范围内，它取决于集料的吸油能力；该公式是以集料平均密度在2.60～2.70为基础的，在缺乏资料时F值一般可取0.7%～1.0%。

②日本沥青路面设计规范经验公式。

$$P_c = 0.023a + 0.065b + 0.130c + 0.11d + 1.13 \tag{7-9}$$

式中：P_c——沥青混合料沥青含量,%；

a——粒径大于2.36mm集料的质量百分率,%；

b——粒径为0.3～2.36mm集料的质量百分率,%；

c——粒径为0.075～0.3mm集料的质量百分率,%；

d——粒径小于0.075mm集料的质量百分率,%。

当有了混合料的沥青用量后，对于再生沥青混合料，也就是再生沥青混合料的设计沥青含量（$i_R = P_c$），即可按公式计算新沥青的掺加量：

$$i_b = i_R - Pi_o\left(\frac{1-i_R}{1-i_o}\right) \tag{7-10}$$

式中：i_b——新沥青占再生混合料的质量百分率,%；

i_R——再生沥青混合料设计沥青含量,%；

P——旧料掺配率,%；

i_o——旧料沥青含量,%。

通过以上经验公式计算，得到再生沥青混合料沥青含量，但是美国沥青协会与日本沥青规范经验公式的计算结果有较大差别，难以准确估算沥青用量，因此应该通过试验来确定沥青用量。

（2）Superpave 体积设计法

Superpave 体积设计法是采用旋转压实成型试件，然后测试体积参数，确定沥青用量。现将该方法的主要步骤简述如下：

①按确定的配合比例分别称取旧料，按一只试件总质量 1180g 控制。一组称取 2 只试件。放入 150℃烘箱中 4h。

②若需要加入再生剂，事先将设计用量的再生剂加入旧料中，并拌和均匀。

③ 根据交通量的等级确定旋转压实的次数，包括 N_i、N_d、N_m 三个旋转压实次数。

④ 旋转压实成型试件。从烘箱中取出材料，将旧料充分打散，拌和均匀，按初步计算沥青用量进行拌和。如旧料中已经加入再生剂，则新沥青用量中应减去再生剂的用量。混合料拌和均匀后，用压实仪进行旋转压实成型。旋转压实的压力为 600kPa，旋转角为 1. 25°，转速 30r/min。

⑤ 在旋转压实过程中，仪器将自动记录压实次数与试件高度，由此可以获得试件的密度、空隙率、VMA 等体积参数，以及分别在 N_i、N_d、N_m 压实次数下的压实度。

⑥ 如上述试验结果基本满足要求，则变化新沥青用量，再旋转压实 N_d 次成型试件。新沥青用量有 4 种，分别得到 4 个试件的体积参数。4% 的空隙率所对应的沥青用量即为再生沥青混合料的设计用油量。

目前旋转压实设备价格昂贵，由于很多工程单位缺乏旋转压实设备，难以大范围地推广应用，所以本书没有采用此法进行配合比设计。

（3） 马歇尔试验法

目前我国广泛采用马歇尔试验法确定混合料沥青用量，但是是否适用于再生沥青混合料，这是值得探究的。这是因为马歇尔稳定度只有最低值，而未限制最高值。对于老化严重脆硬的旧沥青路面材料，倘若不用再生剂使之软化，而直接用新沥青拌和成混合料，则马歇尔稳定度可能会很高，且旧料掺配率越高，其稳定度越高，但是这并不能反映混合料具有的品质。相反，用这种混合料铺筑路面面层，会导致过早地出现龟裂。因此，仅用马歇尔试验分析混合料的性能是不全面的。但是由于该方法所用设备简单，操作方便，而且长期以来人们已经积累了丰富的经验和资料，所以在用马歇尔试验方法时只要充分注意到旧路面材料的再生，必要时考虑使用再生剂，改善再生混合料的生产拌和条件，那么应用马歇尔试验方法来确定沥青用量可以获得令人满意的结果。

再生沥青混合料配合比设计主要考虑的是所设计的再生沥青混合料能够在尽量少用或者不用新料的条件下，实现旧料的最大限度回收利用，不过再生沥青混合料必须要保证必要的路用性能。

根据《公路沥青路面再生技术规范》（JTG F41—2008）对再生沥青混合料的要求，采用马歇尔试验方法对SBS改性沥青再生混合料进行配合比设计。设计方法参照《公路沥青路面施工技术规范》（JTG F40—2004），具体技术指标要求见表7-4。

再生SBS改性沥青混合料设计技术要求 表7-4

技术指标	要求值	试验方法
马歇尔试件尺寸	ϕ101.6mm×63.5mm	T 0702
马歇尔稳定度MS	≥8.0kN	T 0709
流值FL	1.5~4mm	T 0709
空隙率VV	3.0%~5.0%	T 0708
矿料间隙率VMA	≥14%	T 0708
沥青饱和度VFA	65%~75%	T 0708
冻融劈裂残留强度比TSR	≥80%	T 0729
残留稳定度MS_0	≥85%	T 0790
车辙动稳定度DS（60℃）	≥2800次/mm	T 0719

采用马歇尔方法确定再生沥青混合料的最佳沥青用量，具体按照以下步骤进行：

①预估沥青用量。

首先通过经验公式预估再生沥青混合料的沥青用量，根据以上的计算结果，估计再生混合料的沥青含量，在此基础上分别选择4种沥青用量进行马歇尔试验。

②成型马歇尔试件。

由于热再生沥青混合料的材料组成、施工方法不同于普通的热拌沥青混合料，所以室内马歇尔试件的制作过程与普通热拌沥青混合料有所差别。

a. 旧料的再生。室内试验由于缺乏合适的破碎机械，所以采用人工破碎。将挖掘出的大块沥青混凝土在烘箱105℃下加热不多于2h，使混合料处于松散状态，然后用混合料的拌和机拌和，同时加入再生剂，在105℃下保温2h，以使再生剂充分渗透到旧料中备用。

b. 混合料的拌和。由于回收沥青混合料中沥青老化，难以压实，拌和温度较普通沥青混合料高10～15℃，将旧料加入到拌锅中，进行初步的拌和，以使旧沥青和再生剂进一步融合，进一步拌和，按照设计分别加入不同量的新沥青，再进行拌和，这一拌和过程尤为重要，拌和时间一般在90～120s。

c. 混合料的击实。拌和后的热再生沥青混合料按规范方法击实，采用正反击实75次。令其自然冷却后再脱模。如此平行5个试件为1组。其他几组试件加入不同数量的沥青，按同样方法成型试件。

③测试试件的体积参数。

马歇尔试件的体积参数有密度、空隙率与饱和度等，其测试方法基本同普通沥青混合料，但再生混合料比较复杂，这主要是由于理论密度精确计算非常烦琐，而且结果往往也不易准确。采用真空抽吸法直接测定松散状态的再生沥青混合料的最大密度。

④测定马歇尔稳定度和流值。

分别进行马歇尔试验设计、试件体积参数测试计算后，进行马歇尔稳定度和流值测试。

⑤确定再生混合料沥青用量。

确定再生混合料的沥青用量，实际上是确定新加沥青的用量。借鉴日本的技术标准与我国目前的沥青混合料技术标准，确定再生沥青混合料最佳沥青用量。

7.1.3 就地热再生施工技术

HIR可处治大部分的路面病害，包括车辙、波浪拥包、松散、泛油、表面抗滑性能不足、轻微温度裂缝及轻微疲劳裂缝等，但是路面结构性必须完好。浙江省引进了“时代再生列车”用于沥青路面就地热再生，已经在杭金衢高速公路与部分国省道推广应用，应用效果良好。

加热疏松处治路面的使用寿命一般在3～5年，路面重铺的使用寿命一般在8～10年，重新混合处治使用寿命一般在8～12年。

1）原材料

（1）回收沥青材料

回收沥青路面材料应按照表7-5的各项指标进行测试。

热再生时回收沥青路面材料技术要求　　表 7-5

材　　料	检测项目	技术要求
回收沥青路面材料	含水率	实测
	级配	实测
	沥青含量	实测
	砂当量	>55
回收沥青路面材料中的沥青	针入度（0.1mm）	>20
	黏度（60℃）	实测
	软化点	实测
	延度（15℃）	实测
回收沥青路面材料中的粗集料	针片状含量、压碎值	实测
回收沥青路面材料中的细集料	棱角性	实测

注：旧料掺配比例小于 20% 时，回收沥青路面材料中的沥青性能指标可以不测，粗集料指标可只检测针片状含量。

（2）沥青

热再生中新掺加的石油沥青宜采用 70 号 A 级沥青。

（3）再生剂

再生剂的选择应综合考虑回收沥青混合料中沥青老化程度、沥青含量、再生剂与沥青配伍性以及新料掺加比例等因素。沥青再生剂应满足表 7-6 的要求。

沥青再生剂质量要求　　表 7-6

检测项目	RA-L	RA-M	RA-H
黏度（60℃）（Pa·s）	0.1 ~ 1.0	1.0 ~ 5.0	5.0 ~ 10
闪点（℃）	≥220	≥220	≥220
饱和分含量（%）	≤30	≤30	≤30
芳香分含量（%）	≥60	≥60	≥60
黏度/TFOT 试验后黏度（%）	≤3	≤3	≤3
TFOT 试验前后质量变化（%）	-4 ~ +4	-3 ~ +3	-3 ~ +3
初馏点（℃）	≥150	≥150	≥150
密度（15℃）（g/cm^3）	实测记录	实测记录	实测记录

（4）集料和矿粉

集料、矿粉应满足《公路沥青路面施工技术规范》（JTG F40）的要求。

2）施工工艺

（1）施工准备

①就地热再生前，必须对无法通过就地热再生修复的路面病害进行预处理。

a. 破损松散类病害：如果破损松散类病害的深度已超过就地热再生施工深度，再生前应予挖补。

b. 变形类病害：变形类病害严重时，热再生机可能翻松不到，根据再生设备的不同，变形深度 3 ~ 5cm 时，再生前应考虑铣刨掉一部分。

c. 裂缝类病害：分清裂缝类病害产生的原因，对影响热再生工程质量的裂缝类病害应予处置。

②原路面特殊部位的预处理。

a. 事先用铣刨机沿行车方向将伸缩缝和井盖后端铣刨 3 ~ 5m，前端铣刨 1m 左右，深度 3 ~ 4cm，再生施工时用新沥青混合料铺筑。

b. 采用隔热板保护桥梁伸缩缝。

c. 路面热熔标线、文字以及突起路标应事先清除。

d. 对路面中央及两侧植的绿化带，应用隔热防护板保护。

③铺筑试验路段。

就地热再生正式施工前必须铺筑试验路，从技术、工程质量、施工管理、计划执行、施工安全全方位检验所有准备工作情况。就地热再生试验路段的长度一般不小于 200m。

（2）再生

①清扫路面、画导向线。

所有的工料机准备工作完成后，应清扫路面，以免杂物混入混合料内。在路面再生宽度以外画导向线，也可将路面边缘线作为导向线，以保证再生边缘线顺直美观。

②路面加热。

a. 旧路面翻松前必须经充分加热。不得因加热温度过低造成铣刨、摊铺困难和集料破损，也不得因加热温度过高造成沥青过度老化。

b. 加热机数量应不少于两台，加热器温度应适宜，带有明火的加热器一般应距离路面 20cm 左右（也可参照设备操作指南执行）。

c. 再生列车的所有设备应尽可能紧靠，减少设备间空隙，避免热量散失过多。

d. 旧路面加热宽度一般比翻松宽度每侧宽 20cm 左右，让接缝处的温度足够高，以保证纵缝的有效热接。

③路面翻松。

a. 翻松深度的控制：翻松深度要均匀，翻松深度变化时应缓慢渐变，并相应调整再生剂用量。

b. 翻松面温度宜控制在 80 ~ 100℃之间，不宜低于 70℃。

c. 随时检查翻松边缘的温度，如果温度偏低，应及时调整加热宽度，以保证纵向接缝碾压密实。

d. 翻松面应有较好的粗糙度。

④再生剂喷洒。

a. 再生剂喷洒装置应与再生剂复拌机行走速度联动并自动控制，能准确地按设计剂量喷洒。

b. 再生剂一般应加热到不影响再生剂质量的最高温度，提高再生剂的流动性和与旧沥青的融和性。

c. 再生剂一般应喷入翻松装置内，翻松的同时即可完成再生剂与旧沥青混合料的第一次初步拌和。

d. 再生剂用量要控制准确，施工过程中应特别注意翻松深度的变化，随深度变化实时调整再生剂的用量，确保再生质量。

⑤拌和。

a. 再生剂与旧沥青混合料的拌和一般经两次完成，第一次是翻松的同时，再生剂就喷入旧沥青混合料，完成第一次拌和；然后旧沥青混合料进入再生复拌机搅拌锅内，进行第二次强制拌和。

b. 复拌再生时，如果添加的新沥青混合料的油石比较常规偏小或相当时，新沥青全部随新沥青混合料一起掺入；当新沥青混合料的油石比较常规偏大时，可将偏大的部分混入再生剂掺加到旧沥青混合料内，新沥青混合料按减去偏大部分后的油石比进行拌制。

（3）摊铺

①就地热再生利用复拌机的摊铺装置进行摊铺。复拌机应匀速行进，施工速度一般为 1.5 ~ 5m/min，确保混合料摊铺要均匀，不应出现粗糙、拉毛、裂纹、离析等现象。

②应尽可能增大熨平板振捣，提高混合料的初始密度，减少热量散失，为压实创造条件。

③再生混合料的摊铺温度控制在120～150℃，不得低于110℃。

（4）压实

①就地热再生混合料的碾压应使用大吨位的振动双钢轮压路机、轮胎压路机配套使用。

②碾压必须紧跟摊铺进行，碾压时应尽可能减少喷水或不喷水（轮胎压路机），以减少温度散失。

③对纵向接缝等难以压实的部位，可选用小型振动压路机配合碾压。

（5）养生及开放交通

就地热再生后，再生路表温度低于50℃后方可开放交通；高温季节，开放交通时路表温度不宜高于45℃。

3）施工质量检验

（1）就地热再生施工过程质量管理参照《公路沥青路面施工技术规范》（JTG F40）对热拌沥青混合料的相关规定。

（2）施工过程中质量控制按照表7-7和表7-8要求执行。

就地热再生混合料施工过程质量控制 表7-7

检测项目	要求	检查频率
再生剂用量（%）	适时调整，总量控制	随时
压实度均值（%）	最大理论密度的94%	1～2次/工作日
摊铺温度（℃）	大于120	随时

就地热再生外形尺寸现场检测 表7-8

检测项目	要求	检查频率
宽度（mm）	大于设计宽度	1次/100m
厚度（mm）	-5～+5	随时
平整度（mm）	小于3	随时
横纵接缝高差（mm）	小于3，必须压实	随时
外观	平整、密实，无轮迹、油斑、离析、推挤等缺陷	随时

（3）就地热再生工程的检查与验收按照表7-9要求执行。

就地热再生工程的检查与验收 表7-9

检测项目	要求	检查频率
宽度（cm）	大于设计宽度	20个断面/1000m
厚度（mm）	最小 -5	5点/1000m
平整度IRI（m/km）	小于3（高速、一级路），其他小于4	全线连续
横纵接缝高差（mm）	小于3，必须压实	随时
压实度（%）	最大理论密度的94%	5点/1000m
外观	平整、密实，无轮迹、油斑、离析、推挤等缺陷	随时

4）注意事项

（1）就地热再生为一种预防性养护技术，仅适用于沥青路面表面层病害处治。当路面承载能力不足或中下面层、基层、土基等出现严重病害时，不宜采用该技术。

（2）采用就地再生技术必须对原路面状况进行充分调查分析。当原路面沥青老化严重［针入度小于20（0.1mm）］、路段线形不适合大型机器作业时，不宜采用该技术。

（3）就地热再生深度以路面表面层厚度为依据，再生最大深度不宜超过50mm。

（4）原路面上有稀浆封层、碎石封层、微表处等，应对表面处治层进行铣刨，或进行针对性配合比设计验证。

7.1.4 冷再生沥青混合料组成设计

将旧沥青路面回收材料，在常温下通过适当工艺加工后又重新加以利用，由于在该工艺过程中材料不需要加热，而是在常温下操作完成，故称之为冷再生。

1）冷再生技术分类

目前，废旧沥青混合料冷再生技术多种多样。按再生作业地点分，可分为就地现场冷再生和厂（场）拌冷再生；按所用结合料分类，可分为乳化沥青冷再生、水泥冷再生和泡沫沥青冷再生。

（1）按再生作业地点分类

①集中厂（场）拌再生。

集中厂（场）拌再生通常是将铣刨的沥青路面回收材料，运送到沥青拌和厂或某一场地储存起来。在厂（场）里需要配备一套破碎和筛分装置，以便将大块的旧料或者凝结成块的沥青混合料进行破碎、过筛，送入拌和机拌和。拌和机一般由一只或几只配料斗、强制式拌和机、结合料输送和计量仪表以及动力设备等组成。旧料按规定的数量加入拌和机，必要时配合一定数量的新集料，加入结合料进行拌和。然后将冷拌混合料运送到摊铺现场，进行摊铺和压实。

②现场就地再生。

现场就地再生（Cold In-place Recycling）采用专用机械设备进行作业。一般用一台铣刨机将旧路面铣刨粉碎，添加结合料，再由一台强制式拌和机进行拌和，然后整平、压实。根据所用机械设备的不同，其作业过程可能由几台设备形成一机组前后依次作业。而现代一些大型冷再生设备，则可以由一台机械完成铣刨、破碎、加结合料拌和、整平等多项工艺过程，最后用几台压路机进行碾压成型，其再生层的厚度为 7 ~ 10cm。如果将沥青层全部翻挖，同时将下面破损的基层也一并翻松破碎，然后添加稳定剂加以处理，其处理深度可达 10 ~ 30cm，经过这样处理对路面结构具有加强作用。这种再生工艺方法称为深层再生（Full-Depth Reclamation，简称 FDR）。

（2）按所用结合料分类

①乳化沥青冷拌再生。

乳化沥青冷拌再生是将沥青路面回收材料用乳化沥青作为结合料加以稳定，必要时添加适量碎石、水泥等材料，经拌和成为一种混合料，用以铺筑路面或基层的工艺过程。

乳化沥青冷拌再生与热拌再生不同，不仅其工艺过程有很大的区别，而且在再生的意义上也有明显的不同。从再生的角度来说，真正意义上的再生，是老化的旧沥青经过一定的工艺过程其性能得到某种程度的恢复。在热拌再生的工艺过程中，所添加的再生剂、新沥青，可以在热熔状态下与旧沥青接触、混合，经过充分拌和成为均匀的沥青混合料，其性能与新拌沥青混合料相当。因此，老化沥青的再生过程在混合料拌制过程中就已基本上完成。然而冷法再生是在常温下施工，乳化沥青虽然具有流动性，但是它不能与旧沥青混合料中冷态的沥青发生交融混合，因此冷法再生混合料初期不能形成良好的黏结而成松散状，因而不能形成强度。只有当乳化沥青破乳并待水分蒸发后，沥青才开始起黏结作用，混合料强度也才逐渐增长，但这时旧沥青混合料中的沥青尚未得到再生，因为旧沥青与新沥青还未能发生交融混合。以后在行车作用下，经过挤压、搓揉，慢慢产生混合交融，旧沥青才慢慢获得再生，路面逐渐得到成型。这一过程在气温较高的季节会较快地进行，但总的来说，冷法再生混合料成型的过程时间很长，也正因为如此，冷法再生的沥青混合料如用作路面表面层只能适用于低交通量道路；对于交通量较大的道路，冷法再生混合料则主要用于路面基层。

旧沥青路面材料，甚至包括破碎的无机结合料稳定基层材料，经过稳定处理用于铺筑路面基层，实际上不一定需要恢复旧沥青原有性能，在这种情况下旧沥青路面材料其主要功能是作为粒料而得到利用。因而就某种意义上来说，也可以认为是一种材料的再生。

②泡沫沥青冷拌再生。

泡沫沥青（Foamed Asphalt）冷拌再生，是将回收沥青路面材料用泡沫沥青拌和成混合料，这种再生混合料可以立即使用，也可以储存起来待需要时用于铺筑基层。

泡沫沥青技术在我国是一项新的技术。泡沫沥青的形成过程是将少量冷水加入热熔的高温沥青（140～180℃）中，由于水被迅速汽化，使沥青产生大量泡沫并伴随体积膨胀。在这一过程中沥青性质并没有发生化学变化，仅仅是暂时的物理变化。泡沫状的沥青表观黏度降低，表面积大大增大，表面张力也随之降低，这些特性使得泡沫沥青能够很好地黏附在湿冷的集料表面，特别是粉尘细集料表面。足够数量的裹覆有沥青细集料形成胶结材料，经过压实就将碎石料相互之间以“点焊”的方式黏结在一起，形成整体和强度。

泡沫沥青用于道路冷再生，由于可以节省能源和材料，对环境又无任何污染，因而是一种环保型的沥青再生方法。这种工艺方法既可用于旧路改造，也可用于新建道路基层施工，尤其适合于无铺面的低等级道路改造。泡沫沥青的用量一般为3%～5%（质量百分比），当旧路面材料本身含有较多沥青时，其用量则可降低为2%～3%。

③水泥（消石灰）冷拌再生。

冷拌再生时将沥青路面以及基层回收材料用水泥、消石灰以及粉煤灰等材料拌和成混合料，再用于铺筑基层或底基层。采用无机结合料能显著提高强度，但材料的脆性也随着剂量的增加而增大，疲劳性能降低，故混合料性质基本上同半刚性基层材料相似。采用水泥、石灰稳定再生，一般再生层厚度都在 20cm 以上，属于深层再生。

2）泡沫沥青冷再生组成设计方法

我国现行泡沫沥青冷再生混合料设计方法，具体步骤如下：

（1）确定级配范围

在规范规定的级配范围内，确定工程设计级配范围（在一定情况下，允许超出规范级配范围），具体级配范围见表 7-10。

泡沫沥青冷再生混合料级配设计范围 表 7-10

筛孔（mm）	各筛孔的通过率（%）		
	粗粒式	中粒式	细粒式
37.5	100		
26.5	85 ~ 100	100	
19	—	90 ~ 100	100
13.2	60 ~ 85	—	90 ~ 100
9.5	—	60 ~ 85	—
4.75	25 ~ 65	35 ~ 65	45 ~ 75
2.36	30 ~ 55	30 ~ 55	30 ~ 55
0.3	10 ~ 30	10 ~ 30	10 ~ 30
0.075	6 ~ 20	6 ~ 20	6 ~ 20

（2）材料的选择与准备

对泡沫沥青冷再生混合料配合比中 RAP、各种矿料、水泥等进行选择、筛分及材料质地试验（以符合规范要求为准），然后以 RAP 为基础，通过改变新集料的掺配比例，使合成后的级配满足工程设计级配的要求。

（3）确定最佳含水率

按规范对混合料进行重型击实试验，以混合料最大干密度对应的含水率作为泡沫沥青冷再生混合料的最佳含水率，并以此进行试验及施工拌和。

（4）试件成型及养生

按照试验计划，成型多组试件。试件成型采用一次击实成型，首先将拌和均匀的泡沫沥青冷再生混合料双面击实 75 次，将试样连同试模侧放于 60℃鼓风烘箱中养生 40h，从烘箱中取出后，侧放于室内冷却后，测其性能。

(5) 性能测试及指标要求

测试各组成型试件各种性能，并结合工程经验，综合确定混合料的最佳泡沫沥青用量，同时对试件进行冻融劈裂试验。试验的各种性能指标应符合表7-11的要求。

泡沫沥青混合料的技术参数指标 表7-11

试验项目		技术要求
劈裂强度(15℃)	劈裂强度(MPa)，不小于	0.4(基层、底基层)、0.5(下面层)
	干湿劈裂强度比(%)，不小于	75
马歇尔稳定度试验(40℃)	马歇尔稳定度(kN)，不小于	5.0(基层、底基层)、6.0(下面层)
	浸水残留稳定度(%)，不小于	75
冻融劈裂强度比(%)		70

注：任选劈裂试验和马歇尔稳定度试验之一作为设计要求，推荐使用劈裂试验。

3) 乳化沥青冷再生组成设计方法

我国乳化沥青冷再生混合料的设计步骤基本与泡沫沥青设计方法相同，所不同的是混合料的级配范围、拌和用水量、试件成型方法及指标要求。

(1) 级配范围

乳化沥青冷再生混合料的级配设计范围见表7-12。

乳化沥青混合料的级配范围 表7-12

筛孔(mm)	各筛孔的通过率(%)			
	粗粒式	中粒式	细粒式A	细粒式B
37.5	100			
26.5	80~100	100		
19	—	90~100	100	
13.2	60~80	—	90~100	100
9.5	—	60~80	60~80	90~100
4.75	25~60	35~65	45~75	60~80
2.36	15~45	20~50	25~55	35~65
0.3	3~20	3~21	6~25	6~25
0.075	1~7	2~8	2~9	2~10

(2) 最佳含水率

混合料最佳含水率的确定是根据《公路土工试验规程》(JTG E40) T 0131的方法，预先在混合料中加入4.0%的乳化沥青，变化不同的含水率(3%、

4%、5%、6%、7%)进行土工击实试验，数据结果中，最大干密度对应的含水率即为该批混合料的最佳含水率。

(3) 试件成型及养生

在制作马歇尔试件时，击实是一个重要的成型方式。为了更好、更真实地模拟真实铺筑过程中乳化沥青混合料被碾压的状态，采用二次击实的方法对混合料进行击实，将乳化沥青冷再生混合料双面击实50次，然后带模放于60℃鼓风烘箱中养生40h后，立即再次进行马歇尔双面击实25次，最后放至常温脱模。

4) 两种冷再生技术混合料设计方法比较

从上述冷再生混合料设计方法介绍中可知，泡沫沥青与乳化沥青冷再生混合料设计方法的主要区别在于原材料要求、含水率的确定方法及成型方法。

(1) 原材料要求

①级配要求。从级配范围不难看出，二者对混合料的级配要求基本一致，主要区别在于对细集料含量的要求，其原因是二者混合料强度形成机理不同所致。

②沥青要求。沥青是二者混合料最主要的黏结剂，泡沫沥青中的沥青不但要有良好的黏结性，同时必须能够“发泡”即形成泡沫沥青；乳化沥青主要是通过化学添加剂使沥青与水融合，其主要对沥青黏结性有要求。因此，泡沫沥青的选择范围较窄，而乳化沥青的选择就很宽泛。泡沫沥青一般不可以用改性沥青，而乳化沥青可以采用改性沥青。

(2) 含水率的确定方法

对泡沫沥青混合料来言，基本采用重型击实的方法确定混合料的含水率，最大干密度对应的含水率即为最佳含水率。主要是泡沫沥青冷再生混合料中沥青的用量较少，对混合料的最大干密度影响较小，因此可以直接采用土工试验中的重型击实来确定最佳含水率。

然而，对乳化沥青混合料而言，确定混合料的含水率通常有两大类方法：一种是与泡沫沥青混合料相同，采用重型击实的方法确定混合料的含水率，另一种是最佳液体总量法。

此外，在外加水量也有差异。乳化沥青混合料的总液体用量是通过采用土工击实的方法获得，而泡沫沥青混合料的最佳含水率则采用土工击实时最大干密度对应的含水率的65%～85%。在浙江省《公路泡沫沥青冷再生路面设计与施工技术规程》（DB 33/T 715—2008）中，直接将泡沫沥青混合料的最佳拌和用水量定义为最佳含水率的80%。

（3）成型方法

在我国现行的路面再生技术规范中，泡沫沥青冷再生混合料采用双面击实以一次成型试件，击实次数为75次；而乳化沥青冷再生混合料，采用双面击实二次成型，击实次数为50次+25次。

研究认为，乳化沥青混合料应该采用二次击实的方法成型，原因是：

①乳化沥青混合料试件放置在烘箱加热过程中，由于初始含水率较高，伴随着水分的蒸发会出现一定的体积膨胀，而且会出现空隙过大的情况。

②在乳化沥青层上铺筑热拌沥青混合料面层的施工中，一方面受到上层热拌沥青混合料传递下来的热量（平均温度可达60℃），另一方面在上面层（新的热拌沥青混合料）的碾压过程中，对受热后的乳化沥青层进行了二次压密。

由于泡沫沥青混合料的成型机理与乳化沥青混合料差异很大，混合料内部的强度形成方式是通过沥青包裹的细集料充填在粗集料而形成“点焊”的结构，而不像乳化沥青混合料的强度形成是通过水分的蒸发后破乳使得沥青发挥的黏结力，且当面层铺筑时含水率和孔隙率已达到较为理想的状态，不像乳化沥青混合料由于含水率比较大，蒸发后留下过大的孔隙率，故不需要二次击实。

7.1.5 泡沫沥青就地冷再生施工技术

1）原材料

（1）沥青

沥青采用70号基质沥青，所选用的沥青必须满足我国《公路沥青路面施工技术规范》（JTG F40—2004）中“道路石油沥青”的技术要求，见表7-13。

道路石油沥青技术要求 表7-13

指 标	单 位	要 求	试验方法
针入度（25℃，5s，100g）	0.1mm	60~80	T 0604
软化点（R&B），不小于	℃	43	T 0606
15℃延度，不小于	cm	100	T 0605
蜡含量（蒸馏法），不大于	—	3.0	T 0615

续上表

指　　标	单　位	要　求	试验方法
闪点，不小于	℃	260	T 0611
质量变化，不大于	%	±0.8	T 0610
残留针入度比，不小于	%	58	T 0604
残留延度（10℃），不小于	cm	4	T 0605

（2）集料

细集料可采用粒径0～5mm或0～3mm的石屑，粗集料可采用粒径15～25mm的碎石。其技术指标满足《公路沥青路面施工技术规范》（JTG F40—2004）中“集料”的技术要求，见表7-14和表7-15。

细集料技术指标　　表7-14

技术指标	单　位	技术要求	试验方法
表观密度，不小于	g/cm^3	2.45	T 0328
塑性指数，不大于	—	14	T 0118—93
砂当量，不小于	%	60	T 0334
含水率，不大于	%	4	T 0801—94

粗集料技术指标　　表7-15

技术指标	单　位	技术要求	试验方法
表观密度，不小于	g/cm^3	2.45	T 0328
石料压碎值，不大于	%	30	T 0316
吸水率，不大于	%	3.0	T 0304
针片状颗粒含量（混合料），不大于	%	20	T 0312

（3）铣刨料

宜采用再生机现场铣刨后取样。取样时应控制再生机行走速度、再生深度与施工时一致。取样时，应均匀地从取样槽中部取样，注意防止离析。装入塑料袋并密封后带回试验室。

（4）水泥

再生料中宜掺加1.5%～2.0%的水泥，以提高泡沫沥青混合料的水稳定性和强度。水泥应符合《通用硅酸盐水泥》（GB 175—2007）“普通硅酸盐水泥的技术要求”中对32.5级水泥的规定，见表7-16。

普通硅酸盐水泥的技术要求　　表7-16

技术性能	细度(80μm方孔筛)(%)	凝结时间		安定性(沸煮法)	3d抗压强度(MPa)	MgO含量(%)	SO_3含量(%)
		初凝(min)	终凝(h)				
指标	≤10	≥45	≤10	必须合格	≥16.0	≤5.0	≤3.5

(5) 水

拌和用水应洁净、无杂质。发泡用水建议采用自来水，如条件不允许，当采用天然水源时，吸水管应设有滤网，以防止杂草、树根等杂物堵塞拌和设备。

2) 配合比设计

(1) 设计指标

沥青的发泡效果指标应满足：膨胀比大于10、半衰期大于10s的要求，并由此确定合适的发泡条件。一般发泡条件为：沥青温度150～160℃、发泡用水量1.5%～2.0%。泡沫沥青再生混合料设计指标与要求见表7-17。

泡沫沥青再生混合料关键设计指标　　表7-17

试验指标	要求建议值	测试方法
25℃干劈裂强度	≥0.4MPa	T 0716
25℃湿劈裂强度	≥0.3MPa	T 0716
干湿劈裂强度比	≥0.60	T 0716
60℃马歇尔稳定度	≥4.0kN	T 0709

试件养护方法为：在室温、75次/面击实条件下成型马歇尔试件。成型后，不脱模，放置室内24h。脱模后，放置40℃通风烘箱中养生72h。

(2) 设计级配

泡沫沥青再生混合料设计级配见表7-18和图7-8。

泡沫沥青再生混合料设计级配范围　　表7-18

筛孔（mm）	0.075	0.15	0.3	0.6	1.18	2.36	4.75	9.5	13.2	16	19	26.5	31.5
级配上限（%）	10	13	18	25	35	45	65	80	86	90	95	100	100
级配下限（%）	4	5	7	10	15	25	35	50	58	66	72	80	90

泡沫沥青再生混合料设计级配中对细料的要求较为严格，根据浙江省湖州地区的工程经验，筛孔直径2.36mm以下通过率较难满足要求，可选择级配下限作为目标级配进行设计。细集料掺量一般为10%～20%，不宜超过30%。

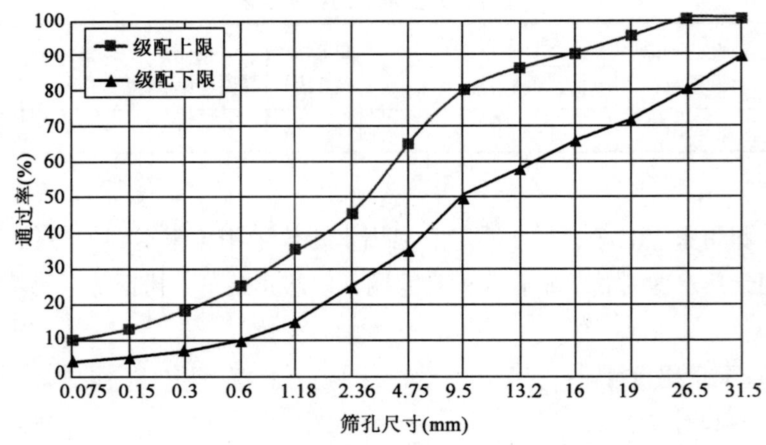

图 7-8　泡沫沥青再生混合料设计级配范围

旧料利用率不宜低于 70%。

（3）最佳拌和用水率的确定

按照《公路工程无机结合料稳定材料试验规程》（JTG E51—2009）中 T 0804-94 规定的试验方法进行击实试验，确定最佳含水率和最大干密度。最佳拌和用水量取最佳含水率的 80% 计算。

泡沫沥青再生混合料的最大干密度作为再生层压实度计算的标准密度。

（4）最佳泡沫沥青用量的确定

采用不同泡沫沥青用量拌和形成泡沫沥青再生混合料，一般采用 1.0%、1.5%、2.0%、2.5%、3.0% 共 5 个不同泡沫沥青用量。

室温双面击实 75 次成型马歇尔试件，按照《公路工程沥青及沥青混合料试验规程》（JTG E20—2011）T 0716 测试干燥和浸水劈裂强度。

在同一坐标轴上绘制所有试件（干燥和浸水）的劈裂强度与所加沥青数量的关系曲线。以最大 ITS 所对应的沥青含量作为沥青含量的设计值。

当劈裂强度一直处于增加状态，取满足设计指标要求的沥青用量作为最佳泡沫用量。

一般泡沫沥青推荐用量为 1.0% ~2.5%，不宜小于 1.0%。

（5）性能检验

在最佳泡沫沥青用量条件下成型马歇尔试件，测试干燥和浸水的劈裂强度，计算干湿劈裂强度比，并测试马歇尔稳定度，检验是否满足表 7-17 要求。如性能检验不合格，应调整级配重新进行配合比试验。

3）施工工艺

（1）施工准备

①必须配备的泡沫沥青就地再生设备有：再生机、洒水车2台、油罐车1台、平地机1台、单光轮振动压路机1台、双光轮压路机1台、橡胶轮胎压路机1台以及石料撒布机、卡车等设备。

②施工前必须对设备进行调试，保证各设备处于正常工作状态。对于再生机，在施工前30min开机预热，尤其注意检查加热系统和发泡系统是否正常。

③对局部路段病害进行处理。具体方法为：在整个横断面区域内，沿道路纵向标记点前后5m的区域内，开挖换填原面层和基层。基层可采用水泥稳定碎石，面层可采用铣刨的沥青混合料进行填补，并进行压实。如没有铣刨的沥青混合料，可采用新沥青混合料进行填补。

④撒布集料、水泥。按照泡沫沥青再生混合料的施工配合比、最大干密度、再生层厚度及铣刨厚度，计算施工作业面上单位面积所需要的石屑、粗集料和水泥用量。在就地再生机工作之前，将这些材料运至施工现场。在路面上打出方格后，首先撒布石屑和粗集料，并静压一遍，然后撒布水泥。

（2）再生施工

①正式施工前，首先进行200m试验路段施工，以调整、确定施工参数。通过试验，确定行走速度、铣刨深度、发泡用水量、拌和用水量、泡沫沥青用量、新料掺量等关键参数。

②正式施工时，泡沫沥青用量、新料掺量等参数不得随意更改。如遇到特殊路段必须更改，应向监理提交申请，重新试验调整参数，经监理同意后施工，并做好备案。

③再生过程中需要安排专门人员测试再生厚度，并将结果反馈给再生机操作手，以便进行调整。

④拌和用水量原则上按照施工前试验段确定的要求进行控制，施工中可根据实际情况进行调整。如阴雨天气，路面材料中含水率较高，可适当减少拌和用水量。炎热干燥天气，可适当增加拌和用水量。

⑤施工作业面的长度一般以150～250m为宜，尽可能长一些，以减少横向接缝。

⑥为保证横向搭接处平顺，第一刀再生与第二刀再生搭接重叠10～20cm。

⑦两个工作断面的衔接处重叠5～8m。前一断面再生后，预留5～8m不进行碾压，接下来再生施工时，加少量水泥重新拌和再生，并进行碾压。

⑧施工中注意检查再生机刀头，如有损坏或磨损严重，应立即更换。

（3）整平与压实

①完成一幅再生施工后，先用双光轮压路机初压1遍，采用去静返振的方式。在搭接处留10～20cm，待第二幅再生后一并压实成型。

②待一个工作面再生、初压完成，由平地机进行切削、刮平并根据设计要求进行调拱。

③整平结束后，采用18t单光轮压路机进行复压，1/2错轮振动方式碾压4～8遍，碾压速度控制在15～25m/min。

④终压采用轮胎压路机碾压。根据再生层厚度选择压实遍数，一般要碾压5～8遍。

⑤在胶轮压路机进行终压前，如果再生层表面干燥，可以采用洒水车对再生层表面进行洒水湿润，但是洒水量应严格控制，表面湿润即可。

⑥严禁压路机在已完成的与正在碾压的路段掉头或紧急制动，以保证再生层表面不受破坏。

（4）养护与开放交通

①再生施工结束后，再生层的强度尚无完全形成，因此需要一定的养护时间。一般情况下，连续3d气温超过20℃且不下雨，养护即可结束。

②养护结束且验收合格后，宜立即摊铺沥青混凝土。如必须开放交通，宜洒布乳化沥青透层，用量0.5～0.8kg/m^2，再撒布一层石屑，用压路机碾压一遍。

4）施工质量检验

（1）施工过程质量管理与检查

泡沫沥青再生层施工过程中，主要进行再生料的材料组成检测和性能评定。材料组成检测的主要项目为：级配组成、含水率、沥青用量和水泥用量等；性能评定的主要项目有：外观、马歇尔试件的干湿劈裂强度、马歇尔稳定度等，具体见表7-19。

泡沫沥青施工过程检测项目　　表 7-19

序号	检测内容	检测频率	要　求	检测方法
1	再生料外观	随时	沥青分散均匀，用水量适宜、无结团现象	目测
2	含水率	每幅每 200m 一次	-1% ~ +1%	T 0801-94/T 0803-94
3	马歇尔试验	每幅每 500m 一次	满足设计要求	T 0702
4	干劈裂强度	每幅每 500m 一次	满足设计要求	T 0716
7	湿劈裂强度	每幅每 500m 一次	满足设计要求	T 0716
8	压实度	每幅每 500m 一点	不小于 96%	灌砂法
9	沥青水泥用量	每个工作日一次	-0.2% ~ +0.3%	总量控制
10	厚度、宽度	每幅每 500m 一次	满足设计要求	钻芯、尺量
11	取芯	每幅每 1000m 一点	观察成型情况	半个月、3 个月以后

泡沫沥青再生层施工结束后，进行钻芯取样，对基层材料压实度、厚度、宽度等进行评价。并根据试验结果对施工工艺进行调整。

(2) 交工验收阶段的工程质量检查与验收

工程完工后，施工单位应将全线以 1 ~ 3km 作为评定路段。按照检测频度随机选择测试点，进行自检。按照设计要求计算合格率、变异系数。在规定时间内提交检测结果及施工总结，申请交工验收。交工验收测试项目见表 7-20。

泡沫沥青交工验收检测项目　　表 7-20

序号	检测内容	检测频率	要　求	检测方法
1	路面外观	全线	平整、无明显离析、无坑洞	目测
2	宽度	每幅每 200m 一次	不小于设计宽度	尺量
3	厚度	每幅每 500m 一次	满足设计要求	钻芯
4	压实度	每幅每 500m 一点	不小于 96%	灌砂法
5	劈裂强度	每幅每 1000m 一点	满足设计要求	施工过程质检资料或钻芯测试

7.2　旧水泥混凝土路面再生利用

旧水泥混凝土路面的加铺沥青面层设计主要分为三个步骤：旧水泥混凝土路面调查与评价、旧水泥混凝土路面处理和加铺沥青层设计。技术流程图如图 7-9 所示。

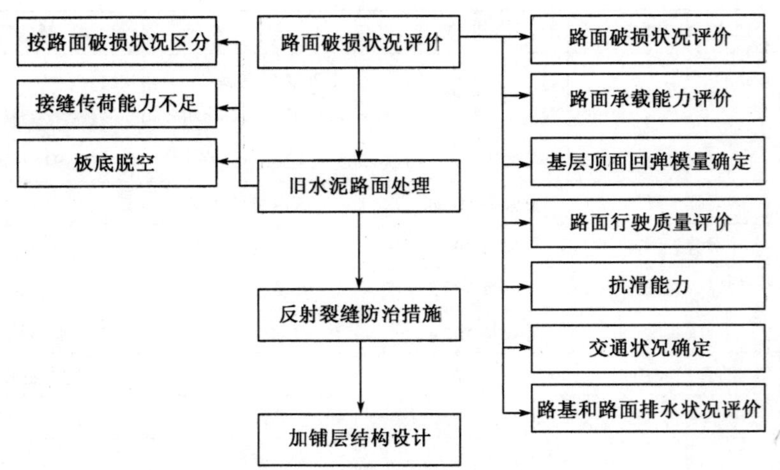

图 7-9 水泥混凝土路面加铺设计流程图

7.2.1 旧水泥混凝土路面状况调查与评价

路面性能评定是依据检测设备采集到的路面状况数据，对路面性能满足使用要求的程度做出判断。路面性能评定的概念最早在 1962 年由 AASHTO 提出，作为路面长期性能研究的重要组成部分。此后随着道路修筑技术的日益成熟和人们对道路工作性能认识的深入，路面性能评定方法和评定指标也不断完善。路面性能具有多方面属性，各自从不同的侧面满足使用要求。因而，对路面性能的评定按单项使用性能属性进行，如行驶质量评价、损坏状况评价、结构承载力评价和抗滑能力评价等。同时，为了路段使用性能具有可比性，还采用一个综合评定指标，把各项使用性能属性的评价组合在一起。

（1）水泥混凝土路面应重点调查的内容

①重点调查破碎板块、开裂板块、板边角的破损状况，计算每公里断板率（常见破坏形式见图 7-10）。调查纵、横向接缝拉开宽度、错台位置与高度，计算错台段的平均错台高度；调查脱空位置等。

②用落锤式弯沉仪（FWD）或贝克曼弯沉仪（BB）进行现场测定。

（2）旧路面接缝传荷能力的评价

①弯沉差宜按下式计算：

$$\Delta_D = D_l - D_u \tag{7-11}$$

式中：D_u——未受荷板接缝边缘处的弯沉值（mm）；

D_l——受荷板接缝边缘处的弯沉值（mm）。

a) 破碎板　b) 严重裂缝

c) 轻裂缝　d) 角隅断裂

e) 接缝啃边　f) 主车道硬路肩接缝料缺失

图 7-10　旧水泥路面常见破坏形式

②用贝克曼弯沉仪和落锤弯沉仪测定横向接缝两侧板边的弯沉时，宜用平均弯沉值评价混凝土板的承载能力，并区分不同情形对旧板进行处治。

$$\overline{D}=\frac{D_u+D_l}{2} \tag{7-12}$$

（3）旧混凝土路面结构参数确定

路面结构参数包括面板厚度、弯拉强度、弯拉弹性模量、基层顶面当量回弹模量标准值。

7.2.2 旧水泥混凝土路面处治与加固

旧水泥混凝土路面加铺沥青层，由于接缝和裂缝存在，往往会出现反射裂缝。为了减少反射裂缝，必须对旧水泥混凝土路面进行处理。对旧水泥混凝土路面的病害进行修补，如对严重破碎的板块进行破碎清除后对基层进行加固、重新补板；对裂缝、接缝进行灌缝处理；对板块间弯沉差较大的板块，有错台、裂缝等病害板块进行注浆稳固处理等。对旧水泥板块的处治，其目的是为了降低板块在形成荷载作用下的竖向变形和板块间不均匀弯沉差的出现，为沥青加铺层提供一个稳定的基础，以减少沥青加铺层中剪切应力和弯拉应力，延缓反射裂缝的发生。

水泥混凝土路面病害类型主要有四类 15 种，分别是：面层断裂类（包括纵向裂缝、横斜向裂缝、角隅、交叉裂缝或断裂板）；面层竖向位移类（沉陷、胀起）；面层接缝类（包括填料破坏、纵缝张开、唧泥脱空、错台、接缝碎裂、拱起）；面层表面类（包括磨损和露骨、纹网裂和起皮、活性集料引起的网裂、坑洞）。每种类型又按破坏程度，分为轻微、中等、严重三个等级。结合该段水泥混凝土路面现状调查，提出对主要的几种病害类型进行处理的方法。

1）面层断裂类病害

（1）裂缝处理方案

当混凝土面板上仅出现 1～2 条纵向、横向或斜向裂缝，路基与基层情况良好的路段，可采用灌浆技术处理。

水泥混凝土路面裂缝形式多样，处治时应根据裂缝的具体情况采用相应的技术措施。

①宽度在 3mm 以下的非扩展性裂缝，用低黏性沥青材料灌注，如为扩展性裂缝，则沿裂缝凿槽，注入灌缝材料。

②对于局部性裂缝，且裂缝宽度大于 3mm 时，可用低黏性沥青与细砂搅拌均匀后直接灌注。对于贯穿全厚的裂缝，则应采用条带罩面法进行处治。具体做法为：a. 顺裂缝两侧各 15cm，锯两条深 7cm 的横缝。b. 两锯缝

内侧凿除 7cm。c. 沿裂缝两侧 20cm，每隔 50cm 钻直径为 1cm，深为 7cm 的钯钉孔。d. 吹刷干净后，均匀涂刷水泥浆。e. 将钯钉孔填满砂浆后，把去污锈后的钯钉插入孔内安装。f. 浇筑快硬混凝土，及时振捣密实，并抹平。

（2）换板方案

当路面板被裂缝分割成四块以上，或水泥板的弯沉值大于 60（0.01mm）的板应当将该破损板整块挖除，处治好基层后浇筑新的混凝土板块。重新浇筑的混凝土强度不小于旧混凝土的强度。板厚与原面板厚度一致。当原路面基层稳定性差、强度不够时，应将基层彻底挖除，符合最小机械施工长度时，回填水泥稳定级配碎石；否则采用贫混凝土回填。板角断裂等破损采用局部修补方式，即对板角断裂的部分凿除成正方形或矩形，在原板壁上加装传力杆后，在凿除位置浇筑混凝土。

2）竖向位移类病害

基层或土基强度、刚度不足，造成混凝土板下沉或由于板的膨胀变形造成板块拱起属于此病害，拱起的板块应先按照养护规范要求将其应力释放，然后采用水泥压浆稳板方法。面板下沉采用深层灌浆处治，灌浆孔深度要穿透经过稳定的基层，且钻入土基的深度不得大于 7cm。

3）接缝类病害

（1）接缝填缝料损坏。原水泥混凝土路面填缝料失效、未填、填法不当或纵缝张开病害的处理办法：挖除原缝中的失效填料和杂物，用高压鼓风机吹干净，然后用沥青灌缝，要灌实、灌满。

（2）纵向接缝张开。纵向接缝开口宽度在 15mm 以下时采用低黏性沥青填缝；纵向接缝开口宽度在 15mm 以上时采用沥青砂填缝。

（3）唧泥和板底脱空。脱空检测认为接缝弯沉差大于 0.06mm 或接缝处弯沉大于 0.20mm，即认为该接缝处板角可能存在脱空，施工时以此作为板块脱空的控制标准。当接缝处平均弯沉大于 0.20mm、小于 0.40mm，则对该路段板进行浅层压浆。当接缝处平均弯沉大于 0.40mm、小于 0.60mm，则对该路段板进行深层压浆，加固路床。

当裂缝板块及破损的板块沉陷量不大，且其板块尺寸较大时，板底脱空应进行压浆处理，充填混凝土板底的脱空部分，使其为混凝土板提供均匀支撑。

如果破损后沉陷量较大或板块尺寸较小时，则不宜采用灌浆处理板底脱空问题，而应当将破碎板全部挖除后重新浇筑新面板。

另外，一些看来既没有破损又没有裂缝的板块，其底仍有可能存在脱空，亦应该确定下来，进行压浆处理，严重的采用破板新建处理。唧泥病害处理措施与板底脱空处理一致，均采用稳板压浆方法、压浆处理后应及时灌缝。

（4）错台。错台的处治方法有磨平法和填补法两种。磨平法从错台最高点开始磨平至相邻两块板齐平为止，并对此处填缝料进行养护。

（5）接缝碎裂。在破碎部位外缘，应切割成规则图形，其周围切割面应垂直于板面，底面宜为平面，然后清孔，采用沥青砂填补。

（6）拱起。拱起的板块应先按照养护规范要求将其应力释放，然后采用水泥压浆稳板方法处理。

4）表面类病害

对于表面起皮、漏骨、剥落、麻面的病害，由于病害对整个路面结构承载力和行车舒适性影响很小，可以简单处理。

7.2.3 加铺设计

根据破损调查和承载能力测试资料，旧水泥混凝土路面加铺层设计宜符合表7-21的规定。若路面结构承载能力不满足现有交通要求，应采取补强层措施。

不同路面破损条件下旧水泥混凝土路面处理方法　　表7-21

旧路面状况	评价等级	平均弯沉值（0.01mm）	修补方法
路面破损状况	优和良	20～45	局部处理：更换破碎板、修补开裂板块、脱空板灌浆，使处治后的路段代表弯沉值低于20（0.01mm），然后加铺沥青层
	中及中以下	＞45	采取打裂或各种碎石化技术将混凝土板打碎，压实，然后加铺
接（裂）缝传荷能力不足	—	$\Delta_w \geq 6$	压浆填封，或增加传力杆，或采取打裂工艺消除垂直、水平方向变形，然后加铺沥青层
板底脱空	—	—	灌浆或打裂工艺压实，消除垂直、水平方向变形，使路面稳定，然后加铺沥青层

沥青加铺层可设单层、双层或三层沥青面层，应根据具体情况增加调平层或补强层等。在稳定的旧水泥混凝土板上加铺沥青层时，对快速路、主干路厚度不宜小于100mm，其他道路不宜小于70mm。

在旧水泥混凝土路面上加铺沥青层时宜采用热沥青、改性乳化沥青或改性沥青做黏层。宜设置20～25mm厚的聚合物改性沥青应力吸收层、橡胶沥青应力吸收层，或铺设长纤维无纺聚酯类土工织物等。

路面状况评价等级为中及以下的旧水泥混凝土沥青加铺设计宜符合下列规定：

（1）当旧路面板接缝或裂缝处平均弯沉大于45（0.01mm），小于或等于70（0.01mm）时，宜采取打裂措施，消除旧混凝土板脱空，与基层紧密结合稳定后，再加铺结构层。

（2）当旧路面板接缝或裂缝处平均弯沉大于70（0.01mm）或旧混凝土板破碎严重时，可采用碎石化技术将旧路面板破碎成小块或碎石，作为下基层或垫层用。

7.2.4 防止反射裂缝措施

对于旧水泥混凝土路面加铺沥青面层反射裂缝的问题，主要有以下几种措施：

1）增加沥青罩面层厚度

沥青加铺层一般只是作为功能性加铺，其加铺层厚度的选择主要是从减缓反射裂缝的发展考虑。增加沥青面层厚度的作用主要表现在：①增强路面整体结构的分散荷载能力，改善面层受力；②延长裂缝在面层内的扩散路径，延缓反射裂缝贯穿面层的时间；③具有一定的保温作用，减小基层内部的温度应力。由于基层或旧水泥混凝土路面的弹性模量与面层相差较大，在车辆荷载的反复作用下，较厚的沥青面层底部往往产生较多的压应力而不是拉应力，这会使沥青路面容易产生严重的车辙。同时，过厚的沥青面层显然也不经济，因此不宜单纯依靠增厚面层来防治反射裂缝，必须结合其他防裂措施，才能保证经济性的同时取得良好防裂效果。

2）设置应力/应变吸收夹层

在旧PCC路面和加铺层之间设置夹层，可以使沥青层底面应力或应变因离开应力集中的接缝或裂缝端部而减小，同时也改变了加铺层的抗拉和抗剪能力。其主要类型有橡胶沥青应力吸收夹层（SAMI）、土工织物夹层、土工格栅等。这种结构一般设置于加铺层底部，其目的是减少裂缝尖端的拉应力，起到应力缓解和加筋作用。

（1）橡胶沥青应力吸收夹层（SAMI）

橡胶沥青应力吸收夹层是指设置在旧水泥混凝土路面与加铺沥青层之间，防止反射裂缝的橡胶沥青碎石夹层。

橡胶沥青应力吸收夹层集料级配要求宜符合表7-22的规定。

集料级配要求 表7-22

筛孔尺寸（mm）	通过率（%）		
	SAM-1	SAM-2	SAM-3
19	100	100	100
16	95～100	100	100
13.2	5～10	95～100	100
9.5	0～3	5～10	95～100
4.75	—	0～3	5～10
2.36	—	—	—
0.075	0～1	0～1	0～1

橡胶沥青用量宜为2.0～2.4 kg/m^2。集料撒布率宜为70%～90%，对于级配SAM-1，集料用量宜为14～16kg/m^2；对于级配SAM-2，集料用量宜为12～14kg/m^2；对于级配SAM-3，集料用量宜为10～12kg/m^2。

橡胶沥青应力吸收夹层的碎石撒布量，从理论上讲应该与橡胶沥青洒布量、碎石的平均粒径、碎石的密度等因素有关。若假定碎石颗粒的2/3～3/4高度陷入橡胶沥青，1/4～1/3高度露在上面，则碎石撒布量可按式（7-13）进行估算：

$$S=\left(\frac{D_1+D_2}{3}-\frac{G_a}{\gamma_a}\right)\gamma_s P \tag{7-13}$$

式中：S——碎石撒布量，kg/m^2；

D_1、D_2——表征单粒径碎石颗粒大小的两个筛孔尺寸，mm；

G_a——橡胶沥青洒布量，kg/m^2；

γ_a——橡胶沥青密度，g/cm^3，可取1.05g/cm^3；

γ_s——碎石密度，g/cm^3；

P——碎石撒布率（满铺率），以小数计。

（2）土工合成材料

自从 20 世纪 70 年代初开始，土工布、玻纤格栅等土工合成材料就在国外道路和机场的加铺改造工程中被用于防止反射裂缝。在我国“白改黑”工程中，土工格栅和土工布等夹层经常被采用，其作用机理是土工织物和纤维格栅内应力通常随着降温速率的减少而增大；自身具有较高的抗拉模量，可以消散裂缝尖端的应力集中。因此，土工织物和纤维格栅在一定程度上破坏了层间的连续状态，降低了结构的整体性，影响土工织物和格栅防裂作用的发挥。故采用土工织物时，一定要做到铺设平整，碾层油洒布均匀。

①土工布

土工布的主要优点有：a. 耐温。以聚酯为原料，熔点高达 230℃，沥青混合料摊铺时性能稳定，不收缩，不变形。b. 强度高。采用长丝针刺无纺工艺，纵横向强度高。c. 均质。表面均匀，可以快速浸透沥青油并达到饱和，使之与路面紧密结合。d. 稳定。防紫外线、耐冻融、耐化学药品。e. 施工便利。具有单面烧毛工艺，使土工布不会被车轮带起，保证施工质量，加快施工进度。

土工布其主要作用机理为：a. 土工布减小了面层与层间的结合力，加设土工布后，原来二层界面处的结合力明显减少，由此使补强面层最大拉应力变小。b. 由于土工布具有较大的延伸性，原有路面的裂缝位移可通过土工布使应力扩展至更宽的范围，从而缓解了裂缝处的应力集中，阻止裂缝发展。c. 由于土工布浸透沥青可以有效防止地表水入渗进入基层，避免基层进一步恶化。d. 由于土工布浸透沥青可有效防止地下水渗入界面，减小沥青罩面层在反射开裂处的剥离破坏。

② 玻纤格栅

玻纤格栅的作用机理为：a. 由于格栅是一种网格结构，所以格栅对网格内的沥青混合料能起一种“箍固”作用。因此，当半刚性基层出现裂缝并延伸到格栅处时，格栅的存在改变了沥青混合料裂缝尖端的受力状况，改变了沥青混合料的弯曲破坏过程，使裂缝处沥青混凝土的张开变形受到了约束，从而抑制了裂缝的向上发展。b. 格栅的网格结构是比较稳定的，并由于与沥青混合料相互填充而得到增强，因此格栅本身的抗拉强度大小是抑制裂缝发展的主要因素。强度高的格栅在相同变形条件下承受的荷载较高，所以，采用抗拉强度高的格栅，可更好地抑制裂缝的发展，有较好的止裂效果。

3）设置裂缝松弛/延缓层

在沥青加铺层和旧水泥混凝土路面之间，设置一层由沥青碎石混合料、级配碎石或水泥稳定碎石组成的裂缝缓解层。

（1）级配碎石

级配碎石是完全没有结合料处治的散粒结构，其本身并不承受拉应变及拉应力。旧水泥混凝土路面顶面裂纹尖端的拉应力不会在碎石层形成应力集中，因而碎石基层吸收了裂纹所释放出的应变能。也可认为级配碎石散粒结构具有较大的塑性变形能力，这种能力充分吸收裂纹释放的应变能，从而阻碍了裂纹向上扩展。当其作为过渡层材料时，处于三向受压的状态。这些结构上的特点以及特殊的受力状态使得级配碎石层能充分吸收其下层裂缝释放的应变能，从而达到抑制裂缝的效果。

密实的级配碎石层本身可认为存在无数微小裂缝，这种裂纹之所以不扩展，原因在于这种裂纹是每个颗粒界面都存在、大量无规则的，在外界因素作用下，不存在拉开（拉应力）或拉开的趋势，因而这种微小裂纹不存在传递的条件，既不会扩大也不会向上反射。

级配碎石材料对裂缝具有自愈性，一旦出现反射裂缝，无黏结级配碎石集料在荷载的作用下位置重新调整，同时应力重新分布，集料重新排列，这不仅不会促进裂缝的发展，还会使产生的裂缝得到一定程度的弥合。

级配碎石过渡层的隔离作用，大大改善了水泥混凝土路面的温度、湿度状况，减少了温度应力。

由预先筛分的几档不同粒径的碎石以及石屑，经严格级配设计而成的混合料，称为级配碎石。它是一种具备一定强度和柔性的材料，对于这种无结合料黏结的级配碎石基层，其强度形成主要源于碎石本身强度和颗粒之间的嵌挤作用。级配碎石集料之间均有嵌挤、密实，高质量的碎石材料，良好的级配，精细的施工工艺使级配碎石总体上具有良好的路用性能。

级配碎石集料是指由各种大小不同的粒级集料组成的混合料，其级配符合技术规范。由于级配集料中没有石灰、水泥或沥青等胶结料，也通常被称为无结合料粒料。

级配碎石层的石料最好采用高质量的轧制石灰岩。石灰岩易轧制成四方形形状，容易达到级配要求，且石灰岩粗集料具有一定韧性，细集料具有一定的塑性，在级配碎石混合料施工中，其和易性和保水性都较好，易于碾压成型，不易离析；石灰岩粉末类同于石灰粉，与水反应后可以形成一定的强度，有利于路面结构的强度和长期性能的提高。而对于粗砂岩、风化岩、变质岩等材料，由于针片状颗粒含量较多，在施工中容易离析，并难以压实成密实状态，在行车作用下易产生较大的瞬时变形，因此施工中必须严格控制原材料质量，尽量采用轧制的石灰岩，在石灰岩短缺地区，可以采用花岗岩、辉绿岩等代替。

级配碎石层的强度主要来源于碎石本身强度及碎石颗粒间的嵌挤力，因此粗集料的强度指标对级配碎石混合料的强度具有重要影响。美国AASHTO规范和ASTM规范均未对级配碎石基层集料强度作具体规定，仅是间接要求其CBR值大于80%。我国规范中将压碎值作为级配碎石粗集料的强度标准，本书级配碎石要求具有高强度、高密实性，对其强度指标参照沥青混合料粗集料标准，同时采用压碎值和洛杉矶磨耗值作为级配碎石的强度标准，模拟在拌和、施工中软弱粒料材料的破碎情况。

所采用的级配碎石应满足表7-23和表7-24所列技术指标和设计标准。

级配碎石材料技术要求 表7-23

试验内容	技术指标	试验内容	技术指标
液限	<25%	洛杉矶磨耗值	<35%
塑性指数	<4%	坚固性试验	<12%
砂当量	>45%	针片状指数	<20%
压碎值	<26%	堆积角（内摩擦角）	≥35°
含泥量	<4%		

级配碎石混合料重型击实设计标准 表7-24

试验项目	技术要求	试验项目	技术要求
CBR，不小于	100%	固体体积率，不小于	85%

级配碎石是一种由不同粒径石料组成的嵌挤密实型结构，级配碎石通过振动碾压使松散体形成骨架，从而具有一定强度。级配碎石在国外应用较广，多用作柔性路面的下基层（面层和主要承重基层为沥青混凝土），故对其级配要求不严，通常采用AASHTO、ASTM等标准。这些标准范围较宽，

易出现较大工后变形，并不一定适合作为过渡层的级配标准。

集料级配是影响级配碎石强度和刚度的重要原因，连续密实的级配易获得高的密实度，其强度和抗变形能力都会得到提高。细集料过多，会减弱集料之间的嵌挤效果，细集料过少，不容易达到密实的级配，集料的密实度难以提高；粗集料过少，会降低集料之间的嵌挤力，粗集料过多会对级配产生影响，无法达到提高材料模量的要求，这就要求重新建立优质级配碎石级配标准，以获得高密实、高刚度而又具有良好透水性的优质级配碎石。对级配碎石的一些室内研究表明，最大粒径为 30 ~ 40mm，5mm 集料通过率为 40%，小于 0.074mm 的细集料含量为 5% ~6%，并且采用连续密实和骨架密实的级配较好。通过对国内外级配碎石级配的研究，级配碎石推荐级配如表 7-25 所示。

级配碎石级配范围（单位:%） 表 7-25

筛孔 (mm)	53	37.5	31.5	26.5	19	16	13.2	9.5	4.75	2.36	1.18	0.6	0.3	0.15	0.075
DGAB35	100	95 ~ 100	85 ~ 95	75 ~ 90	60 ~ 82	53 ~ 78	48 ~ 74	40 ~ 65	25 ~ 50	18 ~ 40	13 ~ 32	9 ~ 25	6 ~ 20	3 ~ 13	0 ~ 7
DGAB30		100	90 ~ 100	79 ~ 95	60 ~ 85	53 ~ 80	48 ~ 74	40 ~ 65	25 ~ 50	18 ~ 40	13 ~ 32	9 ~ 25	6 ~ 20	3 ~ 13	0 ~ 7
DGAB25			100	90 ~ 100	75 ~ 95	66 ~ 88	59 ~ 82	46 ~ 71	30 ~ 55	18 ~ 40	13 ~ 32	9 ~ 25	6 ~ 20	3 ~ 13	0 ~ 7

注：试验要求用水筛。对于干旱地区 0.075mm 通过率取接近上限值，潮湿、冰冻地区取接近下限值。

（2）大粒径沥青碎石混合料

①密级配大粒径沥青稳定碎石。对于某个具体的工程进行集料级配设计时，由于各个地区材料性质的差异，必须结合材料特性进行设计。ATB-25 和 ATB-30 矿料级配如表 7-26 和表 7-27 所示。

ATB-25 矿料级配范围（单位:%） 表 7-26

筛孔 (mm)	31.5	26.5	19	16	13.2	9.5	4.75	2.36	1.18	0.6	0.3	0.15	0.075
上限	100	100	80	68	62	52	40	32	25	18	14	10	6
下限	100	90	60	48	42	32	20	15	10	8	5	3	2
中值	100	95	70	58	52	42	30	23.5	17.5	13	9.5	6.5	4

ATB-30 矿料级配范围（单位:%）　　表7-27

筛孔(mm)	37.5	31.5	26.5	19	16	13.2	9.5	4.75	2.36	1.18	0.6	0.3	0.15	0.075
上限	100	100	90	72	66	60	51	40	32	25	18	14	10	6
下限	100	90	70	53	44	39	31	20	15	10	8	5	3	2
中值	100	95	80	62.5	55	49.5	41	30	23.5	17.5	13	9.5	6.5	4

②开级配大粒径沥青稳定碎石中，ATPB-25、ATPB-30 矿料级配如表7-28和表7-29 所示。

ATPB-25 矿料级配范围（单位:%）　　表7-28

筛孔(mm)	31.5	26.5	19	16	13.2	9.5	4.75	2.36	1.18	0.6	0.3	0.15	0.075
上限	100	100	100	90	82	70	3	3	3	3	3	3	3
下限	100	80	60	45	30	16	0	0	0	0	0	0	0
中值	100	90	80	67.5	56	43	1.5	1.5	1.5	1.5	1.5	1.5	1.5

ATPB-30 矿料级配范围（单位:%）　　表7-29

筛孔(mm)	37.5	31.5	26.5	19	16	13.2	9.5	4.75	2.36	1.18	0.6	0.3	0.15	0.075
上限	100	100	95	85	80	75	60	3	3	3	3	3	3	3
下限	100	80	70	53	36	26	14	0	0	0	0	0	0	0
中值	100	90	82.5	69	58	55.5	37	1.5	1.5	1.5	1.5	1.5	1.5	1.5

4）沥青层锯切横缝

在 HMA 层上，对准旧 PCC 路面上的横缝位置锯切新横缝，并在开放交通前灌缝。这种方法可以为释放加铺层内因温度收缩产生的拉应力提供预定的不连续断面，从而控制随意裂缝的出现。美国东北部 12 个州曾在 PCC 路面改建中采用该方法，对 15 个试验路面检测结果表明，锯缝和灌缝可以减少 64% 的反射裂缝。Kilareski 认为这种方法的施工关键在于确定切缝位置，必须在原有接缝 25mm 范围内切缝，否则会出现次生反射裂缝，因此对施工工艺要求较高，如图 7-11 所示。这种措施在我国几乎没有应用。

5）破碎和固定技术

在旧混凝土面层的结构损坏较严重，断板率较高，对损坏板进行修复后再采取其他措施已不经济时，可以对旧面层进行破坏和固定。应用混凝土破碎机，将面层板分解成尺寸为60～100cm的碎块，随后用重型轮胎路碾在碎块上碾压数遍，使之牢固地坐落在基层上，与基层顶面之间无空隙。由于板块尺寸减小，温度下降时的收缩位移大大降低，从而也降低了加铺层的拉应力。同时，接缝和裂缝两侧板块的弯沉量和弯沉差也随板块尺寸的减小而降低。然而，碎裂大大降低了旧面层的结构刚度，使破碎混凝土层的性状处于柔性和半刚性之间。

a)沥青层锯切横缝

b)产生次生反射裂缝

图7-11　沥青层锯切横缝的效果

旧面层破碎和固定后，须清除接缝和裂缝内的松散混凝土和杂物，然后摊铺沥青混合料整平层，填补所有裂缝、接缝和不平处，再在其上铺筑加铺层（黏结层和上面层）。

目前旧水泥路面混凝土板破碎处理方法主要有冲击压实、打裂压稳及碎石化等技术，采用的设备主要有冲压压路机、门刀式落锤破碎机、多锤头破碎机、共振式破碎机等。同时采用胶轮压路机、Z型压路机等设备进行水泥面板辅助破碎，并起到对水泥碎块压实稳固的作用。

（1）冲击压实技术

冲击压实机是具有高冲击能量的压实机械。它一改传统的拖式光轮压路机的圆形钢轮为五边形或正方形，当机器行走时，在轮面与地面阻力的作用下，轮轴反复抬升和落下进而使钢轮冲击夯压地面。当压实机冲击路面时，面板处于受弯状态，当冲击荷载超过水泥混凝土的抗弯拉强度时，顶面横向裂纹扩展而使面板被折断。随着冲压遍数的增加，钢轮交错作用于面板，横向裂缝变宽并开始出现纵向裂缝。冲击压实机对水泥路面施加的强大冲击力足以使路面“破碎”和“稳固”，为加铺沥青混凝土面层提供了高强、稳定的的基层。

冲击压路机具有低频高能量和大振幅的特点，其工作频率在 2Hz 左右，振幅在 0.1 ~ 0.22 m，最大冲击力达 200t 以上。冲击压路机在打裂旧水泥混凝土路面的同时，还将冲击影响到路基以下，能检查出旧路面的薄弱部位，有效消除旧水泥混凝土路面板的脱空和起到加固地基的作用。冲击压路机除了冲击压实的作用外，还具有静力、搓揉、振夯、冲击的作用，比较适用于面板破损严重且板下有地基软弱的情况。在冲压 5 遍后，绝大部分水泥板块产生裂缝，裂纹大部分呈横向，裂缝块呈长条形。冲击 10 ~ 15 遍后，板块产生块状裂缝，水泥颗粒尺寸为 20 ~ 40cm。冲击压实机破碎原理及过程如图 7-12 ~ 图 7-15 所示。

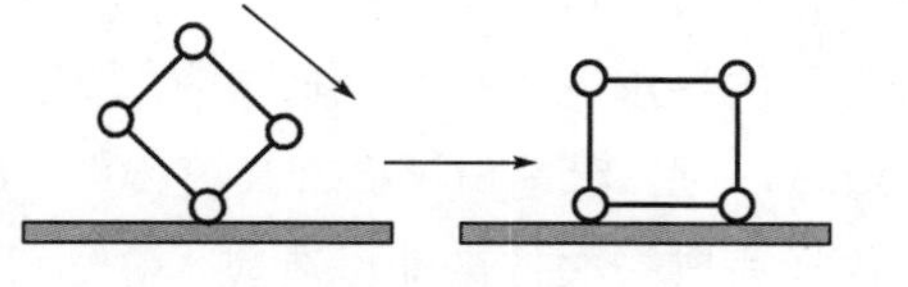

a)滚动打击水泥板　　b)水泥板产生裂缝

图 7-12　冲击压路机破碎原理示意图

图 7-13　IMPACTOR2000 冲击压实机

图 7-14　冲压 10 ~ 15 遍后基本完成破碎

图 7-15　冲击破碎后水泥颗粒

(2) 打裂压稳技术

①打裂压稳技术原理。

打裂压稳是指通过专用设备将大吨位门刀式冲击锤提升一定高度后自由落体所产生的巨大冲击力将水泥路面横向打裂，并采用胶轮压路机碾压使其稳固的一种旧水泥路面破碎改造加铺沥青混凝土技术。打裂压稳技术可以延缓沥青加铺层反射裂缝的出现，并充分利用原有水泥路面的强度。

打裂压稳采用的破碎设备一般采用门刀式破碎机（Guillotine Breaker），其冲击锤宽度至少有2.4m，锤头质量5t以上，以具备足够的冲击能量使水泥路面产生全深度的开裂破碎。

打裂压稳技术的原理比较简单，它是通过一个大吨位的门刀式冲击锤从高处自由落体所产生的巨大冲击力一次将水泥板打裂。通常，门刀式冲击锤的宽度30~40mm，长度200~250mm，质量5~8t，提升高度100~150mm。瞬间冲击力可以达到50~100t，这样完成一次打击即可造成水泥板破碎，如图7-16所示。

②打裂压稳破碎设备。

图7-17为美国ANTIGO公司生产的Badger Breaker 8600破碎机，目前山东省公路养护工程公司已经引进这种设备。BB8600破碎机锤质量12000磅(5500kg)，锤头长96in(250mm)、宽1.5in(38mm)，锤头最大提升高度为108in(2700mm)，最大打击次数35次/min，最大工作移动速度80ft/min(24m/min)。

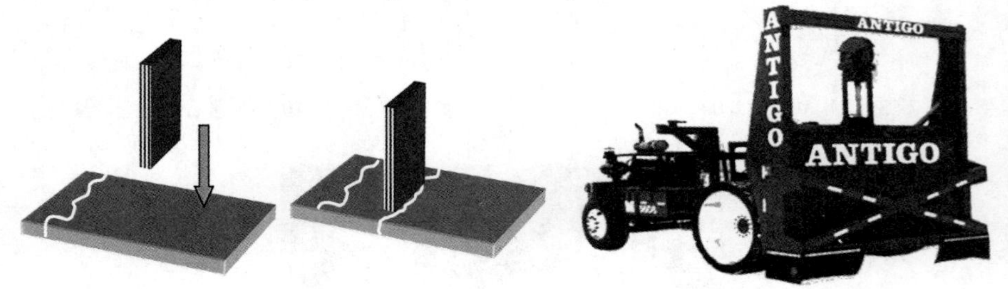

图7-16　打裂破碎原理示意图　　　图7-17　Badger Breaker 8600破碎机

③打裂压稳破碎效果。

门刀式破碎机每隔0.5~1.0m打击一次水泥路面，打击一次即完成破碎，一般不可重复打击路面。

水泥路面打裂压稳后形成的碎块面积在 0.4 ~ 0.6m^2，碎块的最大尺寸一般在 50 ~ 90cm 之间，成功的打裂压稳技术可将混凝土路面转变成半刚性系统，可以在保证罩面施工所需的稳定基层的同时减缓板体过大的位移（水平方向和竖直方向），如图 7-18 和图 7-19 所示。但是，这样大小的水泥板还不足以消除反射裂缝，只能延缓反射裂缝的发生。

图 7-18 门刀式破碎机对水泥路面破碎

图 7-19 破碎效果

（3）碎石化技术

①碎石化技术原理。

碎石化改造技术是通过对旧水泥路面进行比较彻底地破碎从而有效地减少混凝土板的有效尺寸，充分降低水泥混凝土板接缝、裂缝处在荷载、温度、湿度变化下的位移，从而有效地防止反射裂缝的发生。与冲击压实和打裂压稳相比，碎石化对旧水泥面板的破碎程度更为彻底，碎石化处理后水泥碎块的最大粒径在 20 ~ 30cm 之间，经压实稳固后水泥混凝土面板表面碎块最大尺寸 5 ~ 10cm。由此，碎石化通过对旧水泥路面进行均匀地冲击、破碎、压实，在损失一部分结构强度和整体性能的情况下，把水泥路面在温度、湿度、荷载作用下的位移降低到沥青混凝土面层可以允许的范围内，从而彻底解决了反射裂缝问题，为加铺沥青混凝土面层提供稳定、坚实的类似于级配碎石的基层。

碎石化技术是一种对旧水泥路面较为彻底的破碎、稳定、加铺沥青混凝土的路面改造技术。碎石化技术主要采用两类设备：多锤头破碎机（MHB）和共振式破碎机（RM）。多锤头破碎机破碎原理与打裂压稳技术有所不同，其采用打击点多、作用面积小，因此破碎尺寸较小。共振式破碎机与其他方法的破碎原理不同，它是利用共振原理完成水泥板破碎，因此破碎效果更好，而且对基层材料影响较少。

②碎石化改造技术相关设备。

下面详细介绍多锤头破碎机（MHB）和共振式破碎机。同时采用Z型钢轮压路机对破碎的水泥碎块完成补充破碎和压实稳固。

a. 多锤头破碎机（MHB）。MHB是Multiple Head Breaker（多锤头破碎机）的缩写，设备全貌见图7-20。MHB由两部分组成：前半部分为动力系统，柴油发动机，液压传动；后半部分为破碎系统，中间备有2排各3对650kg的锤头，两侧各有1对865kg翼锤。每对锤头的提升高度可以独立调解，最大提升高度110cm。MHB其他技术参数见表7-30。

MHB多锤头破碎机技术指标 表7-30

设备参数	数　值
锤头宽度	200mm（8in）
锤头长度	305mm（12in）
锤头间距	400mm（横向），510mm（纵向）
中间锤头最大提升高度	110cm（43in）
翼锤最大提升高度	152cm（60in）
碎石化宽度	2.4～4.0m（8～12.7ft）
工作速度	150～290m/h

图7-20　MHB多锤头破碎机

MHB工作时锤头每间隔115mm(4.5in)敲击一次路面，锤头底部与路面的接触面积为37mm(1.5in)×200mm(8in)，MHB后排的锤头垂直击打路面而前排的锤头的打击方向与路面呈60°的角度。MHB具有一次全宽破碎4m的能力，设备工作速度一般为单车道1.2～1.6km/d。破碎效果如图7-21和图7-22所示。

图7-21 MHB多锤头破碎机破碎效果

图7-22 水泥路面内部破碎状况

b. 共振式破碎机（Resonant Pavement Breaker）。共振式破碎机（Resonant Pavement Breaker，RPB）是通过对水泥混凝土面板施加高频率低振幅的冲击能量引起水泥面板的共振而导致其破碎。共振式破碎机的破碎原理与多锤头破碎机的打击破碎原理不同，这种共振破碎方式对水泥路面破碎更加彻底，水泥碎块比较均匀，同时对基层、地基、管线、桥涵及其他构造物影响较小。

图7-23为美国RM公司生产的共振式破碎机，技术参数见表7-31。共振式破碎机碎石化效果受到共振头宽度、施加的频率、振幅、工作速度等因素的影响。在碎石化施工中需要根据路面具体条件加以调整。一般施加的频率为44Hz，振幅为13mm（0.5in）。共振式破碎机共振头宽度只有20cm左右，而且每遍破碎必须至少与上一遍破碎有2.5cm的重叠，因此一般需要18～20遍破碎才能完成一个车道的碎石化。一台共振式破碎机的碎石化处理能力一般为单车道1.6～2.4km/d。

共振式破碎机主要技术指标　　表7-31

设备参数	数　值
共振头宽度（mm）	175 / 200 / 225 / 280
频率（Hz）	44 / 46 / 48
施加荷载（kg）	135～2250
工作速度（km/h）	3.2～6.4

旧水泥混凝土路面共振碎石化的全过程可根据图7-23进行说明。在该过程中，只要锤头的激振运动持续，水泥板将持续维持着振动与波动，在这些运动中，始终伴随着能量的传递、累积与转化。

共振机锤头

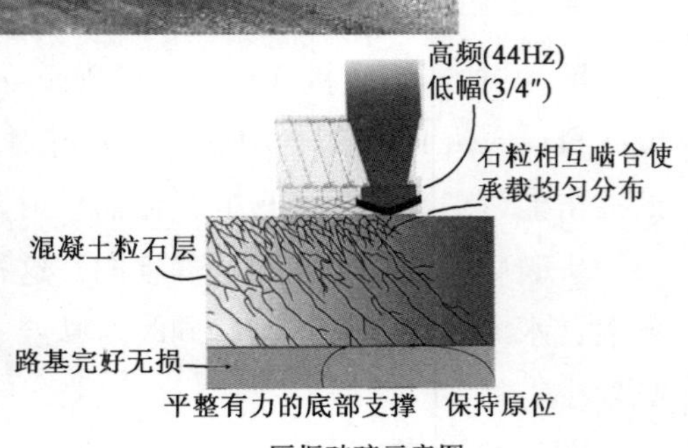

区振破碎示意图

图 7-23 共振式破碎机

共振式破碎机的锤头在水泥板上激振，经碰撞冲击，将能量通过动能的形式传递给水泥板。水泥板在此激励作用下，由与锤头的接触处开始，大部分应力波逐渐传递至整个板块，应力波将在水泥板内反复进行多次的传递，大部分能量以弹性应变能的形式保留在被激振的水泥板内，整个水泥板的材料均被“激活”，在各自位置上做微小振动。从宏观角度上看，激励源（锤头）的频率会逐渐接近水泥板的固有频率，最后达到一致，形成共振现象。

共振破碎的工作锤头在激发路面共振的同时快速向前移动冲击的合力指向前下方，从而使振碎的裂纹与路面形成了一定的夹角，因而破碎后的碎石纹路规则排列并与路面形成 35°～40°夹角（图 7-24）。这一夹角可使碎石块之间相互嵌合，经压实后相互啮合得更紧，从而使碎石层起到更好的砾石稳定层的作用。而普通重锤冲击式破碎方法的冲击力是垂直向下的，碎石裂纹大多是大致垂直于路面的，不利于该层的承重与稳定。

c. Z 型压路机。Z 型压路机（图 7-25）为单钢轮振动压路机，钢轮外包 Z 型钢箍并通过螺栓固定在压路机表面。采用 Z 型压路机一方面可以增加对破碎水泥块的压力，使其进一步碎化；另一方面可以防止水泥碎块在碾压过程发生移动，增加压实稳固效果。一般要求 Z 型压路机毛重不小于 10t，压实效果见图 7-26。

图 7-24　共振式破碎机破碎效果

图 7-25　Z 型压路机（格栅型压路机）

图 7-26　Z 型压路机碾压后的效果

（4）四种破碎技术的比较

冲击压实、打裂压稳、多锤头碎石化与共振碎石化是目前旧水泥路面破碎改造的四种常用技术，这四种技术具有各自的特点，具体对比见表 7-32。

四种破碎技术比较　　表 7-32

破碎技术	破碎后水泥颗粒大小（mm）	对地基、构造物、民房等的影响	破碎速度（单车道，m/h）	破碎费用（元/m^2）
冲击压实	450 ~ 500	很严重	200 ~ 300	5 ~ 8
打裂压稳	500 ~ 900	严重	400 ~ 500	10 ~ 12
多锤头碎石化	50 ~ 300	较严重	150 ~ 300	12 ~ 15
共振碎石化	40 ~ 200	较小	200 ~ 300	50 ~ 60

冲击压实利用五边形冲击压实机在拖动过程对路面产生的巨大冲击力来

完成对水泥面板的破碎和压实。冲击破碎最终获得的网状碎块一般应控制在45～50cm之间，冲击破碎通常需要对路面冲压15～20遍才能满足破碎要求。冲击压实机的拖动速度一般控制在7～12km/h，这样完成一公里车道的破碎需要3～5h。冲击压实技术水泥路面破碎费用为5～8元/m^2。

打裂压稳采用落锤式破碎机将大吨位门刀式冲击锤提升一定高度后自由落体所产生的巨大冲击力将水泥路面横向打裂。打裂压稳技术一般要求破碎效果应使75%以上的路面不规则开裂，相邻裂缝围成的颗粒为0.4～0.6m^2，碎块的最大粒径一般在50～90cm之间。这种落锤式破碎机打击路面一次即可完成破碎，因此施工效率较高，2h左右即可完成一个车道的破碎。打裂压稳技术水泥路面破碎费用为10～12元/m^2。

多锤头碎石化技术是将旧水泥面板更为彻底地破碎，以解决反射裂缝的问题。碎石化技术要求破碎后水泥路面表面颗粒不超过75mm，中间不超过230mm，底部不超过380mm，因此碎石化技术需要采用多锤头破碎机、Z型压路机等设备。多锤头破碎机的工作速度为150～290m/h。多锤头碎石化技术水泥路面破碎费用为12～15元/m^2。

共振式破碎机是通过对水泥混凝土面板施加高频率低振幅的冲击能量引起水泥面板的共振而导致其破碎。共振碎石化技术水泥路面破碎费用为50～60元/m^2。

根据分析以及实际工程应用，并借鉴美国相关技术规范和施工指南，提出各种技术的破碎尺寸要求，见表7-33。

各种技术的破碎尺寸要求 表7-33

破碎技术	破碎设备	破碎尺寸要求
碎石化	多锤头破碎机与共振	表面层最大75mm，中层最大250mm，底部最大400mm
冲击稳固	多边形压路机	80%以上的水泥碎块平均当量半径40～45m，最大60cm
打裂压稳	门刀式破碎机	75%以上的路面出现不规则开裂，相邻裂缝围成的颗粒为0.4～0.6m^2

第 8 章　公路生态边坡

8.1 概　　述

公路作为国家重要的基础设施，已经成为国民经济以及现代生活的重要组成部分。而道路建设的飞速发展中，尽管道路的建设越来越倡导环境保护，尽力避免深挖高填，但路基作为道路的主要结构，所遇地形复杂多变，仍不可避免地对生态环境造成破坏，如开挖路堑、填筑路堤等形成了大量的裸露坡面，这些坡面的存在会导致原生植被破坏、土壤侵蚀等一系列生态环境问题，对沿线生态环境产生负面影响，并且有的还存在地质灾害隐患，影响到主体工程的安全稳定。道路边坡包括路堑边坡和路基边坡，因对道路本身的安全性能和周围环境产生重要的影响，其生态恢复和景观的营造，成为道路建设中的重要内容。传统的工程护坡技术，如灰浆或三合土等抹面、喷混凝土、浆砌片石护坡、锚喷护坡、锚喷网护坡等，在减轻坡面修建初期的不稳定性和侵蚀方面的效果很好，但随着时间的推移，岩石、混凝土的风化，钢筋的腐蚀，工程护坡的强度会降低，效果越来越差，而且不利于恢复自然植被，不利于生态平衡。在此情况下，以客土喷播、厚层基材喷射、植被混凝土、喷混植生等为代表的绿化裸露边坡的生态边坡工程技术应运而生，并且在目前的工程建设中得到了越来越广泛的应用。边坡生态防护成为近年来研究的热点，越来越受到重视。

澳大利亚景观设计师艾德娜·沃林在《澳大利亚道路景观设计》一书中，设想未来的道路的景观设计应该促使人们去发现沿途风景，沿途的景观就好像是一个有条理的故事，故事的情节随着路线的变化而慢慢展开。可见，在运动中欣赏风景可以获得一种不寻常的体验，因此在道路大规模建设之时，对边坡生态防护技术进行研究，使道路一路好景具有非常重要的意义。

8.1.1　常规边坡防护技术

常见的边坡工程防护工程技术包括砌石挡墙、砌石护坡、现浇混凝土、抗滑桩、水泥砂浆喷锚等形式。

砌石挡墙根据防护强度不同可分为干砌石、浆砌石挡墙，结构形式多为重力式，有仰斜式、直立式、俯斜式、凸形折线式、衡重式等断面形式。石料选择新鲜、无风化的毛石，并且要求干砌石强度不低于MU20、浆砌石强度不低于MU30，用M10水泥砂浆砌筑时强度不低于MU40。适用于土质、土石混合边坡，干砌石挡墙尤其适用于防护等级要求不高的土质、土石混合边坡。可用于不同坡度的坡脚防护，但干砌石挡墙防护高度一般不超过2m，浆砌石挡墙一般高度不超过5m，超过时一般会分级或采取加筋等处理措施。

砌石护坡根据防护强度不同分为干砌石、浆砌石护坡两种。石料以片石为主，结构主要由脚槽、坡面、封顶三部分组成，其中脚槽有矩形、梯形等形式，用于阻止砌石坡面下滑，起到稳定坡面的作用。浆砌石一般采用M7.5水泥砂浆砌筑。适用于土质、土石混合、易风化岩石边坡。干砌石坡度不宜陡于1∶0.25，浆砌石坡度不宜陡于1∶0.75。

混凝土护坡技术使用的主要材料为强度不低于C20的混凝土，现浇混凝土或混凝土砌预制块护坡适用于坡比1∶1～1∶0.5之间、高度小于3m的边坡坡面，钢筋混凝土坡面可用于陡于1∶0.5的边坡坡面。

抗滑桩土方量小，省工省料，施工方便，工期短，是被广泛采用的一种抗滑措施。可用于各类边坡，一般用于存在不稳定隐患的高陡边坡。需根据滑坡体厚度、推力大小、防水要求和施工条件等，选用不同类型的桩，材料上如钢桩、混凝土桩或钢筋混凝土桩等，结构上如单桩、排桩、群桩、有锚桩和预应力锚索桩等。

水泥砂浆喷锚护坡技术是对裸露的石质坡面喷射水泥砂浆进行防护，对于坡度较陡或欠稳定边坡，通过打锚杆挂防护网，增强防护效果。适用于易风化、裂隙和节理发育、坡面不平整的岩石边坡，当用于软岩坡面时应加钢筋网，适用坡面坡比一般不宜陡于1∶0.5。

采取以上工程加固措施，对减轻坡面修建初期的不稳定性和侵蚀方面效果很好，作用非常显著。但是通常的工程护坡方法，随着时间的推移，混凝土面、浆砌片石面都会风化，混凝土的老化、钢筋的腐蚀导致强度降低，效果也越来越差，后期整治费用高。这些防护结构矗立于道路两旁，看似坚固，但生态环境效果极差（图8-1）。边坡坡面采用工程防护措施后，由于缺乏植物生长的环境，被破坏了的植被很难迅速恢复。

图 8-1　工程边坡与周围环境不协调

8.1.2　生态边坡的特点

采用生态护坡则与此相反，开始作用比较弱，但随着植物的生长和繁殖，强度增加，对减轻坡面不稳定性和侵蚀方面的作用会越来越大。另外，植被护坡还有一个显著的优点，是能够恢复由于人类工程建设所破坏的生态环境，保持生态间的平衡。但是植被护坡也有其局限性，如植被根系的延伸使土体产生裂隙，增加了土体的渗透率；又如植物的深根锚固仍无法控制边坡更深层的滑动，若根系延伸范围内无稳定的岩土层，则其作用便不明显，若遇大风雨则易连根拔出。另外，对于高陡边坡，若不采取工程措施，植物生长基质也难以附于坡面，植物当然无法生长。因此，生态防护技术应与工程加固措施结合，发挥二者各自的优点，可有效解决边坡工程防护与生态环境破坏的矛盾，既保证了边坡的稳定，又实现了坡面植被的快速恢复，达到人类活动与自然环境的和谐共处（图 8-2）。

图 8-2　生态边坡和谐融入周围环境

生态边坡与岩土体的性质、气候、水文等因素密切相关，因此，结合我国工程建设开展工程生态边坡技术研究，有利于推广和完善适合我国特点的生态边坡技术。

生态边坡防护实践的历史由来已久，但其形成一门技术，按规范有程序地实施还是近十几年的事，国际上专门以植被护坡为主题的首次国际会议于1994年9月在牛津举行。生态边坡技术的观念、设计、施工等都经历了一个逐步发展的过程，如从简单的人工播种草籽、铺草皮发展到机械喷播植草、草皮卷工厂化生产，从单一的草种发展到科学的植物配置，从土质边坡植生发展到岩质边坡植生，生态边坡技术得到了全面发展。

8.1.3 生态边坡在国内外的应用

(1) 生态边坡在国外的研究及应用现状

国际上有关道路生态防护技术的研究，多年来一直是广大道路工作者关注的热点之一。有的研究已开始将降水对边坡的侵蚀定量化，根据降水侵蚀力系数、土壤固有的侵蚀性参数、地形分类及侵蚀控制参数等计算边坡的平均土壤流失，从而更科学地选择合适的边坡防护措施。日本、美国等国家在相关设计规范中明确了防护设计和公路园林的设计重点、原则和具体措施，如日本《高等级公路设计规范》中用比较多的篇幅对护坡的方法、分类、方案设计以及公路园林设计的基本原则、不同物种在本地区的适应性作了详细的规定，具有很强的设计指导作用。在边坡防护的系统设计中，国际上特别是发达国家尤为重视植物防护或植物与圬工防护相结合的方法，以使其同时发挥防护与美化的作用。

生态防护边坡的实践在欧美国家历史久远，在中世纪，法国、瑞士的运河岸就采用栽植柳树的方法来防护。国外对边坡的生态边坡技术研究起步较早，欧美、日本、韩国等发达国家和地区在20世纪30年代已对工程建设中的生态环境问题高度重视，将生态保护和恢复纳入道路工程建设中，并为此开展了相应的技术研究。美国等发达国家从20世纪30～40年代就意识到了保护生态平衡的重要性，开始在公路边坡开展植被恢复工作，例如Moorish R. H. 和Harrison C. M. 早在1943年和1944年就进行了公路两侧草皮种植的试验，通过不同播种时间、不同草种及草种组合的小区试验来探讨建立草皮的方法。20世纪50年代后，随着公路的大量兴建，公路建设对环境的影响越来越受到社会的关注，为此，美国制订法律要求新建公路必须进行绿化，并采用多种机制奖励对公路绿化做出贡献的团体。

随着公路植被恢复的发展，野生乡土植物应用研究也得到了广泛的重视，1991 年 Hansen，D. J 等人提出了运用乡土植物对公路边坡进行植被恢复，2000 年 WarrenMortlock 对植被恢复中乡土植物种子供求之间的矛盾及解决办法进行了研究，促进了乡土植物在边坡植被恢复中的充分利用。随着公路植被的科学建植和恢复后植被的生长演替，公路边坡植被群落的研究也成为重要课题，2000 年美国对弗吉尼亚主要高速公路边坡现存植物中未来入侵种的蔓延、分布进行了研究，并提出了对竞争力强于本地植物的未来入侵种的着生、生长的限制措施，为公路边坡植被恢复中科学限制恶性杂灌草的入侵提供了科学的指导方法。2003 年 Kendra 研究了不同的 1 年生草本植物与其他多年生草本植物配置后对密度、盖度、生物量以及水土流失的影响，并比较筛选出较佳的边坡植物种类和配置形式。

近十多年来，国外还开展了诸如“Soil-guard”、HYCEL-OH 等有机液化学植草新技术。通过专用机械将新型化工产品用水按一定比例稀释后与草籽一起喷洒于岩（土）质边坡上，较好地解决了贫瘠土质和风化严重的工程边坡的绿化问题。此外，还开发了绿化网、草坪卷等工厂化生产技术；在英国、意大利，将加筋土技术与植被护坡技术有机地结合起来，用植被墙面代替传统的钢筋混凝土墙面，成功地修建了包裹式的加筋土植草墙面挡土墙。德国的公路设计线形顺畅、合理、贴近自然，很少有大填大挖，大都结合地形蜿蜒起伏，过山沟、绕山脚、沿山丘，景观自然，有些地段为避免破坏山坡的自然生态，将上行下行断面分离设计；在低填方路段景观良好时多不做修饰，一般填筑小丘植树绿化，既美化环境，又起到隔音降噪作用；挖方段边坡通常较缓，自然生长着当地的各种植物；在路基防护上极少采用圬工工程。如今这些国家在边坡防护工程中已基本上不再采用浆砌片石、喷射水泥砂浆措施，而是广泛采用坡面绿化措施，并基本实现了全路段绿化。预应力锚索、土工织物、厚层基质喷播（客土喷播）等与生态防护相结合的技术已经成为设计、施工中的常规技术。工程边坡的柔性防护、客土喷播等技术已成为业内的常识。

生态边坡技术虽最早产生于英国和美国，但大规模开发应用是在日本。英国人 20 世纪 50 年代初发明了喷射乳化沥青和植物种子喷播技术，1958

年该技术传入日本，经多次试验，开发出了实用的喷射绿化技术——沥青乳剂覆盖膜养生绿化技术，并用于名古屋—神户的高速公路边坡绿化工程中。20 世纪 60 年代初，日本从美国引进了喷播机和喷射专用纤维，把当时先进的液压喷播技术（日本称种子撒布法）也用在了名古屋—神户高速公路边坡绿化工程中。1965 年日本实现了喷射纤维的国产化。1973 年，日本开发出纤维土绿化方法（Fiber-soil Greening Method），标志着岩体绿化工程的开始，这也是日本最早开发的厚层基材喷射工法。该方法采用了纤维、沙质土和水泥，并呈台阶形喷射。该方法有较大缺陷，主要是初期 pH 值过高，易侵蚀，喷层保水、保肥性能差。为克服纤维土绿化方法的缺点，日本于 1983 年开发出了高次团粒 SF 绿化方法（Soil Flock Greening Method）。该方法的主要特征是配方使用了纤维、壤土和乳化沥青，喷层 pH 值呈中性，抗侵蚀性更强。1987 年，日本从法国引进连续纤维加筋土方法，随后，把它与已有的绿化方法结合，开发出了连续纤维绿化方法（TG 绿化方法）。该法使用了连续纤维和沙质土，喷层具备更高的抗侵蚀性；施工体系由绿化基材供给系统、团粒剂供给系统、连续纤维供给系统组成，机械化程度高。TG 绿化法 1988 年开始实用化，已经推广应用到多个国家。在上述三种方法的基础上，生态边坡技术在过去的几十年时间里衍生出了种类繁多的方法系列。

从 20 世纪 50 年代仓田意二郎首次提出“绿化工程”的概念，到 20 世纪 80 年代山寺喜成等对绿化工程理论和技术体系的不断发展和提高，大量绿化新技术在工程实践中不断涌现，例如：吹附工法、擁壁工法、筋袋工法、网垫工法、连续纤维工法等。这些新技术不仅具有绿化速度快、坡面效果好等特点，还强调了道路与自然的协调、景观与生态的统一。近年来，日本又开发出了厚层基质挂网喷附、水泥混凝土框格喷附和生态水泥喷附等技术，使以往难以解决的高陡岩石边坡的绿化问题也得到解决。日本在发展绿化工程技术时，并不只是单纯地追求施工技术的改变，而是在施工技术创新的同时，与之相配套的生态技术也在研究中同步发展。例如在大量理论研究和科学实验的基础上，客土技术、人工土壤技术、菌根技术、植被设计技术不断完善和充实，使绿化工程质量得到保证。山寺喜成指出绿化工程要以恢复木本群落为目标，要以播种为主、移栽为辅，要积极使用先锋树种，过厚的客土和移栽会诱发灾害；佐久间护分析了绿化水泥的主要问题和改进方案；笹原则之研究了不同地带所适用的绿化技术；安保昭探讨了坡面绿化的基本原则和存在的问题，这些研究成果对日本绿化技术的发展起到了重要的指导作用。绿化工程技术在日本不断提高进步的原因之一是重视对施工效果的监测和评价。例如喷播技术在施工中有较快的绿化效果，20 世纪 80 年代曾在日本被广泛使用，但经过后期的监测研究发现，喷播的基质层自身的稳定性有限，在水蚀和风化作用下会逐渐流失，最终难以防治土壤侵蚀，造成坡面裸露。这一研究结论对施工技术的改进起到了促进作用，棉网状植生带技术就是在这种背景条件下产生的。

对于岩质边坡，日本绿色防护技术的研究开发和应用走在世界各国的前列，其植被护坡技术几乎与公路建设同步发展。1980 年日本开始对岩质边坡绿色防护技术进行开发研究，至今日本已在本国及国际上注册的植被护坡专利技术就达 40 余项。其中 20 世纪 80 ~ 90 年代开发的泥浆喷播技术，采用泥浆泵将沃土、稳定剂、草籽等混合而成的浆体均匀地喷射到坡面上，较好地解决了平缓贫瘠的土质和破碎岩质边坡的绿化问题。厚层基材植被护坡技术，日本从 1976 年开发至今，20 余年间作了大量的试验研究工作，仅黏结剂，就有水泥、无机高分子聚合物、浮液与凝聚剂的混合物；纤维有草本、木本、有机短纤维及连续纤维；基本材料有砂土、壤土及有机质土，较好地解决了岩质等贫瘠高陡边坡的绿色防护问题。此外，对多气孔生态混凝土也做了研究，取得了一定的进展。据 2001 年 2 月 7 日《科技日报》报道，日本鹿岛建设公司开发出了表面可生长植物的环保混凝土。目前，日本不仅在新建公路、铁路的边坡工程中广泛采用了绿色防护技术，而且对已建的圬工挡护工程也在逐步拆除，用新型的绿色防护技术取代。从实际工程的应用情况看，岩石边坡的绿色防护技术已可应用于坡度缓于 1∶0.5 的软岩、中硬质岩、硬质岩边坡及酸性、强酸性土质边坡的绿色防护，此外，也可应用于以往采用喷射混凝土防护的边坡及片石挡墙防护的边坡。

对于土质边坡，Donald 等（1996）系统地总结了业已存在的绿化方法，把所有方法分为两类，一类是单独利用植物对边坡进行防护绿化，另一类是和护坡建筑物或土工材料配合对边坡进行防护和绿化，并详细分析了每种绿化方法的技术细节、适用范围、优缺点和经济性。岩石边坡的防护绿化，是在土质边坡绿化的基础上发展起来的，它建立在岩石力学和喷锚结构的基础上。日本较早地改进了传统喷锚支护方法，把防护和绿化有机地结合在一起，于1976 年首先开发出厚层基材喷射护坡技术，创造出了喷射绿化方法。喷射绿化技术在日本得到不断的改进与完善，已成为日本应用最为广泛的生态护坡技术。此外，也有不少学者研究了植物对边坡稳定性的影响，认为植物根系对边坡具有加固作用，须根比大根更有利于土壤加固和抗剪强度的提高。

总体来说，国外的研究有以下几个特点：第一，以美欧为代表的最小破坏型。道路生态工程着重于“防”，道路建设避免高填深挖，对环境破坏小，生态恢复难度小，景观建设效果好，充足的养护经费使路域生态环境建设质量具有了雄厚的经济保障。西欧和美国由于其地形及经济方面的原因，选线多顺应地形地貌走向，尽量避免高填深挖，所以道路边坡较小、坡度也不大，其土质、气候等环境差异较小，研究主体环境变异小，坡面生态建植难度不大，因此，可以在中小边坡的生态防护中借鉴其技术，但在生态恢复中，要根据气候土质的差异注意物种筛选与配置。第二，以日本为代表的最大恢复型。道路建设对环境破坏较大，恢复难度大，边坡生态防护率高，植被建植投资大、建成时间长。引导生态防护先进水平的日本已研究成熟的技术手段主要有：湿式喷播技术、客土喷播技术、绿化网防护等，但其生态恢复研究还不够深入，绿化品种往往较单一，长期以来的绿化偏重于植树，多应用经验模式，而且在日本客土喷播技术成本高，需要较长时间才能达到90% 的植被覆盖度。第三，在生态防护理论研究方面，通过对植物根系的加固作用、抗剪及抗侵蚀作用等建立了较为完善的试验手段和计算模型，对在生态防护下的边坡稳定性计算提供了很大的帮助，但是对植被护坡产生的附加效应——生态效应和景观效应研究的较少。

（2）生态边坡在国内的研究及应用现状

我国的生态边坡防护技术，主要是在引进国外先进技术的基础上加以实践与创新，其核心是植被重建与恢复技术，目前已在我国大部分道路尤其高速公路上开展了应用与研究。例如陈兵等对云南元磨高速公路某试验边坡的草本植物配比及施工工艺进行了研究，杨兵等介绍了成南高速公路的边坡生态防护工程，赵德志等提出了适合贵州喀斯特地区公路石质边坡环境特点的植物配置模式和边坡防护与环境保护技术，王红娟对渝合及渝黔高速公路边坡的生态防护进行了研究，王海亮等对中国半干旱地区高速公路边坡的生态恢复技术进行了研究，赵警卫等对7 种生态护坡在宁杭高速公路边坡的应用效果进行了初步分析。这些研究往往只是介绍了几种常见边坡生态防护技术在某一条高速公路不同路段上的具体应用情况，尚无人对边坡防护绿化进行系统深入的研究。目前，针对于我国高速公路生态边坡建设现状和存在问题的相关研究很少，也缺乏对生态边坡植被恢复及生态效益的后期研究及科学评价，如生态边坡对高速公路的生态环境是否有显著改善作用等。

我国有记载的生态防护应用出现在 1591 年的明代，通过栽植柳树来加固与保护河岸。在 17 世纪，植被防护开始应用于保护黄河河岸。由于以往道路等级较低，国内在生态防护技术应用方面的研究起步较晚，20 世纪 80 年代之前一般多采用撒草种、穴播或沟播、铺草皮、片石骨架植草等护坡方法。我国从 20 世纪 80 年代初开始重视城乡绿化、水土保持和工程建设中形成的裸地（边坡）绿化工作，引进了一些先进的植物建植技术，个别行业编制了“绿化规范”，工程建设中的生态环境建设工作发展较快。1989 年，广东水利水电科学研究所从香港引进液压喷播机开始在华南地区进行液压喷播实验（叶建军等，2004）。1990 ~ 1991 年，中国黄土高原治山技术培训中心与日本合作在黄土高原首次进行了液压喷播实验研究。此后经过 10 年左右的发展完善，液压喷播技术已广泛应用于我国不同地区不同工程的边坡防护。1993 年我国引进土工材料植草护坡技术，并开发研制出了各种各样的土工材料产品，如三维植被网、土工格栅、土工网、土工格室等，结合植草技术在各种边坡工程中陆续获得应用。1994 年，湖北宜昌久丰植生工程有限公司首先引进了台湾喷混凝土植生技术，分别在三峡大坝料石场后花岗岩风化边坡和三峡专用公路灰岩边坡两处面积共约 300m^2 进行尝试，取得了一定的成果。原铁道部第二勘察设计院于 1998 ~ 2000 年在襄石复线、内昆线、株柳复线对岩石绿化防护问题做了喷混凝土植生护坡的选点工程试验，取得了一些工程实践经验。随后四川省励自生态技术有限公司和西南交通大学在内昆线横江车站，都江堰某矿山公路上开展了新型厚层基材植被护坡的工程试验研究。该项技术成果于 2000 年年底通过了四川省科委组织的技术鉴定，鉴定意见认为：该项技术整体上达到了国内领先，国际先进水平。从 2001 年开始，该项技术在渝黔高速、成南高速、深圳、大连、渝怀铁路进行推广应用。此外，喷混凝土植生技术也在长荆铁路、广东高速、成惠高速公路、京珠高速公路中得到推广应用，取得了较满意的效果。但总的来说，边坡绿色防护技术发展相对缓慢，应用范围不广，技术水平较低，设计方法、施工规程、验收标准等技术规范相对滞后，还有待进一步系统性开发研究和规范管理。

生态保护和建设的重点目前也已从事后治理向事前保护转变，从人工建设为主向自然恢复为主转变，从源头上扭转生态恶化趋势（宋法龙，2008）。我国20世纪末从国外引进边坡生态防护技术，经过几年的应用和开发，也陆续研发出适合各地实际情况的技术。1993年我国引进土工材料植草护坡技术，随后开发研制出了各式各样的土工材料产品，如三维植被网、土工格栅、土工格室等，结合植草技术在铁路、公路、水力等工程边坡中陆续应用（洪丽娟，2008）。夏汉平（1995）等人应用香根草在广州进行护坡治理，表明香根草在生态工程的应用中具有很好的护坡效益。赵明坤（2003）等进行了高等级公路边坡绿化草被植物的引种驯化及生物学特性研究，从野生资源圃和牧草引种圃中共筛选出15种适合贵州省高等级公路边坡绿化的草被植物。张友军（2005）分析了传统的边坡防护方式的优缺点，提出非完全封密护坡的概念，并分析了植被护坡的机理，采用有限元软件进行分析，得出了在有草根存在的区域，土壤与草根的复合体抗剪性能增强，没有草根的区域变化不大的结论。张玉昌（2008）等人提出裸露坡面植被恢复技术，通过对建立坡面植被技术体系和有效实现植被固定和生长保障的喷播机械、喷播基材及技术标准4个方面的研究，系统地解决了不同类型裸露坡面尤其是岩质坡面植被快速恢复和防护难题。另外，许文年（2002）开发的植被混凝土边坡绿化技术，武汉理工大学张季如（2002）开发的绿色生态防护材料技术与喷混植生技术，西南交通大学等单位开发的厚层基材喷射植被防护技术，均在国内获得了较为广泛的应用。

对于劣质边坡及岩石边坡的植被防护，2000年之前国内的研究还较少，近几年发展较快，取得了一系列的研究成果。最早介绍客土喷播技术的是去日本考察的李旭光等（1995），随后，杜娟（2000）、张俊云（2000）、陈晓斌（2002）、刘波（2004）、章梦涛（2004）等也分别对客土喷播技术进行了介绍。章恒江（2000）、张俊云（2001）、舒翔（2001）、周颖（2001）等在借鉴日本同类技术的基础上，进行了喷混植生实验，取得一些研究成果。三峡大学的许文年等（2001，2002，2003）开发出了植被混凝土边坡绿化技术。四川省励自生态与环境工程技术有限公司李绍才和西南交通大学张俊云等（2001，2002，2003）成功开发了厚层基材喷射植被护坡技术（岩石边坡 TBS 植被护坡绿化技术)，并在国内获得了广泛的应用。武汉理工大学的张季如、朱瑞赓等（2002，2003）开发了 ZZLS 绿色生态材料。但是，从总体上讲，国内在这个领域还很薄弱，主要表现在基础研究和专用机械设备的开发方面。

目前，由交通运输部科学研究院主持的公路路域生态工程技术研究已经分别在我国西南（云南）、西北（宁夏）、华中（湖北）、青藏高原区（青海）开展了扎实深入的研究，在实体工程试验中纳入了边坡快速灌木化，地方野生物种的全面筛选与使用，路域野生花卉的试用等欧美日发达国家的先进理念。

综上，我国的道路边坡生态防护技术，经历了从简单到多样、从传统技术到现代技术的发展过程，这种发展变化与道路建设规模直接相关。我国最初的道路边坡防护模式就是种行道树，绿化技术主要借鉴林业部门的造林技术。随着全国道路网的初步形成，绿化的范围扩展到道路边坡，园林部门的种草和铺草皮技术被引入道路领域，并与植树技术相结合，形成了道路绿化的传统技术模式。高等级公路的建设，促使我国道路边坡生态防护技术开始向现代化发展，以机械喷附为代表的新型植被建植技术在国内许多高速公路建设中被尝试应用，施工范围也从公路普通土质边坡延伸到岩石边坡，全方位、立体式、多功能、景观生态的设计理念和绿化模式正成为我国道路生态边坡建设的指导思想。可以说，具有中国特色的道路生态边坡体系已经初步形成。

8.2　生态边坡技术

8.2.1　生态边坡理念

尽管边坡生态防护技术获得了较为广泛的应用，但形成一门学科，还是近十几年的事，故至今还没有一个统一术语，如英文有 Biotechnique、Bioengineering，也有称 Vegetation 或 Revegetation 等（张俊云，2000），国内也有植物固坡（王可钧，1999）、坡面生态工程（周跃，1999）之称。本书对道路生态边坡定义为：道路生态边坡是指根据道路边坡建设和使用特点，遵循系统优化原理和生态学原理，单独用生物措施或生物措施与工程措施结合，以减轻坡面的不稳定性和侵蚀，防止水土流失，恢复破坏的生态系统，使道路边坡生态系统和岩土的力学状态达到新的平衡以更好地和周围环境融为和谐一体的工程方法。

道路生态边坡工程技术是涉及环境工程、岩土工程、生态学、植物学、土壤学、农林学等多学科于一体的综合工程技术。进行生态边坡防护技术研究有助于国家环保政策的实施。生态防护即有效地利用植被单独或与其他非生命材料相配合，利用植物根茎与土壤间的附着力等达到固土护坡，提高边坡抗冲刷能力，并对边坡进行绿化、美化的作用，达到既能有效防护治理边坡灾害，又能使环境协调发展的目的。同传统的土木工程措施相比，生态防护理论指导下的边坡生态防护技术能够快速恢复由于人类工程建设所破坏的生态环境，保持生态间的平衡；植被护坡造价低，经济性较工程护坡优越；采用植被护坡，随着植物的生长、繁殖，对减轻坡面不稳定性和侵蚀方面的作用会越来越大，它不但可解决边坡工程建设与生态环境破坏的矛盾，还有助于贯彻落实国家环保方针政策的实施。

道路生态边坡建设，不是自然生态系统的自然演替，而是人们有目的地进行改造；不是简单的工程坡面防护，而是坡面防护、生态恢复与后期养护的有机结合；不是物种的简单恢复，而是对系统的结构、功能、生物多样和持续性进行全面的恢复。因此这种生态边坡建设过程要遵循以下几个方面的理念。

（1）以可持续发展为指导

生态边坡本身就是一种可持续发展的产物。因此，在它的理论体系中与以往传统边坡防护思想的最大不同就在于它不再盲目地割裂人与自然的关系，而是将人类纳入整个自然生态系统之中。人类为了自身的发展，对自然的改造必须是以尊重自然及其规律为前提的，人类不能因为一己之私和一时之利而剥夺其他生物的生存权利，占用或消耗掉后代的自然资源，断绝了人类自身的可持续发展的基本条件。此外，从系统科学角度看，可持续发展实质上是社会系统和自然环境系统之间协调发展的问题。生态边坡要实现经济效益、社会效益和环境效益的统一和最大化，必须把研究对象放在地球环境、生物、资源、污染等要素构成的“道路—自然—经济—社会”复合系统中进行全面考虑，把性质不同的生态环境系统与道路经济系统研究有机结合起来。生态边坡设计应注重资源合理利用，和谐融入周围自然环境，切实处理好道路建设与自然资源利用和环境保护之间的关系。

（2）以“尊重自然，融入自然”为原则

道路建设受到地质、地形、水文等自然条件的制约，又受到现有技术条件制约，还受到社会经济水平的制约，使道路边坡建设不可避免地对沿线的生态环境造成一定的影响，如植被破坏、水土流失、土地分割等。生态边坡就是要在现有条件下，综合运用各种工程措施、生物措施、农艺措施、管理措施将公路建设的破坏限制在最小范围内，降低到最小程度。而对于已造成的破坏则采取最大可能的恢复措施，重建新的生态系统，使新建群落尽快达到顶级群落，并对占用土地进行补偿。当前我国对建设项目引起的自然资源破坏（如侵占森林、草原、湿地等）通常采用经济补偿措施，这虽可限制不合理的开发活动但却解决不了实质性问题，建议借鉴欧洲国家普遍实行的生态补偿政策，比如占用多少林地，就要在邻近的地方营建同样的林地。

道路边坡既要满足道路安全的基本要求，又要达到自然景观与再造景观的和谐一体，通过精心的生态边坡设计达到变化的植被、人工恢复的生态环境能和谐融入道路沿线的山岭、低谷、河流、绿地等自然环境。

（3）以“安全，悦目”为根本

“生态”一词本身就代表着和谐与健康，生态边坡自然也应是和谐健康之坡。因为道路的基本职能就是为人民出行和运输等服务，所以这种“和谐健康”首先就应是生态边坡能够保证行车安全舒适、运输高效便利，还应有效解决边坡工程防护与生态环境破坏的矛盾，既保证边坡的稳定，又实现坡面植被的快速恢复，达到人类活动与自然环境的和谐共处。

生态边坡在景观层面上的特征是最直观、最易被人感知的。生态边坡给行者的印象不应只是钢筋网、混凝土挡墙，生态边坡要营造的是“脚下是路，周围是景”的行车环境。因此，生态边坡必须结合路线特点，通过科学的生态美化来改善道路景观，从而既能给行者带来美的感受，又能维护自然生态系统的平衡。

（4）以“工程措施+生物措施”为手段

植被可以通过一系列的方式，有机地融合到多种工程结构中。在满足公路的交通功能的前提下，因地制宜进行生态设计。有些边坡地段，土质状况极端恶劣，缺乏植物生长的基本条件，必须首先采取工程防护措施，固土稳坡，同时为植物生长创造条件，实施生态防护，以保障边坡的总体防护效果和景观质量，两者相结合可以优势互补，达到最佳效果。

8.2.2 生态边坡防护机理

生态边坡的防护机理包含工程措施和生物措施两大部分（图8-3），其中工程措施主要起到加固边坡以保证植物生长的作用，具体本节不再赘述，重点介绍生物护坡作用机理。生物护坡作用机理可概括为植物防护的水文效应以及植物根系的固坡效应。其中，根系的固坡效应在利用植物进行边坡生态防护中占主导地位。

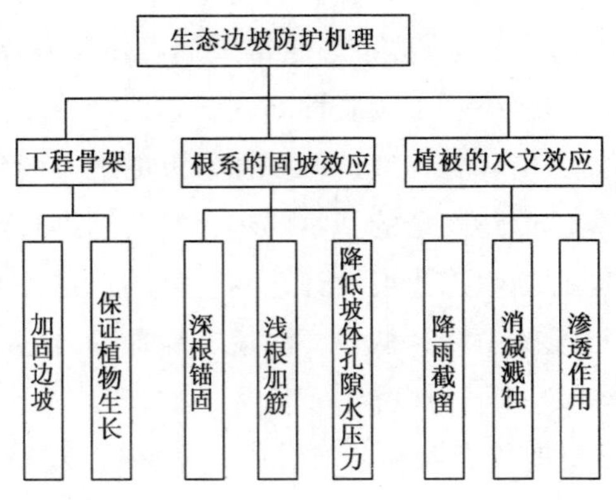

图8-3 生态边坡综合防护机理

1）植物防护的水文效应

坡面由于地表径流的影响，产生坡面侵蚀的状况，而地表径流则主要受到降雨状况、地面的土壤结构以及坡面土壤覆盖物的影响，而其中的降雨导致地表径流是形成土壤侵蚀和坡面失稳的主要因素，土壤覆盖物则对降雨起到了一定的截留和削弱作用。首先，部分降雨在到达坡面之前就被植被截留，重新蒸发到大气或下落到坡面。植被通过截留作用降低了到达坡面的有效雨量，从而减弱了雨水对坡面土体的侵蚀。其次，由于下落的雨滴在打击坡面时，植被能拦截高速下落的雨滴，减少雨滴数量、滴溅能量及飞溅的土粒。通过地上茎叶的缓冲作用，消耗掉雨滴大量的动能，当植被相当旺盛时，可以明显削弱甚至消除溅蚀。植被同时能够抑制地表径流并削弱雨滴溅蚀，从而能控制土粒流失，通常情况下，土体的流失量随植被覆盖率的增加呈指数关系降低。因而植被覆盖的坡面，植被的地上部分可减少或防止降雨对地面的直接撞击溅蚀，并且改善了坡面的小气候，使坡面生态趋向稳定和良性循环，这对控制侵蚀和边坡防护有重要的意义。

（1）降雨截留、削减溅蚀的作用

降雨可分为两部分，一部分降雨直接穿过叶荫空隙落到地面，即自然降雨；另一部分降雨称为截水，即落在植物上的那部分降雨，由于叶面的脉络对流过的水滴有分割效应，使水滴变小。经过叶系后，水滴的动能、体积均减小，从而使水滴对地表的冲击大为减弱。这在一定程度上缓冲了雨水对地表的冲击力，相对提高了土体的表面刚度。

其中截流可分为茎流和叶流。茎流可以导致雨水的分流，其分流量会因植物枝茎与坡面的不同夹角（茎角）而不同。当茎角为50°~70°时，茎流量最大，例如草。对于那些茎径较大的植物，茎角的影响就不是很明显。人们希望用于边坡恢复的植物有较大的茎流量，雨水最终可以沿着茎和叶汇流到地面上。研究表明，当树枝的倾角为60°时，80%的截水量为茎流。截流量与径流量的差值即为叶流量。

（2）渗透作用

边坡植物及其残余物有利于保持坡体土的多孔性和渗透性，从而减轻雨水的破坏。坡体土的流失与土体的渗透性紧密相关。当雨水落到植物下的坡面上，此时坡体的渗透性高于无植物覆盖的环境，随着渗透率的增长，土体存储水分的能力将提高，从而降低暴雨引起的水土流失量，也会延长土体流失所需要的时间。因此，较大的渗透性可以降低边坡土体每年的流失量。

此外，植物还起到类似过滤器的作用，即阻碍沉淀物随雨水而流失。植物越密过滤作用越明显，决定过滤效率的主要因素是草茎的密度、形状和回弹力。一般来讲，贴近地面的植物越多，过滤效果越明显。

2）植物根系的固坡效应

植物根系固土理论的研究，从不同侧面对根系的固土作用进行了大量的探索，形成了对根系固土机制的一定认识。通过植物根系与土壤、岩石体的相互作用，对边坡表层进行加固，能够既满足边坡稳定的要求，又能恢复被破坏的边坡自然生态环境。根系的固土作用主要体现在深根的锚固作用、浅根的加筋作用以及降低坡体孔隙水压力三个方面。

（1）深根的锚固作用

传统的锚固是通过埋设在被锚固物中的锚杆，将结构物与被锚固物紧紧地连锁在一起，依赖锚杆与被锚固物的抗剪强度传递结构物的拉力或被锚固物自身得到加固，以保持结构物和被锚固物的稳定。植物的垂直根系穿过坡体浅层的松散风化层，锚固到深处较稳定的土层上，起到锚杆的作用，锚固在土层中的根系能够起到抗滑桩和扶壁的作用，以抵抗坡体产生的剪应力。垂直根系的浅层根际土层锚固到深处较稳定的土层上，更增加了土体的稳定性，主要表现为垂直根系具有较高的抗拉、抗剪强度，可以通过根系、根土接触面与土体的共同作用，使根土复合体的抵抗滑动能力明显增强，同时垂直根系还对根土复合体起着束缚箍筋、分担荷载的作用，能够延缓根土复合体塑性区的开展及渐进开裂面的出现。

植物根系在土体中的分布交错复杂，与土体共同作用组成复合结构，在这种深根—土体复合结构中，根系具有较高的抗拉强度和锚固力，对土体具有很好的锚固作用，可以提高土体的约束力，抵抗土体的滑移，从而提高土体强度。许多树木的垂直根系能穿越边坡表层的松散土层，扎入较深处的稳定岩层或土层中，限制边坡土体向坡脚移动，以预应力方式锚固边坡，有利于加固边坡。禾草、豆科植物和小灌木在地下 0.75 ~ 1.5m 深处有明显的土壤加强作用，而树木根系的锚固作用可能影响到地下更深的岩土层。一般来讲，根的抗拉强度可高达 70MPa 左右，大部分根的抗拉强度在 10 ~ 40MPa 之间。试验表明，根的直径越细，其抗拉强度和抗拔力越高，直径 2 ~ 5mm 的各种类型的根，其抗拉强度为 8 ~ 80MPa。

（2）浅根的加筋作用

边坡坡面土层具有一定倾斜度，在重力的影响下易受外界条件的作用而失稳、滑移和流失，如雨水冲刷的作用等。护坡植物的根系在土壤中错综盘结，使边坡土体成为土与根系的复合体，根系可视为带预应力的三维加筋材料。但是植物根系的分布要比工程加筋材料分布复杂得多。垂直根系起到主要的锚固作用，侧根则主要起到加筋的作用。含有较多垂直向下的根系，抗剪应力的能力则越强，能够增强土体的强度，通过把土层中的剪应力转化成为根系的拉应力，从而增强土层的抗剪强度。

植物的浅根可视为具有预应力效果的三维加筋材料，能提高边坡土体强度。通过研究边坡上的植物发现，当植物浅层根径为 1 ~ 20mm 时，根系的这种加筋作用明显有利于加固边坡土体。浅根对土体的加筋作用与草根密度、强度及土体性质有关。

根据摩尔—库仑准则，根系的加筋作用增强了土体的黏聚力 c 值，能显著提高坡面土体的强度。植物根系的存在可以提高土壤的黏聚力，锚固作用可以提高边坡岩土体的抗剪强度，使原先岩土体的抗剪强度向上升高 Δc，加筋作用又限制了土体的侧向膨胀而使 σ_3 增大到 σ_3'，在 σ_1 不变的情况下使最大剪应力减小，如图 8-4 所示。在植物根系这两种作用的共同影响下，能使边坡岩土体的承载力提高。

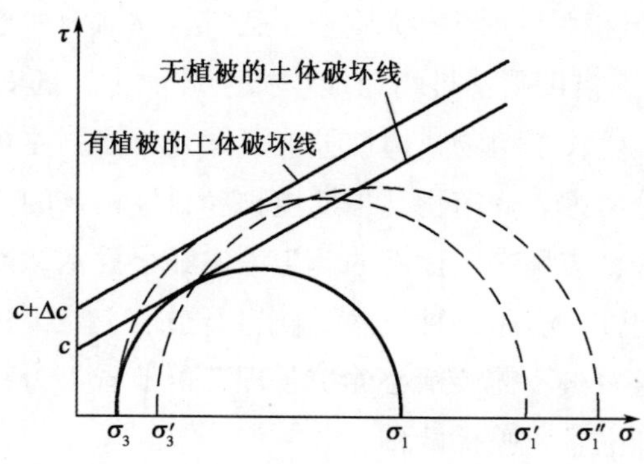

图 8-4　根系对土壤的加筋作用

(3) 降低坡体孔隙水压力的作用

边坡的失稳与坡体水压力的大小有着密切的关系。降雨是诱发滑坡的重要因素之一。植物通过吸收和蒸腾作用，降低坡体内的水分含量，从而降低土体的孔隙水压力，提高边坡土体的抗剪强度，有利于边坡坡体的稳定。

8.2.3　生态边坡防护技术

在引进国外先进技术的基础上，通过不断的研究、创新和工程实践，我国道路边坡的生态防护技术已取得了巨大的进步。边坡生态防护技术呈现形式多样化，对不同条件下的边坡也采取了更加灵活多样的防护措施。目前已形成多种多样的生态恢复技术，主要涉及工程措施、生物措施等。对于深层稳定边坡，根据不同条件可采用铺草皮、植生带、液压喷播、三维植被网、香根草篱、挖沟植草、土工格室植草、片石骨架植草、藤蔓植物、六棱空心砖植草等；对于深层不稳定的边坡，可结合钢筋混凝土框架、预应力锚索桩、预应力锚索地梁、预应力锚索框架地梁等加固措施。在植物配置方面也抛却了过去的纯粹植草模式，采用草—灌结合模式，完善边坡植被群落的结构与功能，并注重乡土植物的筛选应用和物种的多样性，以求做到“尊重自然”和“恢复自然”。以下具体对几种常用的生态边坡防护技术措施进行介绍。

（1）客土喷播技术

客土喷播技术是应用生态绿化工程理论与方法，通过人工辅助方式，在边坡上恢复自然植被结构和生态功能的方法与技术。它以改良土壤结构入手，将含有多种植物种子、当地优质土、肥料、黏结剂和土壤稳定剂的混合物，通称“客土”，借助喷播机均匀地喷播于坡面上，随着种子的发芽、生长，裸露的坡面上生长了植物，边坡披上了绿装。需要注意的是，在配置植物组合时，要充分考虑先锋植物、中期植物和目标植物的搭配，尽可能地采用当地野生植物种，应用一定比例的速生灌木和小乔木，以使边坡植物群落有较长时间的稳定性。实施这种技术，使岩石边坡上能生长出植物，稳固边坡，美化路容，且植被不需要精心养护管理，可节省人力物力。客土喷播有普通客土喷播和挂网客土喷播两种。

客土喷播的厚度与坡质有关，土质边坡的喷播厚度以3cm左右为宜，石质土边坡的厚度以5cm左右为宜，岩质边坡的厚度宜不小于6cm；客土喷播的厚度还与工法有关，湿法喷播的厚度一般为3～5cm，干法客土喷播和离子型客土喷播的厚度宜为6～12cm。

客土喷播，应尽可能地模拟自然群落，采取乔、灌、草结合配置。从生态学角度出发选择植物品种，尽可能采用乡土植物。一般适用于酸性及碱性土壤等植物生长困难的地区。主要适用的边坡类型有：硬土质边坡、风化岩质边坡、软岩边坡、坡度较陡边坡等。此方案和技术一般配合人字形骨架防护、拱形骨架防护、锚杆格子梁、锚索格子梁等防护形式使用。

客土喷播较一般的喷播的最大优点在于：可以绿化土壤比较贫瘠、高硬度的边坡坡面。尤其是泥状客土喷播能够在绿化比较困难的坡面，特别是风化岩、土壤比较少的软岩及土壤硬度较高的土质坡面，通过添加营养土，创造植物生长条件，达到绿化的目的。在坡度偏陡的坡面上，为了兼顾保证边坡稳定性和边坡绿化，可与挂网、菱形或拱形骨架防护形式相结合。某公路边坡实例见图8-5。

（2）格构法植被护坡技术

利用素混凝土、钢筋混凝土、浆砌条石等在坡面上构筑矩形、菱形、三角形等格构梁，常见的有钢筋混凝土框架、预应力锚索框架地梁、工程格栅式框格、混凝土预制件组合框架、混凝土空心砖、浆砌石框架等。这种方法不仅可以固定边坡土壤，而且可以在格构中填充一定厚度的开挖边坡的表层土壤栽种乔、灌木，以达到防风固沙、涵养水源的目的，如图8-6所示。在坡度大于40°时显现出其优势，但在坡度大于60°的坡面上施工较为困难，而且当建造格构梁用材与边坡地质硬度相差过大时易造成格构变形、架空，甚至脱落。因此，在对边坡实施格构法生态恢复措施时，对于一些特殊情况的边坡应该开展变形稳定性研究，以确定边坡变形对格构带来的不利影响，并及时找出消除与控制这种不利影响的方法措施。

图8-5　某公路边坡施工喷播及施工后成坪情况

（3）立体植被土工网格

这种方法是在整平后的坡面铺设三围植被网格结构，三维植被网亦称固土网垫，是以热塑性树脂为原料，经挤出、拉伸等工序形成相互缠绕、在节点上相互融合、底部为高模量基础层的三维立体结构网垫。三维植网的基础层由1~3层经双向拉伸处理后得到的均质的方形网格组成，拉伸后的方形网格质轻、丝细且均匀，具有很好的适应边坡变化的贴附性能，三维植被网的上部为1~3层网包层，上下两层结构的复合即形成三维植被网垫。网格的原料是高强度热塑树脂，并在立体结构中夹裹优良客土，不仅能有效地固定坡面土壤，而且为植物的生长提供了充足的养料和较为稳固的基质环境。因为立体网格法可以在没有植物覆盖的边坡表面形成良好的保护结构，及时保护裸露土壤不受风雨侵蚀，为草种的快速萌发创造有利的条件，因此最适合新挖边坡的初期防护，避免早期水土流失现象发生。这种方法操作过程简单，造价也不高，但一般只能对坡面的浅表层进行防护。

应用地区：各地均可应用，但是在干旱半干旱地区应保证养护用水的持续供给。

a)浆砌石拱形框架灌草护坡效果

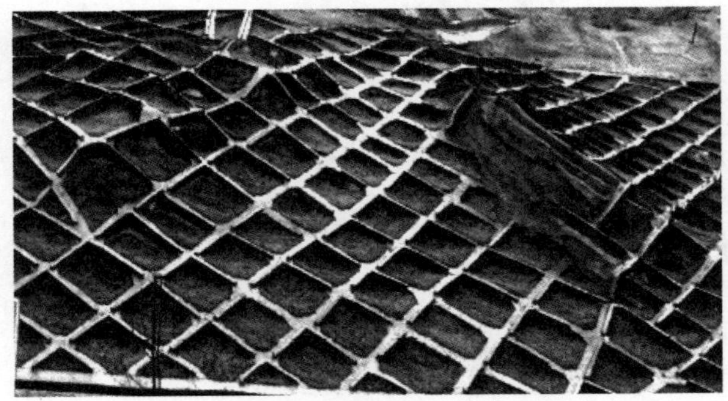

b)混凝土菱形框架灌草护坡效果

c)混凝土预制件组合框架植沙地柏护坡效果

图 8-6　格构法植被护坡技术效果图

边坡状况：各类土质边坡均可用，包括路基和路堑边坡，强风化岩石边坡也可应用，土石混合路堤边坡经处理后也可应用；常用坡率 1∶1.5，一般不超过 1∶2.5，坡率陡于 1∶1.0 时慎用；每级坡高不超过 10m。

适用季节：一般为春季和秋季进行，尽量避免在暴雨季节施工。

（4）植被混凝土护坡技术

这种生态边坡技术在日本的研究处于国际领先，我国还处于试验与推广阶段。它是将土壤、混凝土、养分、保水剂、腐殖质以及草种按一定的比例混合后用喷锚设备喷射到坡面，并在表面覆盖防护层养护，待到种子萌发后揭去防护层使植物自然生长。

利用这种方法可以在坡面上种植灌木和乔木，护坡效果优于单纯栽种草本植物，所以可用于较难绿化的石质坡面或表土层较贫瘠的坡面，但缺点是需要大量的人力进行初期养护工作。

（5）藤蔓植被护坡技术

藤蔓植被护坡也称垂直绿化，是指栽种攀缘性或垂吊性植物，以遮挡硬质岩高陡边坡、挡土墙、锚定板墙及其他边坡防护支挡圬工工程，起到美化环境的绿化方法。

对于坡度比较大的陡坡、路堑以及岩质坡面，由于其特殊的地理环境和形状，通常的生态边坡技术较难甚至不能实施，这时可以考虑利用藤类植物的攀爬特性来遮蔽裸露的坡面或工程砌体，避免坡面裸露，以达到美化环境、增强视觉效果、在视觉上软化边坡的目的。在岩石边坡上配以绿色网罩，一方面防止岩石滚落，利用网罩本身的颜色增加景观效果，还有利于藤类植物攀爬。但这种方法的应用范围具有一定的局限性，植被类型单一，形成的群落不稳定，生态作用也不明显，常出现早期水土流失较严重的现象。随着植被的生长，防护效果会逐渐增强，当植被完全铺满后，防护效果较好(图 8-7)。藤蔓植被护坡常用的攀缘性藤蔓植物有爬山虎、常春藤等。不同植物由于其生长特性的不同，适应不同的地区。爬山虎，性喜阴，长攀附于背阴的岩石、树干和墙壁上，向阳处也能生长。对二氧化硫、氯气等污染有

图 8-7　藤类植物护坡效果图

一定的忍耐力。在湿润、肥沃的土壤中生长最佳。爬山虎根系深广，须根发达。一年内多次发根，故生长快，蔓延甚速。

藤蔓植被护坡各地均可应用，对边坡也没有限制。一般的藤蔓护坡多用于：已修建的圬工砌体等构造物处，如挡土墙、抗滑桩挡土板锚定板墙及声屏障等；路堑边坡平台，特别是采用挂网喷浆、护面墙等防护处理边坡；坡率超过1:0.3的岩石边坡。

（6）植生带技术

植生带是采用专用机械设备，依据特定的生产工艺，把草籽、肥料、保水剂等按一定的密度定植在自然降解的无纺布或其他材料上，并经过机器的滚压和针刺的复合定位工序，形成一定规格的产品。植生带护坡特点有：植生带集草籽与肥料于一体，播种施肥均匀，数量精确，草籽、肥料不易移动；植生带具有保水和避免水流冲失草籽的作用；草籽出苗率高、出苗整齐、建植成坪快；采用可自然降解的纸或无纺布等作为底布，与地表吸附作用强，腐烂后可转化为肥料；体积小、重量轻、便于储藏，可根据需要常年生产，生产速度快，产品成卷入库，储存容易，运输、搬运轻便灵活；施工省时、省工，操作简便，并可根据需要任意裁剪。植生带及其护坡效果如图8-8所示。

图8-8　植生带及其护坡效果

其优点是植生带的重量较轻，便于运输，且无纺织物本身也具有护坡作用，种子生长后根系穿过无纺布，与其交织在一起，形成一层抗冲刷防护层，护坡效果较好，适用于坡度较缓、坡表平整的土质或砂土类边坡。由于草类的生长需要一定的时间，其早期常造成一定的水土流失，随着植物的生长，其护坡能力不断增强。其缺点是形成的植被类型单一，群落不稳定，景观单调，生态效益较低。

应用地区：各地区均可应用，但是在干旱半干旱地区应保证养护用水的持续供给。

边坡状况：一般用于土质路堤边坡，土石混合路堤边坡经处理后可用，也可应用于土质路堑边坡；常用坡率为 1∶1.5～1∶2.5，坡率陡于 1∶1.25 的时候结合其他方法使用，坡高一般不超过 10m，要求为稳定性边坡。

适用季节：一般为春季和秋季进行，尽量避免在暴雨季节施工。

（7）网袋法

网袋法护坡是将植物种子、肥料、土壤充分混合后装在纤维网或金属网袋中，然后固定在边坡表面上进行绿化的方法（图 8-9）。这种方法适用于土石边坡和稳定岩质边坡，网袋内的土壤和肥料解决了边坡水土流失后土壤养分贫瘠的问题，能为植物种子的生长充足营养物质，后期植物错综缠绕的根伸出网袋就可以对边坡土壤起到固定作用，但初期的人工灌溉、养护也很重要。

图 8-9　网袋及其护坡效果

（8）厚基质喷层技术

将植物种子、肥料、土壤和水充分混合后用湿式喷枪，通过压缩空气将其按照设计厚度均匀喷射到需防护的边坡表面上，使其形成 1～3 cm 厚的植被层，然后在上面洒一层乳化沥青来固定基质层并延缓水分的挥发，最后用纤维网、聚合物网或金属网固定，使植被生长层能稳定附着在边坡上，减缓雨水冲刷。这种方法机械化程度高、绿化速度快，草坪成长均匀且质量较好。其适用于各类坡面条件较差的土质边坡、土石边坡和稳定岩质边坡，主要是用在岩石边坡，应用地区包括四川重庆、贵州、云南、广东、浙江、湖北、山东、辽宁、北京、陕西等。应用工程边坡包括泥岩、页岩、砾岩、白云岩、玄武岩、花岗岩等，以及浆砌片石面和混凝土面。

(9) 液压喷播技术

液压喷播植草护坡技术是随着人们绿色环保意识的日益提高，以及边坡防护新技术、新材料、新工艺的不断研制、开发，在国内近十多年开发的一项集机械、化学、生物、土壤学为一体的边坡裸地强制绿化施工新技术。该技术起源于20世纪50年代欧美发达国家，形成于20世纪80年代末，目前在美国、日本、欧洲等一些发达国家和地区得到了大量推广应用，已广泛使用于城市市政绿化、各种运动场馆高级草坪建植、水土保持植被恢复、边坡绿化防护等工程。我国自20世纪90年代初引进该技术，经历了较长的推广应用过程：1992～1995年仅局限于深圳等沿海城市市政绿化工程，1996年开始逐步应用于高速公路、铁路路基边坡绿色防护工程，1998年以后才得到大量推广。目前已广泛应用于城市绿地建设，公路、铁路边坡绿色防护等工程。

液压喷播植草护坡是将草籽、肥料、黏着剂、木纤维、土壤改良剂、上色素等按一定比例在混合箱内配水搅匀，通过机械加压喷射到边坡坡面而完成植草施工的高效绿化技术。其可用于地形复杂、工程施工困难甚至人力不能及的陡坡。此方法对立地条件要求不严格、育苗时间短、成坪速度快，即喷即见成效、绿化效果好，但只能作为浅表层固坡。

应用地区：各地区均可应用，但是在干旱半干旱地区应保证养护用水的持续供给。

边坡状况：一般用于土质路堤边坡，土石混合路堤边坡经处理后可用，也可应用于土质路堑边坡；常用坡率为1∶1.5～1∶2.5，坡率陡于1∶1.25的时候结合其他方法使用，坡高一般不超过10m，要求为稳定性边坡。

适用季节：一般为春季和秋季进行，尽量避免在暴雨季节施工。

(10) 穴植技术

穴植技术就是在坡面上挖掘种植穴或种植槽，在穴槽内回填营养土后，再进行苗木种植的技术，包括种草、种花和植树。

适用于土质较好、土含量较高的土坡和土夹石坡面。在其上可挖掘种植穴或种植槽，种植灌木、竹类以及地被植物，形成多种类多层次的护坡绿化景观，容易与周围环境协调，如图8-10所示。

(11) 废弃轮胎护坡技术

将废弃的汽车轮胎外胎，铺砌在岩性边坡坡面上，用镀锌铁丝串联在一起，用锚杆牢牢固定，然后在其上填充耕作土或配有植物种子、肥料、土壤的客土，根据设计要求建草地或建灌草群落，亦可植小乔木。这种方法是废弃资源的再利用，固坡复绿效果不错。国内有很多地方已采用这种技术，图8-11为轮胎护坡技术的施工情况及应用效果图。

图8-10 挖穴植小灌木及挖槽植毛竹效果

图8-11 废弃轮胎护坡施工及施工后成坪效果

（12）香根草篱护坡技术

香根草属禾本科，是一种多年生草本植物，以其优良的特性近年来受到工程界的青睐，已广泛应用于路基边坡防护中。香根草具有许多优良的特性：具有顽强的生命力和广泛的适应性，它能抵抗－10℃的严寒和50℃的高温酷暑，能承受严重干旱及久淹不死，在年降雨量300～6000mm的各类土壤及母岩碎屑、风化花岗岩及pH＝4～11的环境下均能生长；具有发达的根系能很好地稳固边坡，香根草根系数量多，扎深可达2～3m，最深为5m，网状庞大交错的根系与土壤交结在一起提高了土体的剪切力与黏附力，根的抗张强度能达75MPa，相当于一般钢材的1/6；施工技术简单、经济合理。香根草护坡造价与铺草皮费用相当，为工程防护费用的1/10。由于香根草属粗放型管理植物，3～4 个月内可长成茂密的活篱笆，具有长势挺立、茎杆坚硬挺拔，在分散径流量缓冲径流强度，拦截泥沙甚至小石块方面优于其他植物的特点。特别是其生长快，能迅速覆盖地面，避免了其他植物在种植物初期因株间地表光秃而使土壤遭受侵蚀，因此该技术在马来西亚、泰国、美国及澳大利亚得到广泛研究和推广应用，取得了比较好的效果。

香根草篱护坡是在坡面上按一定的间距并大致沿等高线密植香根草带，依靠香根草的植被覆盖及其根系的力学加固，防护边坡技术。

应用地区：南方温暖湿润地区，包括江西、福建、浙江、江苏、上海、安徽、云南、广东、广西、贵州、湖南等。

边坡状况：一般适用于土质边坡，坡率不陡于 1∶1.0，坡高每级高度不超过 10m，使用于稳定边坡。

适用季节：一般施工应在春季和秋季进行，以 3 月底至 6 月底和 8 月底至 9 月底施工最佳，为了确保成活率和护坡率，应尽量避免在酷暑和严冬季节施工。

（13）挖沟植草护坡技术

挖沟植草护坡是指在坡面上按一定的行距人工开挖楔形沟，在沟内回填改良客土，并铺设三维植被网（或土工网、土工格栅），然后进行喷播绿化的一种护坡技术。

应用地区：各地区均可应用，但是在干旱半干旱地区应保证养护用水的持续供给。

边坡状况：泥岩、页岩及泥页岩互层等易开挖沟槽的软质岩路堑边坡；坡率不陡于 1∶1.0～1∶1.25，坡率超过 1∶1.0 时应结合坡面锚杆使用，坡率不超过 1∶0.75。坡高每级高度不超过 10m，使用于稳定边坡。

适用季节：一般为春季和秋季进行，尽量避免在暴雨季节施工。

此外，在我国道路边坡的生态防护技术中，还有植被毯技术、OH 液植草护坡技术、植被型多孔混凝土护坡技术、生态灌浆坡面绿化防护技术、景观山石植被护坡技术、松木桩植被护坡技术等。

各种护坡方法虽然施工各不相同，但是具有相同的特征，即首先要确定合适的边坡结构形式，通过边坡设计以确保边坡的长期稳定性，其次是利用植被重建技术对边坡进行生态修复，使得修复后的边坡与其他自然生态系统一样具有自我调节与维持功能，并发挥相应的生态效应。对于岩质边坡，首先在防护的坡面必须有植物生长所必需的土层条件，然后再采用液压喷播或撒播的方法植草。岩质边坡的各种防护方法比较接近，都是直接喷射含有草和灌木种子的混合物于坡面，喷射层既要有一定的稳定性，又要适宜于植物的生长。为了保障坡面植物能够长期稳定地生长，营造的外来土层或直接喷射层必须能够经受雨水的冲蚀。

所有植被护坡方法在适宜的条件下均可以结合栽植木本植物进行，实现草灌的有机结合，充分发挥二者的作用，以促进多样性、稳定的坡面植物群落地迅速建立，起到植物防护边坡的功能。

参 考 文 献

[1] 毛文碧，段昌群，等．公路路域生态学[M]．北京：人民交通出版社，2009.

[2] Rchard T. T. Forman. Road Ecology：A Look Behind the Book and the Field[M]. 2003.

[3] 王磊．基于战略环评的公路网规划生态环境影响评价研究［D］．西安：长安大学，2009.

[4] 沈毅，晏晓林．公路路域生态工程技术[M]．北京：人民交通出版社，2009.

[5] 魏凤虎．高速公路生态系统评价指标体系的研究[D]．西安：长安大学，2003.

[6] 张媛．铜黄高速公路路域生态影响评价指标体系研究[D]．北京：北京大学，2001.

[7] 谢怀建，秦艺，薛惠文．重庆外环高速的生态绿化与人文绿化[J]．重庆建筑，2009(5)：1-6.

[8] 冯沉．基于 RS 和 GIS 的高速公路路域生态调查和评价研究［J］．公路交通科技(应用技术版)，2010(8)：244-247.

[9] 方世杰，舒安平．半干旱区高速公路路域生态恢复工程植物多样性特征[J]．公路交通科技，2009(6)：153-158.

[10] 秦志斌，刘朝晖，李宇峙，等．路域生态系统建设原则[J]．公路交通科技，2005(8)：152-154.

[11] 川孙仁娟，商庆森，王蕾．高速公路路域生态环境保护探讨［J］．华东公路，2003(6)：75-76.

[12] 环境保护部环境影响评价司．战略环境影响评价案例讲评[M]．北京：中国环境出版社，2009.

[13] 中华人民共和国行业标准．JTG B03—2006　公路建设项目环境影响评价规范[S]．北京：人民交通出版社，2006.

[14] 高平利，赖文宏，赵学静．西北铁路建设项目对生态环境影响的预测及评价方法探讨[J]．公路交通科技，1998(8)：35-37.

[15] 赵勇，孙中党，吴明作．高速公路建设项目对生态环境影响综合评价

研究[J]. 安全与环境工程，2003(3)：12-15.

[16] Riki Therivel, et a1. Strategic Environmental Assessment. London：Earthscan Publication Ltd. 1992.

[17] Lin H T, Chiu M L. From urban landscape to information landscape：Digital Tai nan as an example[J]. Automation in Construction, 2003, 12(5)：473-480.

[18] JohnB arrett, Anthony Seotto. The Eeologieal Footprint：A Metric for Corporate Sustainability[J]. Corporate Environmental Strategy, 2001, 8(4)：316-325.

[19] Lars B. Solutions for characterising natural landscapes in New Zealand using geographical information systems [J]. Journal of Environmental Manag ement, 2005, 76(1)：23-34.

[20] Matthews R A, Metthews G B, and Landis W G Application of community level toxicity testing to environmental risk assessment [R]. In：Newman MC and Strojan C L, eds. Risk Assessment：Logic and Measurement. 1998：225-253. (AnnArbor Press, Ann Arbor, MI, USA).

[21] 荆丽波. 道路生态环境评价指标体系研究[D]. 北京：北京林业大学，2003.

[22] 刘康. 生态规划一理论、方法与应用[M]. 北京：化学工业出版社，2011.

[23] 徐宪立，耿红，张科利，等. 西部地区高速公路发展规划生态环境影响评价[J]. 公路交通科技，2006，23(7)：154-157.

[24] K. A. 沃科特，等. 生态系统一平衡和管理的科学[M]. 北京：科学出版社，2003.

[25] 李洪远，文科军，鞠美庭. 生态学基础[M]. 北京：化学工业出版社，2006.

[26]林瑛. 高速公路环境设计中景观与生态、文化的整合研究初探[J]. 江南大学学报(人文社会科学版)，2006，5(1)：124-128.

[27] Monica G Turner. 景观生态学发展现状[J]. 生态学杂志，2006，25(7)：834-844.

[28] 王军峰. 道路景观指标体系研究[D]. 西安：长安大学，2005.

[29] 江苏省交通科学研究院．沥青路面再生技术调查研究[R]. 2003.

[30] Basic Asphalt Recycling Manual, Asphalt Recycling and Reclaiming Association[R], 2001.

[31] Stephen A, Cross, Determination Of Ndesign For CIR Mixtures Using the Superpave Gyratory Compactor, RMRC Research Project No. 15 Final Reports[R], 2002, 4.

[32] 同济大学．旧水泥混凝土碎石化路面结构研究[R], 2006.

[33] 上海公路管理处，同济大学．水泥路面共振碎石化加铺技术研究与应用[R], 2008.

[34] 赵方莹，赵延宁．边坡绿化与生态防护技术[M]．北京：中国林业出版社，2009.

[35] 祝遵崚．高速公路边坡生态恢复及景观重建[D]．南京：南京林业大学，2007.

[36] 周显广．公路边坡坡面防护效益研究[D]．西安：长安大学，2011.

[37] 杨淮．公路边坡生态恢复[D]．西安：长安大学，2008.

[38] 梁超男．公路生态绿化经济效益评价体系研究[D]．北京：北京林业大学，2011.

[39] 施智宝．沙漠地区公路边坡生态防护及其维护技术研究[D]．杨凌：西北农林科技大学，2008.

[40] 穆林林．生态公路边坡生态恢复设计与研究[D]．南京：南京林业大学，2010.

[41] 彭泉．生态护坡基材性能及植物配置试验研究[D]．武汉：湖北工业大学，2011.

[42] 梁同江．几种灌木根系分布对高速公路生态边坡的影响[D]．南京：南京林业大学，2010.

[43] 王亮．生态边坡客土稳定性研究[D]．青岛：中国海洋大学，2006.

[44] 徐健．低碳生态型道路建设技术[M]．北京：人民交通出版社，2012.

[45] 杜培明．宁杭高速公路路体绿化研究[D]．南京：南京林业大学，2008.

[46] 陈洁．上海内环线以内中心城区道路绿化现状调查与分析[D]．南京：南京林业大学，2007.

[47] 马果. 生态公路路域生态环境影响分析与评价研究[D]. 西安：长安大学，2011.

[48] 侯荣国 . 复合式长寿命沥青路面结构研究[D]. 西安：长安大学，2008.

[49] 刘福明 . 长寿命沥青路面损伤行为及其结构寿命合理匹配研究[D]. 广州：华南理工大学，2010.

[50] 张云龙. 长寿命沥青路面合理结构研究[D]. 西安：长安大学，2008.